国家哲学社会科学成果文库

NATIONAL ACHIEVEMENTS LIBRARY
OF PHILOSOPHY AND SOCIAL SCIENCES

超主权国际货币的构建：
国际货币制度的改革

李翀 著

北京师范大学出版集团
BEIJING NORMAL UNIVERSITY PUBLISHING GROUP
北京师范大学出版社

李翀 1955 年 5 月 16 日出生，经济学博士、经济学教授、博士生导师。1978 年毕业于中山大学经济学系，1978—1981 年在北京大学经济学系攻读硕士学位，1983—1988 年在北京师范大学经济学系攻读博士学位。 1992—1993 年在美国密执安州立大学进修。1995 年担任博士生导师。2000 年 1 月到北京师范大学经济与工商管理学院任教。2002 年 2 月—5 月在美国加利福尼亚州立大学进修。2000—2008 年担任北京师范大学经济与工商管理学院院长。个人出版各类著作 18 部，发表论文 200 余篇，主持国家级科研项目 6 项，省部级科研项目 4 项，获得省部级以上教学和科研奖励 9 项。全国优秀教师，国家级中青年专家，首批教育部跨世纪优秀人才。中华外国经济学说研究会副会长兼秘书长，中国世界经济学会副会长，国家社会科学基金评审组成员。

《国家哲学社会科学成果文库》
出 版 说 明

为充分发挥哲学社会科学研究优秀成果和优秀人才的示范带动作用，促进我国哲学社会科学繁荣发展，全国哲学社会科学规划领导小组决定自 2010 年始，设立《国家哲学社会科学成果文库》，每年评审一次。入选成果经过了同行专家严格评审，代表当前相关领域学术研究的前沿水平，体现我国哲学社会科学界的学术创造力，按照"统一标识、统一封面、统一版式、统一标准"的总体要求组织出版。

全国哲学社会科学规划办公室
2011 年 3 月

序

国际货币制度主要包括三个方面的内容：一是货币本位；二是汇率制度；三是国际收支调节机制。其中货币本位是核心和基础，它决定了汇率制度的类型，也决定了国际收支调节机制。本专著的研究目标就是通过创建一种崭新的国际货币本位——超主权国际货币，来推动现行国际货币制度的改革。

国际货币制度是人类社会国际经济活动的规则，它对各国国际经济活动，进而对各国国内经济活动产生重大的影响。20 世纪 30 年代金本位制解体以后，国际货币制度一直是各国经济学界的重要研究领域，人们不断地探索着如何建立更加完善的国际货币制度以促进各国的经济发展。因此，本项目的研究具有重要的理论意义。

另外，布雷顿森林体系解体以后，形成了现行的国际货币制度——牙买加体系。在"牙买加体系"下，由于主要的国际货币是主权货币美元，出现了货币本位脆弱、汇率动荡不安、货币危机频繁发生的现象。在这样的形势下，关于国际货币制度改革的呼声又高涨起来，产生了改良的国际金本位、特别提款权、单一的世界货币等各种改革方案。因此，本项目的研究具有重要的实践意义。

本专著由八章组成。第一章"国际货币制度的变迁"主要通过分析历史上国际货币制度的变迁，为本专著的研究提供历史的背景。第二章"现行国际货币制度存在的问题"主要通过分析牙买加体系的缺陷，来说明本专著研究的必要性和迫切性。第三章"国际货币本位改革方案的分析"主要通过分析和比较目前经济学界和中央银行界提出的各种国际货币制度改革的主要方案，为本专著的研究提供理论基础。第四章"超主权国际货币构建的新方案"主要通过提出源于现有改革方案又不同于现有改革方案的新方案，来阐述构建超主权国际货币的具体方法。第五章"创立超主权国际货币的效应"主要通过分析建立超主权国际货币可能产生的各种影响，来说明构建超主权国际货币的重要意义。第六章"超主权国际货币运行的模拟分析"主要通过计量分析的方法，来证明构建超主权国际货币的可行性。第七章"创立超主权国际货币的路径"主要通过分析如何促成国际社会的共识，以实施构建超主权国际货币的方案。第八章"加快中元国际化的进程"通过分析人民币的国际化，来阐述如何使人民币在超主权国际货币的构建中发挥更加重要的作用。

本专著的核心内容是第四章"超主权国际货币构建的新方案"，它提出了构建超主权国际货币的新方案。

本专著的研究工作由北京师范大学经济与工商管理学院李翀教授和他所指导的博士、硕士研究生团队完成。本专著的研究思路、研究方法和研究结构由李翀教授确定，构建超主权国际货币的方案由李翀教授提出。本团队的具体分工情况如下：第一章的研究工作由硕士研究生李世刚承担；第二章和第五章的研究工作由博士研究生曲艺承担；第三章的研究工作由博士研究生王立荣承担；第六章的研究工作由博士研究生郝宇彪承担；作为本专著核心内容的第四章、第七章、第八章的研究工作由李翀教授承担。各章研究工作完成以后，由李翀教授修改和审定。李翀教授对其中的第一章、第二章、第三章的第二节、第五章进行了接近于重写的修改。

本专著的主要贡献是提出了构建超主权国际货币的新方案，这是一种不同于世界范围内国际经济学界过去和现在提出过的各种改革方案的新方案，因此这是一项原创性的研究成果。本专著是国家社会科学基金一般项目的研究成果，在此对国家社会科学基金的资助表示感谢！"国家哲学社会科学成果文库"的评审专家对本专著提出了很专业的意见和建议，本专著已经进行了充实，在此对评审专家表示感谢！国际货币制度改革是一个十分复杂的研究领域，一些细节很难考虑得很周全和很细致，因此本专著肯定存在许多不足之处，诚恳欢迎批评指正。

李　翀

2013 年 12 月于北京京师园

目　　录

CONTENTS

第　一　章

国际货币制度的变迁

第一节　以金本位为基础的固定汇率制度

一、以金本位为基础的固定汇率制度的形成

国际货币制度(international monetary system)是指在国际经济活动中如何使用各国所接受的国际货币来进行交易或结算的安排或规则。国际货币制度包括下述规则：第一，国际货币本位，即在国际经济活动中以什么作为国际货币，也就是以什么作为计价单位、交换媒介、支付手段和储藏手段；第二，各国货币的汇兑安排，即各国货币与国际货币之间如何进行兑换以及各国货币相互之间如何进行兑换；第三，国际收支调节机制，即在某个国家发生国际收支失衡的情况下如何进行调节。在国际货币制度的各项规则中，国际货币本位的规则是最基本的规则，它决定了各国货币的汇兑安排和国际收支的调节机制。

国际货币制度产生于国际经济活动，而国际经济活动的最初形态是国际贸易。正因为国家与国家之间需要进行商品的交换，才需要有各国认可的交换手段，才产生了国际货币。在人类社会发展的历史中，国际贸易很早就发生了，国际货币也很早就出现了。但是国际货币制度作为一种正式的制度，作为一种被大多数国家接受和遵守的规则，则只有一百多年的历史。一百多年来，国际货币制度几经变迁。国际货币制度每一次变化，都是国际经济活

动变化所造成的矛盾激化的结果。

人类历史上的第一个国际货币制度是以金本位为基础的固定汇率制度，它是从各国的国内货币制度演变而成的。虽然在各主要国家内部很早就用黄金来进行商品的交换，但是各主要国家正式建立金本位制是从 19 世纪开始的。在发达国家中，英国于 1821 年率先正式建立金本位制。随后，德国于 1871 年实行金本位制，丹麦、瑞典、挪威于 1873 年实行金本位制。虽然美国和法国分别于 1900 年和 1928 年才正式实行金本位制，但是这两个国家事实上从 1873 年开始就实行了金本位制。日本较晚，于 1897 年才实行金本位制。在发展中国家中，埃及于 1885 年实行金本位制，墨西哥于 1904 年实行金本位制，印度于 1927 年实行金本位制。

经济史学家一般认为，严格的金本位制开始于 1880 年，终止于 1914 年。美国经济学者埃森格林（Barry Eichengreen）指出，严格的金本位制具有三个最基本的特点：第一，人们可以自由地按照官方价格进行货币与黄金的交换；第二，人们可以自由地进口和出口黄金；第三，设有规定本国黄金储备和货币流通数量之间关系的规则。①

严格的金本位制是金币本位制，它与 20 世纪 20 年代少数国家实行的金块本位制相区别。金币本位制与金块本位制不同的地方在于：在金币本位制下金币可以流通，纸币可以不受限制地兑换为金币；但在金块本位制下，金块不流通，纸币只能有限制地兑换金块。在金币本位制下，一个国家国内流通的货币包括金币、银行发行的银行券以及政府发行的纸币。金币可以自由铸造和自由熔化保证了金币的平价是稳定的。银行券仅是代替黄金流通的符号，纸币则与黄金具有确定的平价关系。由于难以用黄金进行小额交易，携带黄金进行交易也不方便，再加上人们需要货币不是需要货币本身，而是用它交换商品，因此银行券和纸币可以代替金币流通。

在金币本位制下，如果银行严格将银行券作为黄金的符号，政府严格按照黄金数量发行纸币，在流通领域只有金币、银行券和纸币，那么不存在流通中的货币金额大于黄金金额的现象。但是，由于下述两个原因，各国流通

---

① Barry Eichengreen, *The Gold Standard in Theory and History*，editor's introduction，New York，Methuen，Inc，1985，p. 3.

中的货币金额通常大于黄金金额：

第一，虽然无法确认支票最早产生的确切时间，但是支票在 19 世纪后半期已经开始使用。银行接受存款以后将大部分存款贷放出去，人们可以通过签发支票使用在银行的存款，这样银行券的金额和流通的支票的金额将大于银行持有的黄金的金额。

第二，虽然政府规定纸币兑换黄金的平价并且保证纸币完全可以兑换为黄金，但是人们不可能同时用纸币向政府兑换黄金，如果政府在税收不足以应付支出的情况下没有严格按照黄金的数量发行纸币，就有可能造成纸币金额大于政府所持有的黄金的金额的现象。

以英国为例，1913 年，英格兰银行持有的金币和金块共 3 750 万英镑，但英国流通中的货币已经达到 99 100 万英镑，黄金金额只占流通货币金额的 3.8%。[①]

虽然各国流通货币金额大于黄金金额，但由于银行券和纸币具有完全的可兑换性，银行券和纸币仍然受到严格的限制，这就是金币本位制所具有的纪律性。因此，在金本位制下，一般不存在信用货币条件下的通货膨胀问题。1913 年，英国黄金的价值只占英镑金额很小的比例，这是因为英镑不仅执行国内货币的职能，而且还执行国际货币的职能，国家之间的经济活动产生了对英镑的大量需求，导致英镑供给的过度膨胀。

同样，国家之间的商品交换很早就使用黄金。但是，以金本位为基础的国际货币制度是从各个主要国家实行金本位制以后才形成的。首先，由于各个主要国家在国内商品交换中接受黄金，它们在国际商品交换中也接受黄金。黄金不仅是国内货币，而且成为了国际货币。其次，由于各个主要国家的纸币都具有确定的黄金平价，它们相互之间根据黄金平价就可以建立彼此的兑换比率。最后，由于各个主要国家纸币的黄金平价是稳定的，黄金又可以在国家与国家之间自由流动，各个主要国家纸币的兑换比率是固定不变的。

这样，从各个主要国家的国内金本位制便建立起以金本位为基础的国际货币制度。

---

① James Morrell, *The Future of the Dollar and the World Reserve System*, Butterworths, 1981, p. 12.

二、以金本位为基础的固定汇率制度的特点

在纸币自由兑换和黄金自由流动的条件下，各国纸币之间的汇率只在由它们与黄金的平价决定的兑换比率加上或减去黄金跨国流动费用的狭小范围内变化。例如，假定 A 国 1 单位纸币可以兑换 0.2 盎司黄金，B 国 1 单位纸币可以兑换 0.1 盎司黄金，那么由这两种纸币的黄金平价决定的汇率是 1 单位 A 国纸币兑换 2 单位 B 国纸币。又假定 0.1 盎司黄金跨国流动的运输成本、保险费用、利息等费用是 0.01 盎司黄金，那么 A 国纸币与 B 国纸币的汇率不会超出 1：2±0.2 的范围。

如果 A 国 1 单位纸币可以兑换多于 2.2 单位 B 国纸币，人们就不用 B 国纸币兑换 A 国纸币，而是用 2.2 单位 B 国纸币兑换 0.22 盎司黄金，然后耗费 0.02 盎司黄金的跨国流动费用将 0.2 盎司黄金运到 A 国去支付价值 1 单位 A 国纸币的商品。

相反，如果 A 国 1 单位纸币可以兑换少于 1.8 单位 B 国纸币，人们就不用 A 国纸币兑换 B 国纸币，而是用 1 单位 A 国纸币兑换 0.2 盎司黄金，然后耗费 0.02 盎司黄金的跨国流动费用将 0.18 盎司黄金运到 B 国去支付价值 1.8 单位 A 国纸币的商品。

正因为这样，在纸币自由兑换和黄金自由流动的制度安排下，形成了国际货币制度中的汇率自行稳定机制，各国货币汇率保持稳定。在事实上，1880—1914 年，英国、德国、美国、法国等各主要国家纸币之间的汇率一直没有发生变化。

另外，在国内以黄金作为货币和黄金自由流动的制度安排下，也形成了国际货币制度中的国际收支调节机制。英国经济学者休谟（David Hume）早在 1752 年就论述了后来被称为铸币—现金流动机制（price specie-flow mechanism）的国际收支调节机制。休谟认为，在金本位制下，当某国出现国际收支逆差时，该国黄金将流向国外，这将导致国内价格水平下降，进而导致出口增加，国际收支状况改善，黄金将流向该国，最终达到新的国际收支平衡。

休谟使用了水的例子来说明这个原理："水不论流到哪里，水平面总是一样的。"相互连通的水之所以会保持一个水平面，是因为有重力。金本位制下的国际收支之所以能自动平衡，则是因为存在套利。假设有 A 和 B 两个国家，实际产出分别为 Y_a 和 Y_b，且保持不变；国内货币量分别为 M_a 和 M_b，

则价格水平分别为 $P_a = \dfrac{M_a}{Y_a}$ 和 $P_b = \dfrac{M_b}{Y_b}$。再假设单位黄金输出的成本为 κ，如果 $P_a + \kappa < P_b$，则套利会使得黄金从 B 国流入 A 国，进而 B 国价格水平下降，A 国价格水平上升，直至 $P_a^* + \kappa = P_b^*$，在新的水平达到均衡。①

在以金本位为基础的固定汇率制度中，由于各主要国家的纸币可以兑换黄金，使用某个国家的纸币和使用黄金进行国际贸易是相似的，问题是该国货币是否被各国所接受。当时英国是世界上最重要的经济大国、贸易大国、金融大国，英镑可以兑换为黄金，英国发达的银行业可以为国际贸易提供便利的结算服务，在国际贸易中使用英镑比使用黄金具有更多的方便和优越之处。这样，英镑成为世界各国广泛使用的国际货币，伦敦成为国际金融中心。

在当时的国际贸易中，90％的结算都使用英镑。由于在伦敦开设英镑账户可以获得利息，而储存黄金不但没有利息，反而还要支付保管费用，各国中央银行更愿意储备英镑而不是黄金。正因为这样，有的学者将这个时期的国际金本位制度称作英镑本位制度。但是应该指出，在这个时期里，英镑成为国际货币并不是单纯以英国政府的信用做保证，而是以英镑可以兑换黄金做保证。这就是说，国际货币的基础是黄金，而不是国家信用。

从上面的分析可以看到，以金本位为基础的固定汇率制度具有下述特征：第一，黄金充当国际货币职能，它是一种超主权货币，不受一个国家政府信用的影响，也不受一个国家经济情况的影响。第二，在纸币自由兑换和黄金自由流动的金本位制下，能够形成一种自行保持各国纸币汇率稳定的机制，从而形成了固定的汇率体系。第三，在国内以黄金作为货币和黄金自由流动的金本位制下，能够形成一种自行调节国际收支失衡的机制，在一定程度上使各国保持国际收支的平衡。第四，以金本位为基础的固定汇率制度不是通过政府之间签订协议的方式建立起来的，而是在各国国内实行金本位制的基础上自然而然地形成的。这种制度是市场驱动的结果，而不是政府合作的产物。

在以金本位为基础的固定汇率制度中，不存在现行的以美元为基础的浮动汇率制度所存在的"第 N 种货币"的问题，从而可以避免美元本位中天生的

---

① David Hume, *Political Discourses*, Edinburgh: A. kincaid & A. Donaldson, 1752.

不对称性。所谓"第 N 种货币"问题是指在美元本位制下，假定世界上有 N 个国家、N 种货币，那么相对于中心货币美元只有 N−1 种汇率。如果这 N−1 种外围货币固定与中心货币之间的汇率，那么中心货币发行国就没有必要固定自己的汇率。但是在以金本位为基础的固定汇率制度中，每个国家都建立本币与黄金的平价，并保持这个平价不变。由于有 N 种货币就有 N 种货币的黄金价格，所以该体系中没有一个国家的货币有特权地位，也就不存在不对称的问题。①

正因为在以金本位为基础的固定汇率制度中是以超主权货币黄金作为国际货币并且可以保持汇率体系的稳定，所以在后来的国际货币制度的变迁中，只要出现问题或矛盾，许多政府官员和经济学者都怀念金本位制，都主张恢复这样或那样形式的金本位制。

三、以金本位为基础的固定汇率制度的解体

从上面的分析可以看到，以金本位为基础的固定汇率制度的正常运行以各个主要国家国内金本位制的正常运行为基础。只要各个主要国家国内金本位制的某个方面受到破坏，以金本位为基础的固定汇率制度就将受到破坏。只要各个主要国家国内金本位制解体，以金本位为基础的固定汇率制度将不复存在。

1914 年，第一次世界大战爆发，各参战国政府由于战争支出的需要纷纷增加纸币的发行量，使纸币的可兑换性受到影响。另外，各参战国政府为了能够掌握更多的黄金而禁止黄金流出本国，使黄金的自由流动受到破坏。在此期间，汇率体系受到破坏，国际货币制度无法正常运转，国际贸易只能求助于黄金。

1918 年，第一次世界大战结束，各个主要国家开始重建经济，恢复金本位制。但是，战争留下的创伤太多，难以在短时间内重新实行严格的金本位制，即使是英国这样的经济大国也只能退而求其次而采取金块本位制，一些国家则实行本国货币通过外国货币兑换黄金的金汇兑本位制。在这样的情况下，国际货币制度一直没有恢复到第一次世界大战前的正常运行状况。

① ［美］保罗·克鲁格曼、茅瑞斯·奥伯斯法尔德：《国际经济学》，海闻等译，中国人民大学出版社 2002 年版，第 486 页。

1929—1933 年，资本主义国家发生了人类历史上最严重的经济危机，同时也发生了最严重的货币信用危机。货币信用危机从美国的证券市场价格大幅度下跌开始，迅速扩展到欧洲各国。奥地利、德国等欧洲大陆国家相继发生了银行"挤提"风潮，大批银行随之破产。1931 年 7 月，德国政府宣布停止偿还对外债务，同时实行严格的外汇管制，禁止黄金交易和黄金输出，这标志着德国的金汇兑本位制从此结束。

英国的情况同样糟糕。由于长期以来英镑代替黄金履行国际货币职能，各国政府都持有英镑储备。在货币信用危机和经济危机发生的时候，各国政府在短短两个月内就从伦敦提走了将近 50％的英镑存款并将英镑兑换为黄金，英国的黄金储备大量外流。在这种情况下，1931 年 9 月，英国政府不得不宣布英镑贬值，并被迫放弃了金本位制。一些实行以英镑为基础的金汇兑本位制的国家，如印度、埃及、马来西亚等国，也不得不放弃了金汇兑本位制。随后，爱尔兰、挪威、瑞典、丹麦、芬兰、加拿大等国也放弃了各种形式的金本位制。

1933 年年初，从美国开始的货币信用危机之风刮回美国，大规模的"挤提"风潮使美国银行大批破产，美国联邦储备银行的黄金储备一个月内减少了20％。美国政府不得不于 1933 年 3 月 6 日宣布停止银行券的兑现，于 4 月 19 日宣布完全禁止银行和私人储存黄金和输出黄金，于 5 月将美元贬值 41％，并授权美国联邦储备系统可以用国家债券担保发行纸币。这样，美国的金本位制也到此结束。

法国、意大利、荷兰、瑞士、比利时等一些欧洲大陆国家仍然在坚持金本位制。但是，到 1936 年 8 月和 9 月，它们也无法再坚持下去，不得不先后宣布放弃金本位制。这样，金本位制终于退出历史舞台。

在各个国家相继放弃金本位制的情况下，以金本位为基础的固定汇率制度彻底解体。

四、对以金本位为基础的固定汇率制度的反思

从现象上看，金本位制是在 20 世纪 30 年代发生货币信用危机和经济危机的情况下解体的。但在实际上，即使不发生 20 世纪 30 年代那样的货币信用危机和经济危机，金本位制或迟或早也会解体。

金本位制是与人类社会经济发展水平不高和经济活动规模不大的情况相

适应的。但是随着时间的推移，金本位制逐渐产生一个难以解决的问题，即黄金数量的增长不能适应经济活动的增长对黄金货币的需求。黄金的数量受到黄金蕴藏量和开采量的限制，它的数量的增长是有限的。另外，对黄金的需求不仅是货币的需求，还有首饰、医疗、工业的需求，能够作为货币的黄金的增长就更有限了。但是，产业革命发生以后，各个主要国家相继建立起机器大工业体系，经济活动的规模迅速扩大。这样，金本位制最大的优点——纪律性，就成为了它最大的缺点——黄金不足。实际上，在 20 世纪 30 年代货币信用危机爆发以前，各国纸币的完全可兑换性已经受到破坏了。

另外，20 世纪 30 年代凯恩斯经济理论和经济政策的产生不是偶然的。从 19 世纪 70 年代开始，竞争资本主义发展阶段已经向垄断资本主义发展阶段过渡。从 20 世纪 10 年代开始，垄断资本主义发展阶段已经开始向国家垄断资本主义发展阶段过渡，政府对经济的干预显得越来越必要。在金本位制下，政府必须按照黄金的数量发行纸币，这意味着政府在货币领域是无所作为的。但是，在生产过剩已经显现的时候，不仅需要政府用财政的手段来干预经济，而且需要政府用货币的手段干预经济，凯恩斯经济理论和经济政策的产生只是反映了这个时代的要求。显然，金本位制已经不适合国家垄断资本主义发展的需要了。商品生产决定了商品流通，商品流通决定了货币流通。在货币流通不适合商品生产和商品流通的情况下，货币流通必然要发生变革。

正是上述两个基本的原因导致了国内金本位制的解体。在国内金本位制解体以后，以金本位为基础的固定汇率制度随之解体。1937 年，在各主要国家还没有来得及探索建立新的国际货币制度的时候，第二次世界大战爆发了。经过多年的战争，到 1944 年，以美国、英国、苏联为核心的同盟国将取得胜利已经变得不容置疑了，各主要国家很快就将面临恢复和发展经济的任务，重建国际货币制度就成为摆在主要相关国家面前的重要任务了。

第二节 以金汇兑本位为基础的钉住汇率制度

一、布雷顿森林体系的建立

1944 年 7 月，在第二次世界大战结束前夕，44 个同盟国的 300 多位代表出席了在美国新罕布什尔州布雷顿森林市举行的国际金融会议，商讨重建国际货币秩序的问题。会议通过了以美国政府提出的"怀特方案"作为基础的《国际货币基金协定》和《国际复兴开发银行协定》，建立起被称为布雷顿森林体系的国际货币制度。布雷顿森林体系是人类社会第一个通过政府之间的合作建立起来的国际货币制度。布雷顿森林体系具有下述特征：

第一，美元按照 1 盎司黄金等于 35 美元的比率建立与黄金的平价，美国政府向各国政府承诺：各国政府可以按照这个平价用美元向美国政府兑换黄金。

第二，各国货币按照一定比率建立与美元的固定汇率，波动幅度不得超过该固定汇率的±1%。如果超过这个变化幅度时，除美国以外，各成员方中央银行有责任采取措施保持本国货币与美元汇率的稳定。但是，如果成员方的国际收支出现了基本失衡而无法稳定该国货币与美元的汇率，经过国际货币基金组织的批准可以调整汇率。

第三，各国可以同时用黄金和美元进行国际债权和债务关系的清算。这样，主权货币美元取得了等同于黄金的地位，与黄金一起成为了国际清偿手段。

从布雷顿森林体系的特征可以看到，各国货币本身不能兑换黄金，但可以通过美元间接兑换黄金，黄金仍然发挥着最终国际货币的职能，这意味着这种国际货币本位属于金汇兑本位。但是，各国国内已经取消了金本位制，美国政府仅仅承诺各国政府可以用美元兑换黄金，这又意味着这种国际货币本位是一种国际金汇兑本位。另外，各国政府有责任稳定本国货币兑换美元的汇率，但并不是不可调整的，这意味着这种汇率制度属于钉住汇率制度。因此，布雷顿森林体系实际上是以金汇兑本位为基础的钉住汇率制度。

从布雷顿森林体系的特征还可以看到，布雷顿森林体系实行"双钉住"制度，即美元钉住黄金，其他货币钉住美元。除美国政府以外的其他国家的政府有责任干预外汇市场以维持该国货币与美元之间汇率的稳定，而美国政府有责任无条件地按每盎司黄金 35 美元的固定价格用黄金从其他国家中央银行兑回美元。这两个"钉住"构成了布雷顿森林体系的纪律。

正如马克思所说的："金银天然不是货币，但货币天然是金银。"①人类社会使用黄金作为货币已经有数百年的历史，虽然黄金不得不退出了国内货币流通领域，但是人们最终信赖的东西仍然是黄金，黄金在国际货币流通领域还是保留下来了。在布雷顿森林体系下，同时存在着黄金和美元两种国际货币，黄金是一种超主权货币，而美元是一种主权货币。因此，国际货币体系能否正常运转，取决于这两种货币的平价能否保持稳定。

二、布雷顿森林体系存在的问题

以金本位为基础的固定汇率制度解体了，要考察作为替代制度的以金汇兑本位为基础的钉住汇率制度具有多强的生命力，有必要对这两种国际货币制度进行比较。当然，这种比较属于事后的比较，但它对于我们研究现行国际货币制度的改革方案仍然是有意义的。

第二次世界大战后的国际货币制度与第二次世界大战前的国际货币制度具有相似之处，前者实际上在某种程度上是后者的再现。在以金本位为基础的固定汇率制度下，虽然黄金是真正的货币，但由于英镑可以兑换黄金，使用英镑进行国际结算又比较方便，因此各国主要使用英镑作为计价货币、结算货币和储备货币。在以金汇兑本位为基础的钉住汇率制度下，实际上是用美元取代了英镑。

但是，第二次世界大战后的国际货币制度与第二次世界大战前的国际货币制度又存在着重要的差异。首先，后者是建立在主要国家的国内金本位制基础之上，前者不是建立在主要国家的国内金本位制基础之上。其次，后者是在市场的驱动下各国使用英镑作为国际货币，前者是各国根据各国政府之间的协议使用美元作为国际货币。

通过这两种国际货币制度的比较，可以发现它们的优越之处和不足之处。

第一，第二次世界大战前的国际货币制度是建立在国内金本位制基础上，包括英国在内的各国政府的黄金储备不但要应付国际货币流通的需求，而且

---

① 《马克思恩格斯全集》第 31 卷，人民出版社 1998 年版，第 550 页。

要应付国内货币流通的需求。但是，第二次世界大战后的国际货币制度不是建立在国内金本位制基础上，包括美国在内的各国政府的黄金储备只需要应付国际货币流通的需求。因此，第二次世界大战前的国际货币制度下黄金不足的严重问题在第二次世界大战后的国际货币制度中可以得到一定程度的缓解。

第二，第二次世界大战前的国际货币制度没有赋予任何一种主权货币特权，各国选择英镑作为国际货币是市场驱动的结果，如果它们失去对英镑的信任可以放弃将英镑作为国际货币。但是，第二次世界大战后的国际货币制度赋予美元这种主权货币更大的特权，美元是各国政府之间协议规定的国际货币。因此，关键问题在于美国政府是否能够保持美元对黄金的平价以及美元的可兑换性。

第三，第二次世界大战前的国际货币制度是建立在各主要国家的国内金本位制基础上，汇率体系不但是固定的而且是稳定的。但是，第二次世界大战后的国际货币制度不是建立在各主要国家国内金本位制基础上，虽然各国政府有责任维持本国货币对美元汇率的稳定，但是在面对着调整国内经济和调整汇率两种选择时，许多国家从本国经济利益考虑将选择调整汇率。因此，第二次世界大战后的国际货币制度的汇率不是稳定的。

由此可见，布雷顿森林体系缓解了第二次世界大战前国际货币制度存在的黄金不足的问题，但同时也产生了过于倚重美元的缺陷。

在布雷顿森林体系下，除了美国以外的国家的中央银行发行货币将受到一定的约束。如果某个国家中央银行超量发行货币，必然导致国内信贷增加，利率下降，该国货币对美元汇率存在贬值的压力。为了维持本国货币与美元汇率的稳定，该国中央银行不得不在外汇市场上卖出美元，买进本国货币，从而使该国货币的数量有可能回到合理的水平。这就是布雷顿森林体系下的货币调节机制，也是对各国中央银行的纪律约束。

但是，按照布雷顿森林体系的规定，在各国出现国际收支的基本失衡的情况下，经过国际货币基金组织的批准可以调整汇率。这样，各国中央银行仍然可以采用扩张性的宏观货币政策刺激经济，如果由此产生国际收支逆差，再要求本国货币对美元汇率贬值。因此，布雷顿森林体系对各国中央银行的纪律约束不是强有力的约束。

　　另外，布雷顿森林体系还缺乏有效的国际收支调节机制。当某个国家出现国际收支逆差时，它可以选择采用宏观经济政策收缩本国经济，或者向国际货币基金组织申请调整本国货币汇率。但是由于调整国内经济要付出较大的代价，各国更愿意采取调整汇率的方法。因此，汇率的调整是一种被动的具有时延的调整。如果某种货币汇率的贬值对于政府来说是明显的，那么对于投机者来说也是明显的。这样，就会在外汇市场上出现投机风潮，而且这种投机将获得收益几乎是肯定的。

　　对于美国中央银行来说，它没有责任通过干预外汇市场来维持美元与其他货币的汇率稳定，但是它有责任维持美元对黄金的平价以及美元的可兑换性。如果美国中央银行超量发行美元，美元对黄金的平价以及美元的可兑换性将受到威胁，整个国际货币制度的基础将被动摇。因此，在布雷顿森林体系下，虽然美元作为一种主权货币成为了国际货币，但是美国政府还是受到一定的纪律约束。

　　但是，在布雷顿森林体系下，美元处于中心货币的地位，与外围国家货币处于完全不对等的地位，即产生了"第 N 种货币的问题"。由于美元是中心货币，美国政府不用考虑维持美元与别的货币汇率稳定的问题；而其他国家为了维持本国货币与美元汇率的稳定，必须持有一定的美元储备以干预外汇市场。同时，其他国家不可能维持长时间的国际收支逆差，而美国却可以维持较长时间的国际收支逆差。

　　另外，在布雷顿森林体系下，还存在一个内在的缺陷：既然美元是国际货币，美国必须通过对外经济活动向各国提供美元。如果美国的国际收支是平衡的，美国无法向各国提供美元；如果美国通过国际收支逆差向各国提供美元，美国政府又如何维持黄金的平价以及美元的可兑换性？这就是美国经济学者特里芬(Robert Triffin)在 1960 年出版的著作《黄金与美元危机》中首次提出来的"特里芬难题"①。具体来说，"特里芬难题"是指各国要取得美元以作为结算和储备货币，就要有足够的美元流出美国，也就是要求美国发生长期国际收支逆差；而美元作为国际货币的前提则是必须保持美元币值的稳定

---

　　① Robert Triffen, *Gold and Dollar Crisis*, New Haven: Yale University Press, 1960.

和坚挺，这又要求美国必须保持长期的国际收支顺差。这两个要求相互矛盾，因此形成了一个悖论。

三、布雷顿森林体系的解体

20世纪五六十年代，随着各个发达国家经济的恢复和发展，国际经济活动迅速扩大。例如，1960年，英国进出口总额已经占了它的国内生产总值的43%，西德进出口总额也占了它的国内生产总值的45%。另外，第二次世界大战后独立的发展中国家如拉丁美洲国家和亚洲国家，在推进本国工业化进程中对国际贸易的依存度也在不断提高。国际贸易的迅速发展形成了对国际货币美元的需求，从而产生了20世纪50年代的"美元荒"。为了解决美元不足的问题，美国政府不得不通过增加进口和对外贷款的方式向各国提供美元，从而造成了20世纪60年代大量美元流出美国。

虽然美元不足这个矛盾缓和了，但随着世界各国的美元储备的积累，另一个矛盾又变得突出了。一旦各国中央银行将它们持有的美元储备向美国政府兑换黄金，美国政府将无法兑现黄金，这意味着美元的信用基础遭到破坏。布雷顿森林体系的实践证明这个矛盾是难以解决的：如果美国不以国际收支逆差的方式让美元流出美国，世界各国将得不到美元；但是，如果美国以国际收支逆差的方式让美元流出美国，美元又将贬值，美元的国际货币地位将难以维持。

图1-1反映了美国国际收支余额和美国官方黄金储备的情况。图中横轴表示年份；左边的纵轴表示美国国际收支余额，以百万美元为单位；右边的纵轴表示美国的官方黄金储备，以吨为单位。从图中可以看到，美国的国际收支从1967年开始变为逆差。1970年美国的国际收支突然短时间转变为顺差，这是美元危机的结果。实际上，美国经常项目在1971年已经从顺差变为逆差。由于人们对美元开始失去信心，各国政府用美元向美国政府兑换黄金，人们在外汇市场上用美元兑换其他货币，导致美元流入美国，使美国的资本与金融项目出现顺差。但是，从图中看到，美国官方黄金储备一直趋向减少。

20世纪60年代，美国政府、欧洲国家政府以及国际货币基金组织相继采取了多项措施，试图解决布雷顿森林体系出现的问题，如建立黄金池(the gold pool)干预黄金价格、限制美元流出美国、推出特别提款权等，但都没有取得成功。

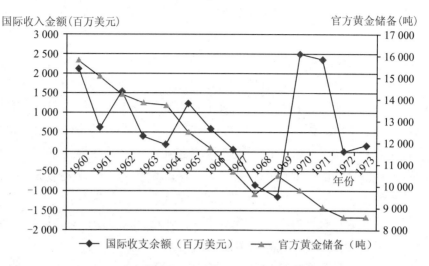

图 1-1　美国战后国际收支余额和官方黄金储备情况

　　数据来源：①国际收支差额来源于美国商务部经济研究局网站（http://www.bea.gov/）。由于国际收支差额表现为政府官方储备资产的变化，所以用 ITA（international transaction account，国际交易账户）中第 41 行（U.S. official reserve assets，美国官方储备资产）作为美国国际收支差额。②官方黄金储备来源于世界黄金协会网站（http://www.gold.org）。

　　到 1966 年，各国中央银行持有的美元外汇储备已经达到 140 亿美元，但美国政府持有的黄金储备总共折合 132 亿美元，而且只有 32 亿美元的黄金储备可以兑付给外国中央银行，剩余的部分要用于满足国内的需求。① 这就是说，一旦外国中央银行同时用美元向美国政府兑换黄金，美国政府可以满足的黄金需求不到 1/4，美元的可兑换性受到严重影响。

　　与此同时，在金本位制下国内黄金不足的问题在布雷顿森林体系下也出现了。在 20 世纪 60 年代初期，由于黄金生产成本的上升和黄金商业用途的增加，每年用作货币的黄金数量只以 2% 的速度增长，而国际贸易则以接近10% 的速度增长。到 20 世纪 60 年代后半期，用于货币的黄金存量实际上还减少了。例如，1959 年，用于货币的黄金存量在各国官方黄金储备中的比例

---

　　①　IMF，Money Matters：An IMF Exhibit——The Importance of Global Cooperation，*System in Crisis*（*1959-1971*），part5，http://www.imf.org.

为 66％，1970 年下降到 40％，到 1972 年只有 30％。① 布雷顿森林体系的危机难以避免。

首先出现问题的是英镑。在 20 世纪五六十年代，英国国际收支状况一直不好，再加上英国通货膨胀率长期高于美国，人们认为英国将无法维持英镑对美元的汇率，纷纷卖出英镑买进美元。1967 年，英镑对美元的汇率不得不在投机风潮的影响下贬值。部分收支逆差国跟随着英国让本国货币对美元汇率贬值。这是钉住汇率制度的第一次重大的调整。

美国的对外经济情况也不好。英镑等多种货币对美元汇率贬值产生的贸易效应以及美国政府对越南战争支出的增加，使美国出现了国际收支逆差。在这种情况下，人们判断美元价值已经高估，纷纷用美元购买黄金。在投机风潮的影响下，1968 年，各主要国家被迫终止黄金市场的官方价格，让黄金市场的价格自由浮动。这样，黄金出现了两种价格：一种是政府之间清偿它们的债权和债务的官方价格，这个价格仍然是 35 美元/1 盎司黄金；另一种是黄金市场的价格，这个价格已经高于 35 美元/1 盎司黄金。这是金汇兑本位的第一次重大的调整。

虽然黄金市场价格自由浮动使投机黄金失去了意义，但是人们已经失去了对美元的信心，纷纷将美元兑换为别的货币。去欧洲旅游的美国人惊讶地发现他们手中的美元已经难以兑换为本地货币。欧洲一些主要银行在非周末时间还愿意接受美元，因为它们可以迅速地将美元兑换为别的货币，但到了周六则不愿意接受美元，因为它们担心到下周一的时候美元已经贬值了。

1971 年 5 月，各国中央银行开始向美国兑换更多的黄金，美元的可兑换性彻底动摇了。1971 年 8 月，美国政府宣布实行新经济政策，其中包括暂时停止美元兑换黄金和对进口制成品加征 10％的关税。在这种情况下，更大的美元投机风潮发生了，人们大量抛售美元买进别的货币，导致欧洲的外汇市场不得不暂时关闭。当欧洲外汇市场在一周后重新开业的时候，西德马克、荷兰盾、日本日元等货币已经对美元自由浮动。这是金汇兑本位和钉住汇率制度的第二次重大的调整，也是美国政府对世界各国政府最严重的一次违约。

---

① Richard G. Lipsey，*Economics*，San Francisco：Harper ＆ Row，1978，pp. 715-716.

　　1971 年 12 月，各主要国家在美国华盛顿特区史密森氏学会达成协议，美国取消对进口制品加征 10% 的关税的决定，以换取其他国家认可美元兑换黄金的官方价格从 35 美元/1 盎司黄金上升到 38 美元/1 盎司黄金，美元对世界主要货币贬值 7.9% 的调整。这是金汇兑本位和钉住汇率制度的第三次重大的调整。

　　尽管美元兑换黄金的价格上升到 38 美元/1 盎司黄金，但仍然远低于黄金市场上的价格。各国中央银行不愿意以黄金的官方价格用黄金清偿彼此之间的债权和债务，美国政府也没有恢复按照黄金的官方价格向各国中央银行提供黄金。这样，各国都使用美元来进行结算，国际货币本位成为了实际上的美元本位。但是美元不是用黄金作为保证，而是用美国物品和服务作为保证。这样，布雷顿森林体系的金汇兑本位宣告解体。

　　虽然金汇兑本位解体了，但是钉住汇率制度却保留下来，各国货币按照美元贬值以后的汇率兑换美元。但是，美国的国际收支状况没有改善，美国的通货膨胀没有得到抑制。1973 年 1 月，抛售美元的投机风潮再次掀起。1973 年 2 月，美国政府不得不宣布美元对黄金再次贬值，美元兑换黄金的官方价格从 38 美元/1 盎司黄金上升到 42.22 美元/1 盎司黄金，美元对世界主要货币的汇率按照相应的幅度贬值。

　　美元的再次贬值仍然没有能够抑制美元投机风潮。在 1973 年 3 月的第一周，世界主要外汇市场不得不相继宣布关闭，等待各国政府作出决定。3 月 19 日，当世界主要外汇市场重新开业的时候，欧洲经济共同体国家宣布彼此稳定成员方货币的汇率，对美元共同浮动。随后，其他主要国家选择了让本国货币对美元自由浮动。这样，钉住汇率制度宣告结束，布雷顿森林体系彻底解体。

四、对布雷顿森林体系的反思

　　认真考察布雷顿森林体系运转和解体的过程，可以发现它在制度设计上存在着基础性的缺陷，这就注定了它的生命是不可长久的。

　　首先，美元兑换黄金的平价是不可长期维持的。数百年以黄金作为货币的历史证明，黄金的价值是很稳定的，在通货膨胀条件下它的价格将上升。在严格的金币本位制下，金币自由熔化和自由铸造形成了保持黄金平价不变的机制。但是，在金汇兑本位制下，则不存在这样的机制。美元是美国中央银行发行的，而美国中央银行发行美元并不存在刚性约束。当美元供给量过大时，美国就会发生通货膨胀，美元与黄金的平价就无法维持。

根据美国劳工部的统计资料，1950—1973 年，美国消费者价格指数（CPI）每年平均上涨率为 2.87%①，也就是对消费品的购买力而言美元每年贬值 2.87%。但是，黄金的价值是很稳定的，在通货膨胀的条件下黄金的美元价格随之上升，美国政府如何能够保持黄金与美元的平价不变呢？如果美国政府一定要维持美元与黄金的平价，这意味着美国政府必须按照一个越来越低估的价格出售它的黄金储备。

其次，美元对黄金的可兑换性也是不可长期维持的。如果美国的国际收支是平衡的，美国无法向各国提供美元；如果美国通过国际收支逆差向各国提供美元，美国政府又如何维持美元的可兑换性？这就是所谓"特里芬难题"。由于美元是国际货币，各国中央银行必须积累美元。当各国中央银行持有的美元越来越多的时候，美元的可兑换性将受到破坏。

最后，钉住汇率制度无法应对外汇投机风潮。在布雷顿森林体系下，某个国家可以在国际收支基本失衡的情况下调整汇率。到了该国政府认为汇率调整是一件很明显的事情的时候，对于投机者来说这也是一件很明显的事情。这种单向的外汇投机风险很小，因而规模将会很大，钉住汇率制度将发生剧烈动荡。

实际上，前两个关于金汇兑本位的缺陷是现象形态上的缺陷，它的本质是美国经济利益和世界经济利益的冲突以及美国经济地位和美元地位的冲突的问题。要使布雷顿森林体系能够长期和稳定运转，必须具备这样的前提：第一，美国政府必须以世界利益为重；第二，美国具有强大的经济实力来维持美元的地位。

确实，如果第一个前提成立，美国政府将努力保持美国价格水平的长期稳定，上述第一个缺陷不再存在。美国政府可以按照可控的方式如对外发放长期低息贷款的方式向各国提供美元，上述第二个缺陷可以缓解。但不幸的是，这样的前提是不可能存在的。美国政府在遇到本国利益和世界利益的冲突时，它将毫不犹豫地选择维护本国利益。因此，布雷顿森林体系不长的生

---

① U. S. Department of Labor, *Consumer Price Index*, http://www.bls.gov/cpi.

命周期在它诞生的时候就注定了。

另外，即使美国以世界利益为重，它还必须拥有强大的经济实力来调节它与世界主要国家的经济活动。也就是说，美国必须长期保持它的经济地位的变化与美元地位相适应。例如，如果美国的相对经济地位下降，美国的国际收支长期出现逆差，它货币的地位将不能维持。但是，由于各个国家经济发展的不平衡是绝对的，这个矛盾也是不可调和的。

上述分析表明，不论是以金汇兑本位还是以非金汇兑本位的方式将某种主权货币作为国际货币，要么这个国际货币制度寿命不长，要么各国的利益不得不服从于这个主权货币发行国的利益。

第三节　以主权货币为基础的浮动汇率制度

一、牙买加体系的形成和特点

1976 年，国际货币基金组织成员在牙买加首都金斯敦召开会议，达成了《牙买加协议》。《牙买加协议》的主要内容有：浮动汇率合法化，黄金非货币化，提高特别提款权的地位，增加对发展中国家的资金融通，增加成员的基金份额。

在达成《牙买加协议》以后，便形成了现行的国际货币制度，即以主权货币为基础的浮动汇率制度。在这里，为方便起见，将这个制度称为牙买加体系。牙买加体系与其说是一个国际货币框架，不如说是一个没有制度的制度，它只是对当时国际货币现状的认可。

牙买加体系具有如下基本特征：第一，以若干个发达国家的可自由兑换货币作为国际储备货币，其中最主要的国际储备货币是美元；第二，国际储备货币以发行国的信用作为保证，与黄金不再有任何联系；第三，各国货币之间的汇率随着外汇市场需求和供给的变化自由浮动。

1976 年以来，各个国家按照自己的情况选择汇率制度，从而形成了各种形式的汇率制度。按照国际货币基金组织的划分方法，现行的汇率制度有以下十种形式：

第一，没有独立法币的汇率安排（exchange arrangement with no separate legal tender），即将某种外国货币或共同货币作为本国的法币，完全放弃了本国的货币主权和货币政策。例如，实行美元化的国家或者是加入货币联盟的国家就属于这种汇率安排。2012 年，实行这种汇率制度的国家或地区有13 个。

第二，货币局安排（currency board arrangement），即建立本币与某种外币的平价，并按照这个平价以外币为基础发行本币。这意味着这个国家或地区的货币当局放弃了诸如货币管制和最后贷款者这样的传统中央银行职能。例如，我国香港特别行政区就实行这种汇率安排。2012 年，实行这种汇率制度的国家或地区有12 个。第一种和第二种汇率安排被称为"硬钉住"（hard pegs）的汇率安排。

第三，传统的钉住汇率安排（conventional pegged arrangement），即建立本币与某种外币或某组外币的固定汇率，并随着这种或这组外币对别的货币浮动。在这种汇率安排中，所选择的钉住货币或货币篮子的权重是公开的或者已经通知国际货币基金组织，货币当局将采取如买卖外汇的直接干预手段或货币政策等间接干预手段保持与钉住的货币或某组货币的汇率稳定，从经验上说在近 6 个月里本币汇率的波动幅度不超过中心汇率±1％。2012 年，实行这种汇率制度的国家或地区有43 个。

第四，稳定的汇率安排（stabilized arrangement），即选择某种外币或外币篮子，保持本币与这种外币或外币篮子汇率的稳定。除了某些例外的情况以外，在近 6 个月或更长的时间里本币与这种外币或外币篮子的汇率波动幅度不超过 2％。稳定的汇率安排与传统的钉住汇率安排的区别是它不存在一个中心汇率，它仅是稳定本币与某种外币或外币篮子的汇率。2012 年，实行这种汇率制度的国家或地区有16 个。

第五，爬行钉住汇率安排（crawling peg arrangement），即建立本币与某个贸易伙伴的货币的固定汇率，然后按照确定的数量指标对该固定汇率进行调整。例如，根据本国和贸易伙伴过去的通货膨胀率的差异或者未来预期通货膨胀率的差异来调整固定汇率。在这种汇率安排下，汇率调整的规则和参数是公开的或者已经通知国际货币基金组织。2012 年，实行这种汇率制度的国家或地区有3 个。

第六，类似爬行钉住的汇率安排（crawl-like peg arrangement）。这种汇率安排与爬行钉住汇率安排类似，不同的特征是它先是从统计上确定本币汇率在 6 个月或更长的时间里的变化趋势，然后保持本币汇率的实际变化不超过这个变化趋势的 2%。也就是说，在这种汇率安排下，本币汇率不是按照某种固定汇率进行调整，而是按照某种汇率趋势进行调整。一般来说，这种汇率安排允许的汇率变化要大于稳定的汇率安排。2012 年，实行这种汇率制度的国家或地区有 12 个。

第七，在水平区间内钉住（pegged exchange rate within horizontal bands）汇率安排，即确定本币与某种外币的中心汇率，然后允许本币与这种外币的汇率在一定区间内变化。这个区间通常为：偏离中心汇率的幅度可以超过 ±1%，最大值和最小值的差距可以超过 2%。例如，在欧元区建立以前的欧洲货币体系的汇率机制就是这种汇率安排。2012 年，实行这种汇率制度的国家或地区有 1 个。第三种到第七种汇率安排被称为"软钉住"（soft pegs）的汇率安排。

第八，其他类型的管理汇率安排（other managed arrangement），即除了上述汇率安排以外的一种弹性的汇率安排，它是一种事实上的汇率制度而不是法律上的或官方的汇率制度。2012 年，实行这种汇率制度的国家或地区有 24 个。

第九，浮动汇率安排（floating arrangement），即本币汇率主要由外汇市场决定，本币汇率的变化不存在确定的路线。货币当局可以对外汇市场进行直接的或间接的干预，但这种干预主要是缓和汇率的波动而不是将汇率确定在某个水平。货币当局对汇率进行管理的依据指标是广泛的，如国际收支、外汇储备等。2012 年，实行这种汇率制度的国家或地区有 35 个。

第十，自由浮动汇率安排（free floating arrangement），即让本币的汇率随着市场供求而浮动，货币当局仅在外汇市场发生混乱的非常情况下才对外汇市场进行干预。如果货币当局在近 6 个月的时间里对外汇市场的干预不超过 3 次，每次干预的时间不超过 3 个工作日，而且还将干预的信息和资料通知国际货币基金组织，这种汇率安排才能视为自由浮动。2012 年，实行这种汇率制度的国家或地区有 31 个。第九种和第十种汇率安排被称为浮动汇率安排。①

在牙买加体系下，如果一个国家发生国际收支逆差，这个国家货币的汇率就将贬值，这个国家出口将增加而进口将减少，这个国家的国际收支逆差将减少。因此，在浮动汇率制度下，国际收支具有一定的自我调节机制。但是，由于下述原因，这种调节将是不充分的：

首先，决定汇率的主要因素包括国际贸易、国际金融和直接投资，但是汇率变化所能调节的主要是国际贸易。例如，假定某个国家出现经常项目逆差和资本与金融项目逆差，该国的货币汇率贬值，但由此导致的国际贸易的变化难以同时弥补经常项目和资本与金融项目逆差。

其次，汇率的变化主要通过影响一个国家进出口商品的价格来影响国际贸易，但是决定一个国家进出口的因素是很多的，汇率的变化不一定能起到相应的作用。例如，某个国家汇率的贬值导致该国出口商品价格下降，但该国主要的出口商品供给不足，汇率变化的调节难以解决该国的国际收支逆差。

最后，尽管在牙买加体系下汇率制度的特点是浮动汇率，但是浮动的形式是多种多样的。发展中国家为了保持本国货币与结算货币汇率的稳定，往往钉住某种货币或某组货币。因此，即使发展中国家出现了国际收支失衡，也难以通过汇率机制进行调节。

上述分析表明，只有在国际贸易不存在障碍，各国实行自由浮动汇率，各国市场机制有效发挥作用，各国普遍存在着需求不足的条件下，浮动汇率的自我调节机制才能很好地发挥作用。

二、牙买加体系与布雷顿森林体系的比较

牙买加体系与布雷顿森林体系存在下述差异。

首先，在国际货币本位方面，虽然在布雷顿森林体系下主权货币美元作为国际货币，但布雷顿森林体系下的国际货币本位是金汇兑本位，还受着美元可兑换黄金的制约。在牙买加体系下，则完全由主权货币美元充当国际货

---

① Karl Habermeier, *Revised System of the Classification of Exchange Rate Arrangements*, IMF Working Papers, WP/09/211, September21, 2009；IMF, *Annual Report on Exchange Arrangements and Exchange Restrictions*, 2012, http://www. imf. org.

币，主权货币美元只受到美国政府信用的制约。由于信用货币从理论上说可以无限制地供给，它解决了一直困扰着金本位制和金汇兑本位制的黄金不足的问题，但是却带来了政府信用风险的问题。

历史事实表明，在国家利益和世界利益发生冲突的时候，美国政府总是首先维护本国利益。因此，各国持有以美元形式存在的国际货币具有政府违约风险。例如，1971 年美国政府停止美元兑换黄金就是美国政府对各国政府最严重的一次违约。可以预料，这样的违约在未来还会发生。

应该指出，在正常的情况下，美国政府违约的风险不大。美元不仅在国际使用，而且在国内使用。美国经过多年的发展，已经形成了相互制约的比较稳定的政治体制。另外，美国联邦储备系统并不从属于政府，它独立地作出货币政策的决策。如果美国政府在美元问题上采取不负责任的做法，将会伤害到本国经济。从这个角度来说，美国政府不能为所欲为地利用美元来损害别的国家的利益。但是，在非常情况下，如果美国政府采取一些极端的行为，例如停止外国使用美元购买美国商品和美国金融资产，持有美元的国家将遭受重大损失，美元的信用风险将变得很大。

其次，在汇率制度方面，布雷顿森林体系采用的是钉住汇率制度，牙买加体系则实行浮动汇率制度。钉住汇率制度的优点是在一定的时期内能够保持汇率的稳定，从而减少汇率风险，促进国际经济活动的发展；缺点是由于汇率只能被动地进行调整，难以形成国际收支的自我调节机制。浮动汇率的优点是尽管调节是不充分的，但是浮动汇率制度仍然具有一定的国际收支的自我调节机制；缺点是汇率波动不安，个人和企业从事国际经济活动面临很大的汇率风险，不利于国际经济活动的发展。

至于固定汇率制度与浮动汇率制度对国内经济政策的影响，经济学者们曾进行过大量的研究，其中最著名的就是美国经济学者蒙代尔（Robert Mundell）和弗莱明（Marcus Flemins）提出的"不可能三角"。

20 世纪 60 年代，美国经济学者蒙代尔和弗莱明提出了开放经济下的 IS—LM 模型，即蒙代尔—弗莱明模型（Mundell-Fleming model）。该模型指出，在没有资本流动的情况下，货币政策在固定汇率制度下对于影响国民收入是有效的，但在浮动汇率制度下更为有效；在资本完全可流动情况下，货币政策在固定汇率制度下对于影响国民收入是无效的，但在浮动汇率下则是有效的。由此，该模型得出了著名的"蒙代尔三角"理论，即货币政策独立性、资本自由流动与汇率稳定这三个政策目标不可能同时达到。①

1999 年，克鲁格曼(Paul Krugman)根据蒙代尔和弗莱明提出的原理画了一个三角形，在这个三角形中，一个顶点表示选择货币政策自主权，一个顶点表示选择固定汇率，一个顶点表示资本自由流动。这三个目标之间不可调和，最多只能实现其中的两个目标，实现三角形一边的两个目标就必然远离另外一个顶点，这就是所谓"三元悖论"。

根据"三元悖论"，在资本完全流动的情况下，要发挥货币政策的作用，应该选择浮动汇率制度。

三、牙买加体系的运行情况

牙买加体系形成以来已经近四十年了。近四十年来，牙买加体系的运行情况具有下述特点：

第一，美元对主要货币汇率趋向于贬值。关于美元汇率的趋势可以用美元指数来反映。美元指数(U. S. dollar index)是由后来并入纽约期货交易所的纽约棉花交易所(NYCE)编制的，以 1973 年为基期，以 100 为基准计算，它是综合反映美元汇率变化情况的指标。在欧元产生以后，美元指数改用美元对六种主要货币的汇率计算，各种货币的权重为：欧元 57.6%、日元13.6%、英镑 11.9%、加拿大元 9.1%、瑞典克朗 4.2%、瑞士法郎 3.6%。

美元指数在 2008 年 2 月曾经到达 70.08 的最低点，这意味着美元对六种货币的汇率贬值了近 30%。但到 2013 年 5 月 4 日，美元指数震荡回升到82.22，美元对六种货币的汇率仍然贬值了 17.78%。②

第二，各国货币汇率经常发生大幅度震荡。在牙买加体系下，各国货币汇率随着外汇市场的供给和需求的变化而变化，因而有可能发生剧烈的波动。以最主要的货币美元为例，图 1-2 说明了 2007 年 1 月到 2013 年 4 月美元指数的波动情况。

在图 1-2 中，纵轴表示美元指数，横轴表示时间。在月度的 K 线图中，

---

① R. A. Mundell, Capital Mobility and Stabilization Policy under Fixed and Flexible Exchange Rates, *Canadian Journal of Economics*, 1963(29), pp. 475-477.

② 新浪网，美元指数，http://finance. sina. com. cn。

最高点表示当月最高指数，最低点表示当月最低指数，实心矩形部分的最高点和最低点分别表示当月最高开盘价和最低收盘价，空心矩形部分的最低点和最高点以 1973 年为基期，以 100 为基准计算。表示当月最低开盘价和最高收盘价。从图中可以直观地观察到美元对六种货币汇率较大幅度的波动。

第三，美元在国际储备货币中的比例保持稳定。尽管美元对主要货币趋向于贬值，但由于美元长期被作为计价货币和结算货币，美国还是最重要的发达国家，美元仍然是最主要的国际储备货币。从表 1-1 可以看到，美元在国际储备货币中所占的比例尽管在 1990 年到达过 50.3% 的低点，但在进入 21 世纪以来基本保持在 60%—70% 的水平。

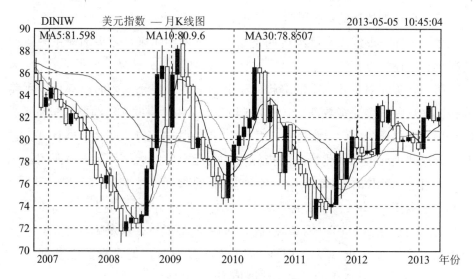

图 1-2 美元指数的波动情况

资料来源：http://finance.sina.com.cn。

表 1-1 美元在外汇储备中所占的比例 单位：%

年 份	1990	1995	2000	2005	2010	2012
比 例	50.3	56.4	68.2	66.9	61.8	61.4

资料来源：IMF, *Annual Report of the Executive Board*, Appendix I, 1990-2012, http://www.imf.org; IMF, *Currency Composition of Official Foreign Exchange Reserves*, June 28, 2013, http://www.imf.org。

第四，国际储备货币的规模不断扩大。随着国际经济活动的发展，各国货币当局外汇储备的数量在不断增加。从表 1-2 可以看到，各国货币当局的外汇储备从 1990 年的 5 938 亿特别提款权增加到 2011 年的 66 455 亿特别提款权，增加了 1 019％。

表 1-2　各国货币当局外汇储备的增长情况　　　　　单位：亿特别提款权

年　份	1990	1995	2000	2005	2010	2011
外汇储备	5 938	9 318	14 910	29 675	57 046	66 455

资料来源：IMF, *Annual Report of the Executive Board*，Appendix I，1990-2012，http://www.imf.org。

通过政府合作建立的布雷顿森林体系运行了近三十年以后彻底解体了，作为布雷顿森林体系遗产自然形成的牙买加体系又运行了近四十年。但是，这些年来，牙买加体系不断出现问题和矛盾，现在应该是改革牙买加体系的时候了。

本章小结

本章分析表明，布雷顿森林体系要能够正常运转，从制度层面上看需要具备美国政府以世界利益为重以及美国的经济地位与美元的地位相适应的前提。但是这样的前提是难以成立的，布雷顿森林体系最终以美国政府的违约和汇率的浮动而解体。但是，作为布雷顿森林体系替代制度的牙买加体系仍然存在着同样的缺陷。国际货币制度变迁的规律显示，只有建立超主权国际货币，才能形成长期和稳定的国际货币制度。

第　二　章

现行国际货币制度存在的问题

第一节　牙买加体系的利益分配格局

一、发达国家获得国际铸币税收益

如果将现行国际货币体系称为牙买加体系，那么该体系的基本特征是：第一，以若干种发达国家的货币作为国际储备货币，其中最主要的国际储备货币是美元。第二，黄金非货币化。国际储备货币以发行国政府的信用作为保证，与黄金不存在任何货币意义上的联系。第三，各国货币之间的汇率随着外汇市场需求和供给的变化自由浮动，各国采取了不同形式的浮动汇率制度。

在牙买加体系下，少数发达国家特别是美国得到了丰厚的铸币税收益。按照《新帕尔格雷夫经济学大辞典》的解释，在金本位条件下，人们用黄金铸造金币需要向当局支付赋税，这种赋税称为铸币税（seigniorage）。在金本位解体以后，货币当局具有硬币和纸币的发行权，硬币和纸币的面值超过制作成本的收益被货币当局所得到，这部分利益称为铸币税。① 但是，《新帕尔格雷夫经济学大辞典》的解释并不完整。在现代经济里，货币主要不是通货，

---

① ［英］约翰·伊特韦尔等：《新帕尔格雷夫经济学大辞典》第四卷，经济科学出版社1992年版，第308页。

而是存款货币。一个国家的货币当局发行货币主要不是以增加硬币和纸币的方式，而是以增加存款货币的方式。因此，还需要对铸币税收益的定义进行更加深入的分析。

关于铸币税的定义，在该领域的研究文献中有着不同的解释，还没有形成比较一致的看法。笔者认为，铸币税应该从两个角度理解：第一，虽然铸币税曾经是一种赋税，但它现在已经不是一种赋税。虽然铸币税不是赋税，但它类似于赋税，它是货币当局凭借着货币的发行权获得的收益。第二，货币当局凭借着货币的发行权获得收益的同时，可能要支付一定的成本。因此，在计算铸币税的时候必须要考虑到成本的因素。由于铸币税不完全是一种赋税而实际上是一种收益，因此铸币税可以称为铸币税收益。

但是，货币当局在发行货币的过程中是否都产生铸币税收益呢？显然，还需要具体地考察货币当局发行货币的方法。在现实的经济里，货币当局发行货币即增加货币供给主要有下述方法，有的方法产生铸币税收益，有的方法不产生铸币税收益：

第一，发行纸币。在这种情况下，货币当局发行纸币的面值超过制作纸币成本的收益构成了铸币税收益。在许多国家里，硬币通常是财政部发行而不是货币当局发行的，在这里暂不考虑发行硬币的收益。

第二，降低法定准备金比率。当货币当局降低法定准备金比率的时候，商业银行出现了超额准备金。在利润动机的支配下，商业银行将增加贷款，货币供给量将增加。在这种情况下，货币当局没有得到铸币税收益。

第三，降低再贴现率。当货币当局降低再贴现率的时候，商业银行将通过增加再贴现的方式补充流动资金，从而支持了商业银行的信贷，货币供给量将增加。在这种情况下，货币当局获得了贴现票据及其利息，这属于铸币税收益。

第四，在公开市场上买进证券。当货币当局在公开的证券市场上买进各种政府债务凭证的时候，将导致商业银行准备金的增加和商业银行贷款的增加，货币供给量将增加。在这种情况下，货币当局获得了政府债务凭证及其利息，这也属于铸币税收益。

第五，对商业银行再贷款。当货币当局对商业银行发放再贷款的时候，将导致商业银行贷款增加，货币供给量将增加。在这种情况下，货币当局获得了贷款资产及其利息，这同样属于铸币税收益。

　　货币当局在采用第二种到第五种方法增加货币供给的同时，商业银行存放在货币当局的准备金也在增加。但是，虽然我国货币当局对准备金支付利息，但一般国家的货币当局对准备金不支付利息，货币当局以这样的方式增加货币供给的成本主要是办理相关业务的费用。因此，铸币税收益的确切定义是指货币当局凭借着货币发行权所获得的金融资产价值扣除发行成本以后的收益。

　　应该指出，在货币当局降低再贴现率、买进政府债务凭证以及对商业银行再贷款的时候，将导致铸币税收益的产生。但是，当货币当局进行反向操作的时候，是否导致铸币税收益的减少呢？如果货币当局提高再贴现率，商业银行将减少再贴现，也就是货币当局将要得到的铸币税收益减少，但不会导致它已获得的铸币税收益减少。同样，如果货币当局停止对商业银行再贷款，它不再获得从这个渠道得到的铸币税收益，也不会导致它已获得的铸币税收益减少。但是，如果货币当局卖出政府债券，则导致它已获得的铸币税收益减少。

　　由于铸币税收益涉及货币当局获得的金融资产价值的问题，铸币税将存在流量和存量的区别。例如，货币当局的公开市场操作在一段时期里可能是双向进行的，不能只考虑买进政府债务凭证而不考虑卖出政府债务凭证。因此，从流量的角度考虑，铸币税收益是指货币当局的净金融资产收益的增加。从存量的角度考虑，铸币税收益是货币当局在某个时点上通过发行货币而持有的未清偿的金融资产价值。

　　但是，上面所分析的铸币税收益是国内铸币税收益。在牙买加体系下，发达国家的货币特别是美元成为了国际储备货币。这样，发达国家特别是美国从外国得到了铸币税收益。为了与国内铸币税收益相区别，可以将这种从外国得到的铸币税收益称为国际铸币税（international seigniorage）收益。国际铸币税收益与国内铸币税收益具有不同的特征，其中一个重要区别在于：国内铸币税收益是货币当局得到的一种收益，而国际铸币税收益则是货币发行国得到的一种收益。

　　在不考虑发行纸币和降低法定准备金比率的条件下，国内铸币税收益在数量上约等于基础货币的金额加上相应的利息。但是，在基础货币进入商业银行体系以后，将会派生出数倍的存款货币，这意味着国内铸币税收益的数量少于实际增加货币供给的数量。例如，假定美国商业银行不保留超额准备金，没有现金从美国银行体系流失，在法定准备金比率为 10% 的条件下，如果美国货币当局以购买 100 亿美元的政府债券的方式增加存款货币，根据存款货币创造的倍数是法定准备金比率的倒数的计算公式，将导致美国的货币供给量增加 1 000 亿美元（＝100×1/10%），美国中央银行得到 100 亿美元的政府债券及其利息的铸币税收益，这是国内铸币税收益。

但是，在这 1 000 亿美元中，如果有 500 亿美元以各种对外经济活动形式流出美国境外，将给作为一个整体而言的美国带来多于 100 亿美元的铸币税收益。这是因为外国政府、机构、居民得到了这些美元以后，将以外汇储备或外汇储蓄等方式流回美国，美国便得到了国际铸币税收益。

因此，如果要给国际铸币税收益下一个初步的定义，它是指在一个国家凭借着本国货币是国际储备货币的地位所获得的一种国民福利。但是，仅仅指出国际铸币税收益是一种国民福利是不够的，还需要进一步分析国际铸币税收益是如何产生的以及存在多少问题。

以美国与中国的国际经济活动为例。当美国进口中国的商品、对中国证券投资或对中国直接投资的时候，将直接对中国支付作为国际储备货币的美元。但是，如果中国将得到的美元用于进口美国的商品、投资美国证券或者对美国直接投资，美国并没有因为美元的特殊地位而获得特殊收益。在这个过程中，美国仅仅由于拥有作为国际储备货币的美元而处于主动地位。这就是说，如果美国不进口中国的商品、不投资中国证券或不对中国直接投资，中国将不能进口美国的商品、不能投资美国证券或者不能对美国直接投资。显然，只有中国将美元储备或储蓄下来，美国才能得到国际铸币税收益。

从国际贸易活动的角度考察，国际铸币税的典型产生过程可以举例说明如下：美国进口商使用 1 000 亿美元进口中国商品，在中国出口商结汇以后，中国商业银行将 1 000 亿美元以存款的形式存放在美国的商业银行，或者中国货币当局用人民币买进这 1 000 亿美元以后，以购买美国政府债券的形式保留起来，国际铸币税就产生了。或者是美国商业银行支付这 1 000 亿美元存款的利息，或者是美国政府支付这 1 000 亿美元政府债券的利息，但是美国不仅获得了价值 1 000 亿美元的中国商品，而且还获得回流的 1 000 亿美元的储蓄或储备。1 000亿美元的储蓄或储备减去美国为这1 000亿美元的储蓄或储备支付的利息的差额，就构成了美国的国际铸币税收益。当然，中国持有的这1 000亿美元的存款或债券可能最终会形成对美国商品的购买力，但是只要中国继续持有美元储蓄或储备，美国就获得了国际铸币税收益。

如果美国机构和居民不是进口中国商品，而是对中国证券进行投资或进行直接投资，那么他们支付美元得到的不是不可增值的中国商品，而是可以增值的中国资产。但是，只要中国政府、机构或居民将得到的美元以储备或储蓄的方式存到美国，由此所产生的结果与前面分析的国际贸易活动所产生的结果是相似的。

因此，国际铸币税收益的确切定义是指一个国家凭借着本国货币的国际储备货币地位所获得的被外国作为储备手段保留的本国货币的金额扣除本国为此支付利息代价以后的一种国民福利。

国际铸币税收益有流量和存量之分。从流量的角度分析，国际铸币税收益是指在一定的时期里净回流到国际储备货币发行国的储备或储蓄额减去该国际储备货币发行国为此支付的利息代价以后的差额。在这里，所谓储备和储蓄主要是以银行存款的形式以及各种类型的债务工具的形式出现。但是，由于在现实的经济里难以找到净回流到某国际储备货币发行国的储备或储蓄的数据，又由于某储备货币发行国的国际收支逆差将形成外国对该国储备或储蓄的增加，所以可以从某储备货币发行国的国际收支逆差的角度来估算流量意义的国际铸币税收益。从存量的角度分析，国际铸币税收益是指在一定的时点外国持有的某个国际储备货币发行国的货币资产减去该国际储备货币发行国为此支付利息的差额。

在现行国际货币制度下，美元是最主要的国际储备货币。美国凭借作为国际储备货币的美元得到了巨大的经济利益，其中最主要的经济利益是国际铸币税收益。世界各国持有的美元储备或储蓄实际上是通过出口商品或出售资产等方式获得的，这相当于美国以支付利率为代价就可以获得这些财富。当然，别的国家持有的美元储备或储蓄也可以形成对美国商品或资产的购买力，但只要别的国家以美元储备或储蓄的形式持有美元，美国就可以继续占有这些财富。

下面以美国为例来估算2000年以来美国获得的国际铸币税收益。在这里应该强调的是，由于不存在完整的统计数据，在估算的过程中不可避免要作出一些假定。尽管这些假定是根据实际情况作出的，这样的估算也不可能是十分精确的。但是，笔者认为，即使是粗略的估算也是有意义的，它可以直观地显示或说明某种实际情况。

按照国际货币基金组织于 2009 年颁布的《国际收支与国际投资头寸手册》（第六版）的划分方法，国际收支包括经常项目、资本项目和金融项目三大项目。美国长期以来经常项目、资本项目以及金融项目中的直接投资子项目之和都是逆差，只能依靠金融项目其他子项目的顺差加以抵消，金融项目部分子项目的变化表现为回流的美元，从而形成国际铸币税收益。金融项目除了直接投资以外，主要包括官方储备资产、证券投资等项目。其中官方储备资产主要包括黄金储备、特别提款权、在国际货币基金组织的储备头寸和外国货币。因此，还需要考虑金融项目中什么子项目的变化可以用于表示国际铸币税收益。

首先，考虑官方储备资产子项目。如果美国用官方储备资产来弥补国际收支逆差，并没有导致外国对美国的储备或储蓄增加，这部分对国际收支逆差的清偿额不造成美元的回流，从而不形成国际铸币税收益。由于官方储备资产减少记入贷方，官方储备资产增加记入借方，官方储备资产的净减少意味着贷方大于借方。如果其他因素不变，官方储备资产的净减少将导致金融项目的顺差增加。因此，如果要用美国金融项目的顺差来反映美国的国际铸币税收益，应该减去美国官方储备资产贷方与借方的差额。这意味着如果美国官方储备资产贷方与借方的差额是正数，用减法；如果美国官方储备资产贷方与借方的差额是负数，用加法。

其次，考虑对外支付利息的问题。如前所述，国际铸币税收益是指在一定的时期内净回流到国际储备货币发行国的储备或储蓄减去该国际储备货币发行国为此支付的利息代价以后的差额。但是，美国对外国支付的利息已经反映在经常项目中，在计算流量意义的国际铸币税收益的时候，不应该再从外国回流到美国的储备或储蓄中扣除美国为此支付的利息。

因此，美国一定时期地经常项目、资本项目以及金融项目中直接投资子项目差额的代数和，减去美国官方储备资产贷方与借方的差额，构成该时期外国对美国增加的储备和储蓄，从而构成美国流量意义的国际铸币税收益。

也就是说，美国一定时期的排除了直接投资子项目的金融项目的差额，减去美国官方储备资产贷方与借方的差额，构成该时期外国对美国增加的储备和储蓄，从而构成美国流量意义的国际铸币税收益。

表 2-1 反映了 2001—2012 年美国得到的国际铸币税收益情况，表中数据来自美国商务部经济分析局的统计数据。在表 2-1 里，第二列到第五列依次表示美国经常项目、资本项目、金融项目中直接投资子项目、金融项目中美国官方储备子项目的差额。正如前面分析所指出的那样，前三个项目的代数和的绝对值减去官方储备子项目的差额，就是流量意义的国际铸币税收益。

表 2-1　美国获得的国际铸币税收益流量(2001—2012 年)　　　　单位：亿美元

年　份	经常项目差额	资本项目差额	直接投资子项目差额	官方储备子项目差额	国际铸币税收益
2001	−3 966.03	131.98	246.72	−49.11	3 636.44
2002	−4 572.48	−1.41	−700.88	−36.81	5 311.65
2003	−5 190.89	−18.21	−858.14	15.23	6 052.01
2004	−6 285.19	30.29	−1 702.57	28.05	7 929.42
2005	−7 457.74	131.16	764.03	140.96	6 421.59
2006	−8 006.27	−17.88	−17.71	23.74	8 018.12
2007	−7 103.03	3.84	−1 928.73	−1.22	9 029.14
2008	−6 771.35	60.10	−189.89	−48.48	6 949.62
2009	−3 765.51	−1.40	−1 390.09	−522.56	5 679.56
2010	−4 708.98	−1.52	−1 220.46	−18.34	5 949.30
2011	−4 659.26	−12.12	−1 853.44	−158.77	6 683.59
2012	−4 749.84	64.36	−1 767.55	−44.60	6 497.63

资料来源：Bureau of Economic Analysis, Balance of Payments, U. S. Economic Accounts，http://www.bea.gov。

这里存在一个疑问：外国在美国的储备或储蓄实际上是美国的负债，美国必须要还本付息，它如何形成美国的铸币税收益呢？确实，如果美元不是国际储备货币，它就是美国的负债。但是，在美元是国际储备货币的条件下，外国政府、机构和个人总是要保留美元。从第一章表 1-2 可以看到，外国政府的美元储备在不断增加。因此，美国所欠的债务相当大的一部分实际上是可以不必偿还的债务，这种债务便构成美国的国际铸币税收益。

从表2-1可以看到，2001—2012年，美国凭借着美元的国际储备货币地位平均每年获得数千亿美元的国际铸币税收益。很明显，如果美元不是国际储备货币，不必说长期，就是在短期内美国如此巨大的经常项目、资本项目和直接投资子项目的净逆差也是不可能维持的。

应该指出，上面估算的是流量意义的国际铸币税收益，如果要估算存量意义的国际铸币税收益，需要将外国政府、机构和居民持有的美元储备或储蓄减去美国为此支付的利息。

但是，关于存量意义的国际铸币税的估算方法，存在下述两个可斟酌的问题：

第一，外国持有的美元储备或储蓄是存量，利息是流量。如果从某个时点来度量国际铸币税收益，利息应该为零。从这个角度分析，外国持有的美元储备或储蓄应该就是这个时点美国国际铸币税收益的存量。但是，如果采用这样的计算方法，国际铸币税收益似乎成为美国不必偿还的债务，因而不能体现外国持有的美元储备或储蓄的债权性质。因此，采用这样的计算方法是不合适的。

第二，外国持有的美元储备或储蓄是美国的债务，美国必须定期支付利息。从这个角度分析，应该根据美国未来定期支付的利息按照市场利率将这部分债务折算成现值，然后与现在这部分债务进行比较，最终得到美国所获得的国际铸币税的存量。例如，如果实际债务总额是50 000亿美元，而折成现值的债务总额是40 000亿美元，就有理由认为美国得到了10 000亿美元的国际铸币税收益。但是，这种计算方法将美国所欠的债务看作一种纯粹的债务，而忽略了其中相当大的一部分债务实际上是不必偿还本金的这一特点。因此，采用这种计算方法也是不合适的。

基于对上述两个问题的分析，将年末外国持有的美元储备或储蓄减去美国为此支付的利息来估算存量意义上的国际铸币税收益是适当的。

由于现在可以获得的资料只有外国货币当局持有的美元储备，外国机构和个人持有的美元储蓄的资料无法获得，因而只能估算美国从外国货币当局得到的国际铸币税收益的存量。

由于外国货币当局不会全部以美国国债的形式持有美元储备，根据某些主要国家货币当局持有美元储备的债务工具的结构，可以假定外国货币当局以美国国债的形式持有美元储备的比例是 50%。另外，美国国债的利率是无风险利率，根据金融市场的情况，可以假定其他各种债务工具的平均利率比美国国债利率高 50%。按照这两个假定可以得到 2001—2012 年美国从外国货币当局获得的国际铸币税收益的存量，如表 2-2 所示。

表 2-2   美国从外国货币当局获得的国际铸币税收益的存量(2001—2012 年)

年 份	各国官方外汇储备(SDRs)(亿)	各国官方美元储备的比例(%)	美元/SDR	各国官方美元储备(亿美元)	美国国债收益率(%)	国际铸币税收益(亿美元)
2001	16 336	71.5	1.25 673	14 679	3.44	14 078
2002	17 720	67.1	1.35 952	16 165	1.96	15 769
2003	20 385	65.9	1.48 597	19 962	1.30	19 638
2004	24 143	65.9	1.55 301	24 709	1.93	24 112
2005	30 226	66.9	1.42 927	28 902	3.62	27 594
2006	34 909	65.5	1.50 440	34 398	4.91	32 287
2007	42 398	64.1	1.58 025	42 947	4.37	40 601
2008	47 643	64.1	1.54 027	47 026	1.71	46 021
2009	52 071	62.1	1.56 769	50 693	0.46	50 402
2010	60 120	61.5	1.54 003	56 941	0.30	56 727
2011	66 455	62.2	1.53 526	63 460	0.38	63 197
2012	67 354	62.2	1.54 909	64 898	0.25	64 695

资料来源：IMF，*Annual Report of the Executive Board*，2001-2012，http://www.imf.org；IMF，*Data*，http://www.imf.org；U.S.Department of the Treasury，*Daily Treasury Yield Curve Rate*，http://www.treasuryDirect.gov。

在表 2-2 中，由于《国际货币基金组织年报》提供的各国货币当局外汇储备的数据以特别提款权(SDRs)表示，还需要根据美元储备占外汇储备的比例以及特别提款权兑换美元的数量来估算各国货币当局的美元储备。另外，美国国债的收益率取 1 年期限的美国国债在 3 月、6 月、9 月、12 月初的收益率的算术平均数，2012 年各国货币当局的外汇储备是截至 3 月末的外汇储备。在各年年末，各国货币当局的美元储备减去美国为此支付的利息，就是这个时点的国际铸币税收益。

从表 2-2 可以看到，2001—2012 年，由于各国货币当局的外汇储备迅速增加，美国在每年年底这个时点上得到的国际铸币税收益随着时间的推移在不断增加。当然，这个估算只是一个粗略的估算，它仅仅是试图说明美国国际铸币税收益的存量大概有多少。

上面的分析表明，在牙买加体系下，本币为国际储备货币的国家获得了一种特权，即可以享受高额的国际铸币税收益。作为最主要的国际储备货币美元的发行国美国，是这些国家中最大的受益者。

但是，应该指出，由于各国国内经济活动规模在不断扩大，需要的货币数量在不断增加，国内铸币税收益在一般情况下是不必偿还的。但是，国际铸币税收益与国内铸币税收益不同，它是可能要偿还的。

显然，如果美国的国际经济地位不变，各国出口商品或出售资产得到的美元将仍然以储备和储蓄的形式存在美国。随着国际经济活动规模的扩大，美国所欠的部分债务的本金实际上不必偿还，美国继续获得国际铸币税收益。但是，如果美国的国际经济地位下降，不但增加的国际经济活动不再使用美元结算，而且使用美元结算的国际经济活动还出现减少，各国将减少美元的储备或储蓄并将其用于购买美国的商品或资产，美国将开始返还国际铸币税收益。如果美元丧失了国际储备货币的地位，各国将会把全部美元储备或储蓄转换为美国商品或资产，从而将给美国带来灾难性的通货膨胀冲击。到那个时候，美国政府可能像1971年那样又一次向世界各国违约——禁止各国用美元购买美国商品或资产。

由此可见，牙买加体系存在一个内在缺陷：在国际储备货币发行国经济强盛的情况下，它凭借着货币特权获得了国际铸币税收益，造成了利益分配的不公平现象；但在国际储备货币发行国经济衰落的情况下，又将造成国际货币秩序的紊乱，最后仍然有可能造成国际储备货币持有国的损失。另外，关于国际铸币税收益的分析还有一个重要启示：美国政府不应该满足于现有的国际铸币税收益而不思现行国际货币制度的改革。美国独一无二的经济地位是不可能永远保持的。一旦美国经济地位下降，美国将返还以前的国际铸币税收益，从而将给美国经济带来严重的不利影响。

二、美元贬值给世界各国造成损失

作为最主要的国际储备货币的美元不断贬值，导致有利于美国而不利于其他国家的利益格局调整。美元贬值包括对内和对外贬值。美元对内贬值是指由于美国价格水平上升而导致的美元购买力下降，以及由于美国金融市场的变化而导致的美国政府债券价值下降。美元对外贬值是指美元对其他国际储备货币汇率贬值或者对非国际储备货币汇率贬值。不论是美元对内贬值还是对外贬值，都将导致各国利益格局的变化。

首先，考察表现为美国价格水平上升的美元对内贬值的影响。虽然美国的价格水平总体上是稳定的，但仍然不断趋向上升。表 2-3 说明了美国消费者价格指数 2001—2012 年的变化。从表中可以看到，美国的消费者价格指数除了在 2009 年美国爆发金融危机的时期下降了 0.4%，其余年份都是上升的。这样，持有美元的各国政府、机构和居民都会遭受美元购买力的损失。

表 2-3   美国价格水平上升给各国官方外汇储备带来的损失（2001—2012 年）

年　份	美国通货膨胀率（%）	各国官方美元储备（亿美元）	美元储备购买力损失（亿美元）
2001	1.6	14 679	−239.47
2002	2.4	16 165	−387.96
2003	1.9	19 962	−379.28
2004	3.3	24 709	−815.40
2005	3.4	28 902	−982.67
2006	3.2	34 398	−1 100.74
2007	2.8	42 947	−1 202.52
2008	3.8	47 026	−1 796.99
2009	−0.4	50 693	+202.77
2010	1.6	56 941	−911.06
2011	3.2	63 460	−2 030.72
2012	2.1	64 898	−1 362.86

资料来源：Department of Labor of United States, *CPI Databases*, http://www.bls.gov; IMF, *Annual Report of the Executive Board*, 2012, http://www.imf.org。

各国货币当局美元储备购买力的损失如表 2-3 所示，其中 2012 年的数据是 2012 年 3 月的数据，其余各年的数据都是年末的数据。在表 2-3 中，所谓购买力损失的含义是各年年末各国货币当局持有的美元储备由于本年度价格水平上升而损失了多少。如果将每年各国货币当局美元储备购买力的损失相加，表示如果按照 2001 年的美国价格水平计算，到 2012 年 3 月各国货币当局的美元储备共损失了多少。

表 2-3 表明，不包括各国机构和居民而仅仅是各国货币当局美元储备购买力的损失每年少则上百亿美元，多则上千亿美元。由于各国货币当局的美元储备最终将形成对美国商品的购买力，各国货币当局美元储备购买力的损失可以转化为美国的收益。如前所述，由于各国需要储备美元，美国政府的部分对外债务实际上是不需要偿还的债务，而美国价格水平的上升又使美国未来用于偿还对外债务的商品数量减少。

其次，考察表现为美国政府债券价值下降的美元对内贬值的影响。2011 年 5 月，美国政府债务达到了 142 900 亿美元的上限。假如美国国会在 8 月 2 日以前不批准提高政府债务的上限，美国政府将无力偿还债务。虽然两党经过激烈的争论，终于在 7 月 31 日晚上达成妥协方案，但是美国政府将来还是依赖借入新的债务去偿还旧的债务。实际上，美国政府债务在 2010 年 12 月已经达到 140 252 亿美元，为美国国内生产总值的 96.65%，远高于各国认可的欧洲货币联盟的《马斯特里赫特条约》中关于政府债务对国内生产总值比例应低于 60% 的标准。如果美元不是国际储备货币，美国政府债务危机可能发生了。

美国标准普尔公司于 2011 年 8 月 6 日将美国政府的信用评级从 AAA 向下调整到 AA＋，美国政府的融资成本将上升，美国政府债券价值将下降，各国政府、机构和个人持有的美国政府债券将贬值。但是，由于缺乏足够的数据，难以对各国持有的美国政府债券的损失进行估算。

从长期来看，美国政府债券仍然存在着违约风险。美国政府未来以"两党分歧"和"三权分立"为由再次违约不是不可能的。如果这样的事情发生，各国政府的美元储备将遭受巨大损失，这部分损失也将转变为美国的收益。

再次，考察表现为美元对其他国际储备货币汇率贬值的美元对外贬值的影响。表 2-4 显示了美元对其他三种主要的国际储备货币汇率的变化。在表中，某年汇率是指该年第一个交易日的汇率。从表 2-4 可以看到，2006 年以来，美元对欧元和日元的汇率趋向于贬值，对英镑的汇率趋向于稳定。

表 2-4　美元汇率的变化趋势(2006—2013 年)

年　份	欧元/美元	日元/美元	英镑/美元
2006	0.834 7	116.34	0.524 7
2007	0.752 7	118.83	0.574 6
2008	0.678 5	109.70	0.506 7
2009	0.717 1	91.12	0.504 4
2010	0.693 5	92.55	0.620 8
2011	0.747 9	81.56	0.645 6
2012	0.765 6	76.67	0.638 1
2013	0.757 9	87.10	0.615 2

资料来源：Board of Governors of The Federal Reserve System，*Foreign Exchange Rates*，Select Statistical Releases，http://www.federalreserve.gov。

　　美元对其他国家储备货币汇率趋向于贬值对于这些国家的机构和居民来说，意味着将以前买进的美元现在兑换为本国货币将遭受损失。对于各国货币当局来说，美元对其他国际储备货币贬值意味着它们以其他国际储备货币表示的美元储备的价值减少。但是，由于各国货币当局的外汇储备不仅包括美元储备，而且包括多种货币的储备，只有在将贬值的美元转换为升值的货币并用于支出的时候才发生损失，总体来说这个因素造成的各国货币当局美元储备的损失不大。

　　最后，考察表现为美元对其他非储备货币汇率贬值的美元对外贬值的影响。以美元对人民币汇率贬值为例，2005 年以来，美元对人民币一直趋向于贬值，这样将会造成中国货币当局外汇储备的账面汇兑损失。

　　这种汇兑损失的发生过程可以解释如下：2006 年年末和 2007 年年末人民币兑换美元的汇率是 7.808 7 元人民币兑换 1 美元和 7.304 6 元人民币兑换 1 美元。如果用人民币度量中国货币当局美元储备的价值，2007 年年末与 2006 年年末相比 1 美元的价值减少了 0.504 1 元人民币。这也就是说，如果某居民在 2006 年年末买进美元然后在 2007 年年末卖出美元，每买卖 1 美元的损失是 0.504 1 元人民币。对于买进美元的中国货币当局、机构或居民来说，如果卖出了美元，这种损失是实际损失；如果没有卖出美元，这种损失是账面损失。

中国货币当局外汇储备的账面汇兑损失最为典型。2005 年以来，美元对人民币汇率一直趋向于震荡贬值，导致中国货币当局巨大的账面汇兑损失，具体情况如表 2-5 所示。之所以说是账面汇兑损失，是因为 2005 年以来中国货币当局买进美元以后没有卖出美元。如果未来中国货币当局卖出美元的时候美元对人民币汇率大幅度升值，可能还出现汇兑收益。但是，2005 年以来，美元对人民币名义汇率已经累计贬值约 25%。中国货币当局的外汇储备是为中国政府、机构和居民用人民币购买美元作准备的，从长期来说中国货币当局不可能只买进美元而不卖出美元，在美元对人民币汇率贬值的情况下中国货币当局只要卖出美元就会发生实际汇兑损失。

表 2-5 中国货币当局外汇储备的账面汇兑损失(2005—2012 年)

年 份	外汇储备 (亿美元)	人民币/美元 平均汇率	外汇储备的 本币成本(亿元)	外汇储备的 本币价值(亿元)	账面损失 (亿元)
2005	8 188.72	8.179 1	67 642.85	66 976.36	−666.49
2006	10 663.44	7.932 5	87 273.57	83 267.60	−4 005.97
2007	15 282.49	7.541 3	122 107.21	111 632.48	−10 474.73
2008	19 460.30	6.882 8	150 862.24	133 003.37	−17 858.87
2009	23 991.52	6.831 3	181 816.36	163 818.90	−17 997.46
2010	28 473.38	6.735 3	212 003.03	188 570.65	−23 432.38
2011	31 811.48	6.421 0	233 436.97	200 440.95	−32 996.02
2012	33 115.89	6.311 4	241 669.62	207 156.45	−34 513.17

资料来源：中国人民银行，黄金和外汇储备报表、汇率报表，http://www.pbc.gov.cn。

中国货币当局外汇储备的账面汇兑损失的估算方法如下：首先，计算中国货币当局买进美元并储备起来的成本是多少。由于中国货币当局在一年中是连续买进美元的，美元对人民币的汇率应该取平均汇率。在表 2-5 中，平均汇率是指 3 月末、6 月末、9 月末、12 月末汇率的平均数。各年增加的美元储备按照该年平均汇率计算出这部分美元储备的本币成本，加上上年年末美元储备的本币成本，就是当年年末全部美元储备的本币成本。其次，根据各年年末的美元储备以及 12 月末的美元对人民币的汇率计算出各年年末以本币表示的美元储备的价值，也就是假如在各年年末卖出美元储备价值多少本币。最后，将美元储备的本币成本减去美元储备的本币价值，便得到中国货币当局美元储备的账面汇兑损失。

关于表 2-5 有两个问题需要说明：第一，中国货币当局的外汇储备不仅有美元，还有其他国际储备货币，在表 2-5 的计算中之所以没有考虑其他国际储备货币，是因为在我国货币当局外汇储备的统计中，其他国际储备货币已经按照汇率折算为美元。因此，将其他国际储备货币直接折算为人民币，与先将其他国际储备货币折算为美元，再将美元折算为人民币是一样的，不必考虑其他国际储备货币也能够反映中国货币当局外汇储备账面的汇兑损失。第二，表 2-5 所反映的外汇储备账面损失不是每年的损失，而是累计的损失。也就是说，2005 年以来，如果在各年的年末将外汇储备转换为人民币，损失将是多少。

从表 2-5 可以看到，到 2012 年 12 月末，中国货币当局的外汇储备的账面汇兑损失已经达到 34 513.17 亿元人民币。这意味着，到 2012 年 12 月末，要实现外汇储备账面上的盈亏平衡，美元对人民币的汇率要升值到 7.30（人民币/美元），也就是美元对人民币要升值 15.63%。由此可见，中国货币当局的外汇储备未来可能有部分账面上的汇兑损失转变为实际上的汇兑损失。

对于美国来说，美元对人民币汇率贬值给美国带来了汇兑收益。例如，在美国的金融机构对中国的证券投资和美国企业对中国的直接投资所形成的人民币收益汇回美国的时候，都得到了可观的和额外的汇兑收益。

从上面的分析可以看到，在美元对内和对外趋向于贬值的情况下，美国得到了巨大的利益，而各个持有美元储备的国家都在遭受着损失。可悲的是，在现行的国际货币制度下，各个持有美元储备的国家还没有有效的方法来避免这样的损失。美国不但从各个国家获得丰厚的国际铸币税收益，而且还从美元对内、对外贬值中得到更多的收益。

三、国际货币事务决策权被美国控制

在 20 世纪 40 年代国际货币基金组织成立的初期，美国拥有将近 33% 的投票权，英国拥有将近 16% 的投票权，美国对国际货币基金组织具有绝对的控制权。正如美国经济学者赞莫拉（Stephen Zamora）所指出的："西方国家试

图通过新的国际组织和新的决策制度来维护和确保其战后成果。"①

2008 年 3 月 28 日，国际货币基金组织执行董事会提出了关于基金份额和话语权的改革方案（quota and voice reform）。2008 年 4 月 28 日，理事会批准了这个方案。这个方案主要是调整各成员方基金份额的比例以更好地反映成员方在世界经济中的地位，从而增加了新兴市场经济国家的份额和投票权。

自从国际货币基金组织提出计算各成员方缴纳份额的第一个计算公式以来，已经发生了四次变化，2008 年 3 月提出的改革方案是第五次变化。按照改革以前的计算公式，成员方缴纳的基金份额为：

$$基金份额=0.004\ 5Y+0.052\ 810\ 08R+0.039(P+C)+1.043\ 2VC$$

式中：Y 表示近年以现行市场价格计算的国内生产总值；R 表示近年来黄金和外汇储备以及持有特别提款权和国际货币基金组织其他头寸 12 个月的平均数；P 表示近 5 年经常项目支出的年平均数；C 表示表示近 5 年经常项目收入的年平均数；VC 表示近 13 年来经常项目收入的变动性，该变动性定义为以 5 年移动平均数为中值的标准差。

按照改革以后的计算公式，成员方缴纳的基金份额为：

$$基金份额=(0.5Y+0.3O+0.15V+0.05R)^k$$

式中：Y 表示近 3 年以汇率计算的国内生产总值和以购买力计算的国内生产总值的加权平均数，其中以汇率计算的国内生产总值的权重是 60%，以购买力计算的国内生产总值的权重是 40%；O 表示近 5 年经常项目收入和支出的总和的年平均数；V 表示近 13 年来经常项目收入和净资本流动的变动性，该变动性定义为以 3 年移动平均数为中值的标准差；R 表示最近 1 年官方储备资产 12 个月的平均数；k 是 0.95 的压缩系数。

在基金份额和话语权改革方案实施以后，中国和其他新兴市场经济国家的投票权有了一定幅度的提高。例如，与 2006 年相比，2008 年中国投票权提高了 0.71 个百分点，韩国提高了 0.57 个百分点，墨西哥提高了 0.23 个百分点。相反，发达国家的投票权出现一定幅度的下降。例如，美国降低了 0.34 个百分点，日本降低了 0.12 个百分点，德国降低了 0.12 个百分点，法国和

① Stephen Zamora，Voting in International Economic Organizations，*American Journal of International Law*，Vol. 74，July，1980，p. 5761.

英国投票权分别降低了 0.10 个百分点。①

2010 年 12 月 15 日，执行董事会再次通过了新的基金份额和话语权的改革方案。这个方案的核心内容是增加基金份额以及向新兴市场经济国家和发展中国家转移投票权。按照这个方案，基金份额增加 1 倍，即从原来的 2 384 亿特别提款权增加到现在的 4 768 亿特别提款权。另外，将向新兴市场经济国家和发展中国家转移 6％的投票权。

被转移的投票权约 1/2 来自发达国家，如美国、欧洲国家，约 1/3 来自产油国家，如沙特阿拉伯，约 1/5 来自其他发展中国家。其中投票权减少幅度较大的国家是沙特阿拉伯（从 2.799％减少到 2.010％）、比利时（从 1.855％减少到 1.300％）、德国（从 5.803％减少到 5.308％）等国家。美国的投票权也有所减少，从 16.727％减少到 16.479％。与此同时，约 110 个成员方的投票权都有所增加，其中增加幅度最大的国家是中国（从 3.806％增加到 6.071％）、巴西（从 1.714％增加到 2.218％）、韩国（从 1.364％增加到 1.731％）、印度（从 2.337％增加到 2.629％）、俄罗斯（从 2.386％增加到 2.587％）等国家。

经过这次改革以后，投票权最多的 10 个国家分别是美国（16.479％）、日本（6.138％）、中国（6.071％）、德国（5.308％）、法国（4.024％）、英国（4.024％）、意大利（3.016％）、印度（2.629％）、俄罗斯（2.587％）、巴西（2.218％）。虽然发达国家的投票权相对减少，但是美国以及其他发达国家仍然牢牢地控制着国际货币基金组织的决策权。②

按照国际货币基金组织的章程，如份额调整和特别提款权分配等重大决定需要理事会 85％的特殊多数赞同，如使用资金的决定等重要决定需要 70％的多数赞同。这意味着美国对国际货币基金组织的重大决定具有单一的否决权，少数几个国际储备发行国对国际货币基金组织的重要决定拥有否决权。由此可见，世界少数几个发达国家根据自己的意愿建立起有利于自己的国际货币制度，然后又通过设立规则来维护对自己有利的国际货币制度。

---

① IMF, *IMF Executive Board Recommends Reforms to Overhaul Quota and Voice*, Press Release No. 08/64, March28, 2008, http://www.imf.org.

② IMF, *IMF Quotas*, Factsheet, March31, 2013, http://www.imf.org.

发展中国家为维护自身的利益，不断要求对国际货币制度进行改革。例如，马来西亚提出应该发行东盟货币取代美元进行内部贸易结算，减少对援助条件苛刻的国际货币基金组织的依赖。又如，中国认为要促进国际金融稳定发展，建立国际金融的新秩序，就要加强国际合作与协调，改革现行的国际金融体制，确保国际金融市场安全有序运行。1999 年 2 月 12 日，由亚、非、拉的发展中国家组成的"十五国集团"批评国际货币制度改革进展缓慢，认为发展中国家在国际货币制度的改革中必须发出自己的声音，发达国家应该与发展中国家进行全面的磋商。但是，由于国际货币制度的决策权掌握在以美国为代表的发达国家手里，发展中国家的利益并没有得到应有的体现，从而使得发达国家与发展中国家在国际货币制度改革中存在严重的利益冲突。

首先，发展中国家考虑到本国经济发展水平低、金融体系脆弱、金融监管机制不健全、防范金融风险的能力低等现状，提出金融开放应当是有条件的和渐进式的，应当与金融监管水平和对外经济发展水平相适应，金融开放与金融安全应该相互兼顾。但以美国为首的发达国家积极推崇经济自由主义，盲目宣扬金融开放和金融自由化的好处，不顾条件地鼓励甚至胁迫发展中国家开放金融市场，结果威胁到发展中国家的金融安全。

其次，发展中国家主张在金融市场运行监管机制和汇率形成机制不健全的情况下，对国际资本尤其是短期资本无节制的跨境流动进行严格监管，甚至通过外汇管制的方法来进行限制。但是，以美国为首的发达国家刻意回避国际资本监管问题，强调资本交易自由化的好处，主张国际资本在全球的自由流动，反对发展中国家为了保护本国利益而对国际资本流动进行限制。

最后，发展中国家主张对国际金融机构进行改革。一是改变国际金融机构由少数发达国家控制的局面，更多地体现透明与开放的原则，使发达国家与发展中国家在国际金融机构中进行有效的交流与合作，增加发展中国家在国际金融机构决策中的发言权；二是国际金融机构在对发展中国家进行金融救助时应考虑受援国的具体情况，改革国际金融机构对发展中国家进行金融救助的方式，放宽金融援助的条件，以便减少发展中国家因接受条件苛刻的金融救助而造成的经济社会的动荡。但是，发达国家由于经济和金融发展水平较高，一般不会使用国际货币基金组织和世界复兴开发银行的资金，所以它们仍然坚持发展中国家接受国际金融机构援助的苛刻条件。

上面分析表明，在牙买加体系下形成了有利于发达国家和不利于发展中国家的利益分配格局，以美国为代表的发达国家利用在牙买加体系中的决策权继续在维护着这种格局。

第二节　牙买加体系存在的内在缺陷

一、美国权利和责任失衡导致利益冲突

牙买加体系比布雷顿森林体系具有更大的灵活性，较好地解决了国际清偿能力的问题。但是，牙买加体系除了"特里芬难题"等操作上的缺陷以外，还存在着更为根本的缺陷。国际储备货币发行国的权利和责任的失衡就是一个根本性缺陷。

在牙买加体系下，美元等主权货币成为国际储备货币。要维持牙买加体系的正常运行，美国在得到巨大的权力和利益的同时，应该承担相应的义务和责任。但是，美国政府在面临美国利益和世界利益的冲突时，毫不犹豫地选择维护本国利益，从而造成了美国的权利和责任的失衡，也就造成了国际货币制度不能很好地发挥应有的作用。

20世纪60年代特别提款权的创立和分配就是一个例子。当时在世界范围内出现了国际清偿手段不足的问题，美国政府既想维持美元作为国际储备货币的特殊地位，又想减轻国际经济发展对美元形成的压力，就通过国际货币基金组织创立了称为特别提款权的账面资产。本来最缺少国际清偿手段的是发展中国家，但是全世界的发展中国家在最初特别提款权的分配中只得到了28％的份额。布雷顿森林体系解体以后，美国不再承担维持美元与黄金平价的义务，美元受到的压力大大减轻。由于美国不愿意看到特别提款权发展为取代美元的国际储备资产，对特别提款权的态度发生明显转变。美国不仅反对把特别提款权的分配与对发展中国家的援助联系起来的建议，而且反对适当增加特别提款权数量的建议。在2009年第三次也是最近的一次分配特别提款权以后，特别提款权的总量只有2 040亿单位，在国际储备资产中所占的比例微不足道。

从这个例子可以看到，在布雷顿森林体系解体以前，创立和分配特别提款权对美国有利，美国政府便推动它的创立和分配；在布雷顿森林体系解体

以后，增加特别提款权对美国不利，美国政府便抑制它的增加。由此可见，美国政府主要考虑本国的利益却很少考虑世界各国的利益，主要考虑如何维护美元在国际货币制度中的地位却很少考虑如何改革国际货币制度以促进国际经济的发展。

21世纪10年代美国政府第二轮量化宽松的货币政策是另一个例子。为了刺激金融危机发生后的美国经济，美国联邦储备系统于2010年11月3日提出第二轮量化宽松的货币政策，即增加确定数量的基础货币以刺激经济。美国联邦储备系统决定在2011年中期以前以购买美国国债的方式投放6 000亿美元的基础货币，平均每月投放750亿美元的基础货币，并将基准利率维持在0—0.25％的低水平上。美国联邦储备系统量化宽松的货币政策对于没有完全走出衰退的美国经济来说可能是正确选择，但是，到了2011年下半年，新兴市场经济国家和许多发展中国家已经走出衰退并出现了通货膨胀的威胁。如果美元仅仅是美国国内货币，这一切无可非议，但是美元同时还是国际储备货币，廉价美元的泛滥将对其他国家经济以及世界经济产生不利的影响。

首先，造成国际大宗商品价格的上升。国际上的大宗商品如石油、农产品、有色金属等都是以美元计价的。美元供给的增加将从两个方面对国际大宗商品价格产生影响：一方面是美元供给增加将导致美元汇率的贬值，以美元计价的国际大宗商品价格将上升；另一方面是美元供给增加将带动对国际大宗商品的投机，从而导致国际大宗商品价格的上升。

其次，造成热钱的频繁流动。新兴市场国家和发展中国家面对通货膨胀的风险不得不收缩货币供给量，提高基准利率。例如，2010年，中国五次提高法定准备金比率和一次提高基准利率，韩国两次提高基准利率，印度六次提高基准利率。充足和廉价的美元大规模流进新兴市场国家和发展中国家，用于投机房地产和金融资产，催化这些国家的资产泡沫，对这些国家的经济产生不利影响。

最后，造成别的货币汇率升值的压力。假定其他条件不变，美元数量大幅度增加将导致美元汇率贬值，从而对各个国家造成本币汇率升值压力。对于部分新兴市场国家和发展中国家来说，它们除了受到这个原因导致的本币汇率升值压力以外，还受到热钱流进这些国家导致的本币汇率升值压力。当这些国家的政府不得不用卖出本币买进美元来稳定本币汇率时，实际上是在投放本国货币，从而导致本币供给的增加，加剧本国的通货膨胀。事实上，多个新兴市场国家和发展中国家都面临本币升值压力。例如，2010年11月4日，韩国中央银行在外汇市场上抛售韩元干预外汇市场。2010年11月16日，韩国中央银行再次在外汇市场上抛售韩元干预外汇市场。这样，将会加剧韩国已经发生的通货膨胀。

从这个例子还可以看到，美国经济和世界其他国家的经济不可能同步变化，当美国经济面临的问题和别的国家的经济面临的问题不同的时候，美国政府主要考虑本国经济问题却很少考虑别的国家的经济问题，很少考虑如何通过国际货币制度来维持世界经济的稳定。在国际储备货币发行国的权利和责任失衡的条件下，一种主权货币如何能够充当国际货币呢？

二、经济发展不平衡导致美元地位下降

如果说国际储备货币发行国的权利和责任的失衡是牙买加体系的一个根本性缺陷，那么经济发展不平衡导致的主要国际储备货币地位下降则是牙买加体系的另一个根本缺陷。各国经济的平衡发展是相对的，不平衡发展是绝对的。没有一个国家的经济相对来说可以保持长盛不衰，因而没有一种主权货币可以长期充当国际货币而不发生问题。

经济发展不平衡导致主要国际储备货币地位下降在布雷顿森林体系中已经表现出来。布雷顿森林体系是在美国经济处于无可比拟的优势地位的情况下建立的。但是，仅仅过了二十多年，随着美国经济相对地位的下降，美元危机不断发生，美元相继对黄金和对其他货币贬值，美国政府不得不对世界各国政府违约，停止美元兑换黄金。牙买加体系形成以后，经济发展不平衡导致主要国际储备货币地位下降的问题依然存在。由于美元不再受到可兑换黄金的严格约束，牙买加体系可以延续下来，但由美国经济地位相对下降导致的美元地位相对下降给各国的利益带来了损害。

关于美元地位相对下降的问题可以通过美元指数的变化来考察。美元指数是根据美元对六种货币汇率计算的。近四十年来，美元指数不断波动，但整体趋势是下的。表2-6反映了进入21世纪以后美元指数的变化。在表2-6中，各个年份的美元指数是年末的指数。从表中可以看到，2001年以来，美元对六种货币贬值了31.66％。

关于美元地位相对下降的问题还可以通过美国债务的变化来考察。第二

次世界大战结束以来，美国政府长期实行赤字财政的政策，政府债务不断积
累。20 世纪 70 年代以后美国政府的财政赤字和政府债务演变情况如下：

表 2-6 美元指数的变化情况（2001—2012 年）

年　份	美元指数	年　份	美元指数	年　份	美元指数
2001	116.75	2005	91.64	2009	77.91
2002	101.83	2006	83.44	2010	78.95
2003	87.00	2007	76.59	2011	80.30
2004	80.53	2008	80.89	2012	79.79

注：1973 年的美元指数为 100。

资料来源：汇通网，美元指数图，http://www.fx678.com。

20 世纪 70 年代的美国政府涉及尼克松、福特和卡特三届政府。尼克松
（Richard Nixon）1969—1973 年担任美国总统。在此期间，政府预算有 1 个年
度是盈余，4 个年度是赤字，其中最高赤字年份是 1972 年，达到 234 亿美元，
占当年国民生产总值的比例为 2.0%。1974 年 6 月 30 日，政府债务余额为
4 751 亿美元，占当年国民生产总值的比例为 33.62%。

福特（Gerald Ford）1974—1977 年担任美国总统。在此期间，政府预算全
部为赤字，其中最高赤字年份是 1976 年，达到 737 亿美元，占当年国民生产
总值的比例为 4.4%。到 1977 年财政年度结束的 9 月 30 日，政府债务余额为
6 988 亿美元，占当年国内生产总值的比例为 34.42%。

卡特（Jimmy Carter）1977—1981 年担任美国总统。在此期间，政府预算
全部为赤字，其中最高赤字年份是 1981 年，达到 790 亿美元，占当年国民生
产总值的比例为 2.7%。到 1981 年财政年度结束的 9 月 30 日，政府债务余额
为 9 979 亿美元，占当年国内生产总值的比例为 31.91%。

20 世纪 80 年代的美国政府主要涉及里根政府。里根（Ronald Reagan）
1981—1989 年担任美国总统，这个时期是美国政府宏观经济政策大转变时
期。里根政府提出要减少政府对经济的干预，告别了凯恩斯的宏观经济政策。
另外，里根政府利用降低个人所得税的方法刺激人们工作和投资的积极性，
以达到增加供给的目的。在此期间，政府的财政赤字不断增加。1982—1989
年，政府预算全部为赤字，其中绝对赤字最高年份是 1985 年，达到 2 123 亿

美元，占当年国民生产总值的比例为 5.4%。其中相对赤字最高年份是 1983年，达到 2 078 亿美元，占当年国民生产总值的比例为 6.3%。到 1989 年财政年度结束的 9 月 30 日，政府债务余额为 28 574 亿美元，占当年国民生产总值的比例为 52.12%。里根政府打破了前任美国政府的两个记录：一个记录是年度预算赤字超过 1 000 亿美元；另一个记录是政府债务余额超过 10 000 亿美元。

20 世纪 90 年代的美国政府主要涉及老布什和克林顿两届政府。老布什（乔治·赫伯特·沃克·布什，George Herbert Walker Bush）1989—1993 年担任美国总统期间，基本延续着里根政府的经济政策。1990—1993 年，政府预算全部为赤字，其中最高赤字年份是 1992 年，达到 2 904 亿美元，占当年国内生产总值的比例为 4.9%。到 1993 年财政年度结束的 9 月 30 日，政府债务余额为 44 115 亿美元，占当年国内生产总值的比例为 66.17%。

克林顿（William Clinton）的执政时期是 1993—2001 年。这个时期是美国政府的宏观经济政策再次转变的时期。克林顿政府既反对完全自由放任的经济政策，又反对过度干预的经济政策，试图寻求政府适度干预经济的"第三条道路"。经过多年的努力，美国政府的财政收支终于从赤字转为盈余。1994—2001 年，政府预算有 4 个年度是盈余，4 个年度是赤字，其中 1998 年、1999 年、2000 年和 2001 年的财政盈余分别达到 693 亿美元、1 256 亿美元、2 362 亿美元和 1 282 亿美元。到 2001 年财政年度结束的 9 月 30 日，政府债务余额为 58 075 亿美元，占当年国内生产总值的比例为 56.46%。

进入 21 世纪以后的美国政府主要涉及小布什政府和奥巴马政府。小布什（乔治·沃克·布什，George Walker Bush）在 2001—2009 年担任美国总统期间，又重新实行类似于里根政府和老布什政府的经济政策，并提出了在 10 年内减税 16 000 亿美元的计划。结果，美国政府的财政赤字又迅速增加。2002—2009 年，政府预算全部为赤字，其中最高赤字年份是 2009 年，达到 14 127 亿美元，占当年国内生产总值的比例为 10.0%。到 2009 年财政年度结束的 9 月 30 日，政府债务余额为 119 098 亿美元，占当年国内生产总值的比例为 85.44%。这样，小布什政府又打破了前任美国政府的两个记录：一个记录是年度预算赤字超过 10 000 亿美元；另一个记录是政府债务余额超过 100 000 亿美元。

奥巴马(Barack Obama)担任美国总统以后，美国的政府债务情况继续恶化。2012 年，美国政府财政赤字为 10 890 亿美元。到 2012 年年末，政府债务余额为 164 327 亿美元，占当年国内生产总值的比例已经达到 103.58％。①

从美国第二次世界大战后的历程可以发现，美国所谓的民主政治体制并没有能够解决财政赤字和政府债务的问题。从经济的角度看，不论是主张政府干预还是主张经济自由的政府，都带来财政赤字的不断增加和政府债务的不断积累。从政治的角度看，党派的利益之争、竞选总统的需要、政府的短期行为都造成了财政赤字和政府债务居高不下。美国政府如此沉重的债务负担给作为国际储备货币的美元埋下了严重的隐患。如果有一天美国政府无力偿还债务，将导致以美元为核心的国际货币制度剧烈动荡。

不论是美元汇率贬值还是美国政府债务增加，都损害了美元作为国际货币的地位。由于各国政府主要以持有美国政府债券的方式保留外汇储备，美元汇率贬值和美国政府债务增加给各国的美元储蓄和储备带来了损害。

三、汇率波动不安影响国际经济的发展

牙买加体系下的浮动汇率制度克服了布雷顿森林体系下的钉住汇率制度难以维持的弱点，在一定程度上发挥了汇率对国际经济活动的调节作用。但是，在经济虚拟化以及国际资本频繁跨国流动的情况下，汇率体系的动荡不安给国际经济活动带来了不利的影响。

目前，发达国家一般采取独立浮动的汇率制度，它们的货币处于国际货币体系的核心地位。发展中国家则一般采取钉住单一货币或钉住一篮子货币的汇率制度，其汇率随着发达国家货币汇率浮动。但是，发达国家货币之间的汇率经常发生较大幅度，甚至是剧烈的波动。这种不稳定的汇率体系成为牙买加体系的内在缺陷。

表 2-7 表示 1999 年以来美元对欧元、英镑和日元汇率的变化。表中的数据是每年第一个交易日美元兑换有关货币的汇率。但在实际上，美元汇率每

---

①　关于美国第二次世界大战后预算赤字和政府债务的数据来自：Executive Office of the President of the United States，*Historical Tables*，http://www. gpoaccess. gov；Department of The Treasury of the United States，*Monthly Statement of the Public Debt of the United States*，http://www. treasurydirect. gov。

时每刻都在变化，甚至在一天内也会发生比较大幅度的变化。由于各国金融机构、厂商或居民在国际经济活动中将不断地产生以外币计价和结算的债权或债务，如果计价和结算货币汇率贬值，将给它们的债权带来损失；如果计价和结算货币汇率升值，将给它们的债务带来损失。因此，汇率体系的波动给它们带来了巨大的汇率风险，不少厂商甚至因此而损失惨重。

表 2-7 主要货币的汇率变化情况(1999—2013 年)

年　份	欧元/美元	日元/美元	英镑/美元
1999	1.181 2	112.15	0.603 1
2000	1.015 5	101.70	0.614 6
2001	0.946 5	114.73	0.667 7
2002	0.903 1	132.02	0.692 0
2003	1.036 1	119.86	0.626 0
2004	1.259 2	106.95	0.558 5
2005	1.347 6	102.83	0.524 7
2006	0.834 7	116.34	0.574 6
2007	0.752 7	118.83	0.506 7
2008	0.678 5	109.70	0.504 4
2009	0.717 1	91.12	0.688 7
2010	0.693 5	92.55	0.620 8
2011	0.747 9	81.56	0.645 6
2012	0.765 6	76.67	0.638 1
2013	0.757 9	87.10	0.615 2

资料来源：Board of Governors of The Federal Reserve System，*Foreign Exchange Rates*，Select Statistical Releases，http://www.federalreserve.gov。

为了防范汇率风险，金融机构、厂商或居民只能求助于远期外汇交易、外汇互换交易、外汇期货交易、外汇期权交易等外汇类的金融衍生工具，结果付出了额外的代价。这种代价包括外汇类金融衍生工具交易的手续费、佣金以及保证金的利息。

表 2-8 表示 2001 年以来外汇类金融衍生工具交易情况。由于国际清算银

行只提供 2001 年、2004 年、2007 年和 2010 年外汇类金融衍生工具交易数据，表 2-8 只反映这 4 年的外汇类金融衍生工具的交易情况。从表 2-8 中可以看到，一方面是国际经济活动的发展，另一方面是汇率风险的加剧，使外汇类金融衍生工具的交易量迅速增加，2010 年的交易量是 2001 年的 10 倍以上。

表 2-8　外汇类金融衍生工具交易量　　　　　　　　单位：亿美元

年　份	2001	2004	2007	2010
远期外汇交易	1 300	2 090	3 620	4 750
外汇互换交易	6 560	9 540	17 140	17 650
货币互换交易	70	210	310	430
外汇期权交易	600	1 190	2 120	2 070
外汇期货交易	24 993	66 147	203 264	357 096
总交易额	33 523	79 177	226 454	381 996

资料来源：BIS, *Triennial Central Bank Survey*, 2004, 2007, 2010；BIS, *Quarterly Review*, March, 2002, 2005, 2008, 2011, http://www.bis.org。

如果要提供一个粗略的但却是直观的统计，可以以这 4 年为例来估算人们为避免汇率风险所付出的成本。考虑到在外汇类金融衍生工具的交易中套期保值和外汇投机并存，设 50% 的交易属于套期保值，手续费、佣金和保证金利息成本是交易额的 0.5%，这样可以得到这 4 年人们为了防范汇率风险而付出的代价分别为：83.81 亿美元、197.94 亿美元、566.14 亿美元和 954.99 亿美元。人们为了稳定未来买进或卖出外汇的汇率付出了如此大的代价。

值得注意的是，在实际的国际经济活动中，很多的厂商并没有对汇率风险进行套期保值，它们可能得到额外的收益，但更多的是遭受损失。例如，据中国经济网引自《中国证券报》的报道，2011 年，深圳证券交易所主板市场上市公司的汇兑损失比 2010 年增加了 12.02 倍，汇兑损失达到财务费用总额的 4.03%。另外，2012 年上半年，中国国际航空公司、中国南方航空公司、中国东方航空公司、中国海南航空公司的汇兑损失达到 10.5 亿元人民币。①

---

① 于德良：《深市主板公司去年汇兑损失扩大 12 倍》，http://finance.ce.cn/rolling/201209，2012 年 9 月 21 日。

第三节　牙买加体系与金融危机的发生

一、金融危机的频繁发生

金融危机指的是金融市场发生剧烈的动荡并且对经济产生破坏性影响。金融危机具有三种表现形式：第一，银行危机，即银行不良资产过多导致银行破产所发生的危机；第二，货币危机，即本币汇率大幅度贬值导致外汇市场剧烈动荡所发生的危机；第三，债务危机，即不能偿还内外债务所发生的危机。债务危机又包括两种类型：一是指本国政府不能按时偿还内外债务所发生的债务危机，这种债务危机也称为政府债务危机；二是指本国政府、金融机构或者厂商无力按时偿还对外债务所发生的债务危机，这种债务危机也称为对外债务危机。

在经济史上，金融危机在金融业趋向成熟以后就不断发生。但是，金融危机频繁和大范围地爆发主要是 20 世纪 90 年代以后的事情。表 2-9 记载了 20 世纪 90 年代以后发生的重要的金融危机。从表中可以看到，不仅发展中国家发生金融危机，发达国家也发生金融危机，连世界上经济最发达的国家美国也发生了金融危机。

表 2-9　20 世纪 90 年代以后发生的重要的金融危机

发生金融危机的国家	发生金融危机的时间	发生金融危机的类型
日本	1990 年 1 月	银行危机
英国	1992 年 9 月	货币危机
瑞典	1992 年 9 月	银行危机
墨西哥	1994 年 12 月	货币危机
泰国	1997 年 7 月	货币危机
马来西亚	1997 年 7 月	货币危机
菲律宾	1997 年 7 月	货币危机
印度尼西亚	1997 年 7 月	银行危机、货币危机
韩国	1997 年 11 月	对外债务危机
俄罗斯	1998 年 8 月	货币危机、对外债务危机

续表

发生金融危机的国家	发生金融危机的时间	发生金融危机的类型
阿根廷	2000 年 11 月	对外债务危机
土耳其	2000 年 11 月	货币危机
冰岛	2008 年 10 月	对外债务危机
美国	2009 年 8 月	银行危机
迪拜	2009 年 11 月	公司债务危机
希腊	2010 年 5 月	政府债务危机
爱尔兰	2010 年 12 月	政府债务危机
葡萄牙	2011 年 3 月	政府债务危机
西班牙	2012 年 6 月	政府债务危机

二、金融危机爆发的国际货币制度原因

金融危机的爆发并不都是现行国际货币制度的缺陷造成的，各国经济内部的原因往往是金融危机爆发的主要原因。但是，牙买加体系也在下面两个方面对金融危机中的货币危机的爆发起了重要的作用：

第一，牙买加体系下的汇率制度是浮动汇率制度。对于发展中国家来说，它们难以承受实行单独浮动的汇率制度给它们的对外经济活动带来的冲击，往往选择实行钉住单一货币或一篮子货币的汇率制度。显然，发展中国家与发达国家的经济不可能同步变化，发展中国家货币汇率高估和低估的情况将不断发生。一旦出现这样的情况，在外汇市场上外汇投机浪潮就会发生，发展中国家往往就会爆发货币危机。

20 世纪 90 年代以来的货币危机就是典型的例子。墨西哥、泰国、马来西亚、菲律宾、印度尼西亚、土耳其等国发生的金融危机，都是在国内经济出现某些问题时国际资本迅速撤离，导致外汇需求急剧增加，外汇投机者乘机掀起投机风潮而爆发的货币危机。

第二，美元是最主要的国际储备货币，美国是金融最发达的国家，如果美国政府对世界各国负责，它应该加强对本国金融机构的监管以保持世界金融市场的稳定。但是，正如前面所指出的，国际储备货币发行国的权利和责任失衡使美国只考虑本国的利益，结果放纵美国的金融机构利用美元的特殊地位在世界范围内兴风作浪，导致许多国家的金融动荡和金融危机的爆发。

美国的对冲基金就是一个典型的例子。美国的对冲基金（hedge funds）是一种实行合伙制的私募基金，因长期以来没有受到美国政府的有效监管而畸形地发展起来。这种在金融自由化和全球化的条件下，在特定的法律和金融环境中发展起来的金融机构，在金融市场上充分利用自身的技术和资金优势发起投机性冲击以获取暴利。在表 2-9 所列的有关国家所发生的货币危机中，对冲基金几乎都扮演了"强盗"的角色。

令人感到可悲的是，当包括发达国家在内的许多国家的中央银行纷纷呼吁美国货币当局加强对对冲基金的监管时，美国货币当局却无动于衷。1998年 9 月 16 日，美国联邦储备委员会前主席格林斯潘（Alan Greenspan）还表示：我们没有理由为诸如长期资本管理基金这样的对冲基金数十亿美元的打赌感到惊慌，"对冲基金正受到借钱给它们的金融机构强有力的监管"①。

但具有讽刺意味的是，2008 年 9 月美国金融危机激化，美国五大投资银行中的三家投资银行损失惨重，但美国对冲基金却获得丰厚的收益。美国国会和政府才意识到对冲基金不仅可能伤害别国，而且还有可能伤害本国。2008 年 11 月 14 日，美国众议院监管和政府改革委员会召开听证会，就对冲基金在金融市场中所扮演的角色以及其监管和税务状况进行审查。直到 2010年 6 月 25 日，美国国会才通过金融监管改革法案，其中包括加强对对冲基金的监管。

由此可见，以主权货币为国际货币的牙买加体系，也是导致金融危机频繁发生的制度因素。

本章小结

本章的分析表明，在牙买加体系下，国际利益的分配是失衡的。国际储备货币发行国得到了高额的国际铸币税收益，并造成了各国外汇储备的购买力损失和汇兑损失。但是，由于国际货币事务的控制权掌握在国际储备发行

---

① K. Capell and M. McNamee, The Fed Steps in: Will It Work? *Business Week*, Oct. 12, 1998, p. 34.

国手中，这种失衡的利益分配格局难以改变。另外，国际储备货币发行国权利和责任的不平衡以及国际储备货币发行国经济地位与货币地位发展不平衡这两个内在缺陷导致汇率体系波动不安、国际主要商品价格震荡、金融危机频繁发生。因此，主权货币充当国际货币是造成牙买加体系内在缺陷的重要原因，如何对牙买加体系进行改革已经成为各国面临的任务。

第 三 章

国际货币本位改革方案的分析

第一节 国际货币本位改革的主要方案

一、国际货币本位改革的呼声

一种有效的国际货币制度应该能够促进国际经济活动的发展，能够为国际经济活动提供充足的清偿手段，能够保持人们对国际储备资产的信心，能够保证国际收支的失衡得到调整。另外，国际清偿手段的增长应与国际经济活动的增长相适应。它的过快增长会导致世界性通货膨胀，它的过慢增长则会影响国际经济活动。同时，只有保持国际清偿手段的适量增长才能使各国政府、厂商和居民愿意继续持有这些国际储备资产，从而维持人们对国际储备货币的信心。

由此可见，国际货币制度建立的关键在于国际货币本位的选择，国际货币制度演变的历史实际上也是国际货币本位发展变化的历史。纵观国际货币制度发展的过程，大体经历了金本位制、金汇兑本位制和主权货币本位制三个阶段。但是，上述任何一种形态的国际货币本位都具有内在的不稳定性。

正如前面的分析所指出的，金本位制和金汇兑本位制都因为无法克服自身缺陷而宣告解体。虽然主权货币本位制即现行国际货币制度尚处于运行之中，但这种本位的缺陷也很明显。现行国际货币制度被人们称作"没有体系的体系"，它不存在真正意义上的国际货币本位。但由于在事实上美元仍然充当着主要的国际货币，人们将现行的国际货币制度称为美元本位制。

现行的以美元为主体、多种国际储备货币并存的国际本位货币制度，在一定程度上缓解了在布雷顿森林体系的金汇兑本位制下国际货币受到单独一个国家黄金储备的影响以及国际清偿手段不足的问题，使国际货币秩序没有受到根本性的破坏。但是，它并没有解决布雷顿森林体系的金汇兑本位制所存在的基本问题。在现行的国际货币制度下，外汇汇率的波动更为剧烈，国际货币秩序更加混乱，国际金融危机的发生更加频繁。

自从布雷顿森林体系解体以来，人们没有停止过对建立新的国际货币制度的思考。2008 年 9 月，美国金融危机的激化再次暴露了现行国际货币制度的缺陷，国际货币制度改革的呼声又高涨起来。

2009 年 3 月 23 日，中国人民银行行长周小川在中国人民银行网站上发表了题为《关于改革国际货币体系的思考》的文章。他在文章中指出："创造一种与主权国家脱钩、并能保持币值长期稳定的国际储备货币，从而避免主权信用货币作为储备货币的内在缺陷，是国际货币体系改革的理想目标。"他认为，重建具有稳定的定值基准并为各国所接受的新储备货币可能是个长期内才能实现的目标。在短期内，国际社会特别是国际货币基金组织至少应当承认并正视现行体制所造成的风险，对其不断监测、评估并及时预警。同时还应特别考虑充分发挥特别提款权的作用，特别提款权具有超主权储备货币的特征和潜力。应该拓宽特别提款权的使用范围，从而真正满足各国对储备货币的要求。[1]

在周小川提出改革国际货币制度的建议以后，在世界范围产生了广泛的争论，许多国家的政府官员或经济学者纷纷发表自己的看法。美国总统奥巴马马上作出反应，他认为没有必要设立一种新的全球货币，建立超主权国际货币的时机尚不成熟。欧洲联盟贸易委员会秘书长奥萨利文（David O'Sullivan）也作出呼应，他指出建立超主权国际货币是未来的事情，目前只能维持国际货币体系的现状。

但是，不少国家的政府官员和经济学者对周小川的建议表示欢迎。巴西

---

[1]　周小川：《关于改革国际货币体系的思考》，http://www.pbc.gov.cn，2009 年 3 月 23 日。

前总统卢拉(Luiz Inacio Lulada Silva)表示，中国提出的创造一种可以替代美元的新型国际储备货币的建议有效而且恰当，他认为大部分新兴市场国家都会同意这一观点。美国经济学者、诺贝尔经济学奖获得者斯蒂格利茨(Joseph Stiglitz)对中国提出的调整世界货币体系的建议表示欢迎，他认为将国际储备货币体系建立在单一主权货币基础之上是不妥的。国际货币基金组织前总裁卡恩(Dominique Strauss-Kahn)表示，中国方面提出探讨创造一种可以替代美元的新型国际储备货币的建议是合理的。

然而，不论人们的反应如何不同，都不能否认这样一个事实：从长期来看，建立超主权国际货币是国际货币制度改革的必然选择。

二、国际货币本位改革的方向

很显然，只有构建超主权国际货币才能够从根本上解决当前国际货币制度所存在的各种严重缺陷。

布雷顿森林体系转变为牙买加体系以后，"特里芬难题"并未消除，但是却改变了它的特征。美国哥伦比亚大学教授奥康普(José Antonio Ocampo)指出：第一，由于自由浮动的汇率可以调节美元的供求，美国现在可以保持更大更久的国际收支逆差而不必受美元可兑换黄金的限制。美国在一定程度上并不把美元真实的或可能的贬值看成是一个需要纠正的问题，这使得美国的货币政策比在黄金—美元本位制下具有更大的独立性。第二，以信用货币美元为本位的制度实际上产生了一种通货膨胀倾向。美国自 20 世纪 70 年代中期开始的经常项目逆差和 20 世纪 80 年代后半期开始的国际投资头寸变为净负债，都是美国拥有更大的逆差运行的自由以及以信用货币美元为本位的制度产生的通货膨胀倾向所造成的结果。在黄金—美元本位制下，美国经常项目存在顺差，而对世界其他国家的流动性供给依赖于其资本项目的逆差；相反，在以信用货币美元为本位的制度下，美国经常项目逆差成为常态而不是例外。①

这就是说，在以信用货币美元为本位的制度下，美国通过国际收支逆差

---

①   José Antonio Ocampo, *Special Drawing Rights and the Reform of the Global Reserve System*, for the Intergovernmental Group of Twenty-Four, 2009, http://www. g24. org.

向国际社会提供流动性，其他国家则用资源、商品、资产换取美元。美国从中可以获得国际铸币税收益，其他国家则增加了通货膨胀的风险。一旦美元出现过剩，美国又可以通过自由浮动的汇率来调节美元的供求，也就是通过美元汇率不断贬值来适应美元的过度供给，但这又给世界各国的美元储备资产带来严重的损失。因此，只有建立超主权国际货币，才能改变这种不合理的现状，克服现行国际货币制度的缺陷。

第一，超主权国际货币不与任何一个国家的主权直接联系，从而削弱了本位货币发行国的特殊地位，纠正了现行国际货币制度的不公正性。在以主权货币美元为本位的制度下，美国有着其他国家无法比拟的特殊地位。它对内实行独立的财政政策和货币政策，对外不需要承担保持美元价值稳定以维持国际经济稳定的责任，另外还可以通过美元汇率贬值向其他国家转嫁经济风险。其他国家一方面要不断地用资源、商品、资产去换取美元，另一方面又要承担美元汇率贬值所造成的损失。因此，现行国际货币制度存在极大的不公平性，这是以主权货币作为国际货币不可避免的问题。

当一个国家的自身利益与世界利益之间发生矛盾时，这种矛盾往往是不可调和的。由于美国始终将自身的利益放在主要的位置，世界各国不能寄希望于美国以世界利益为重，也不能寄希望于美国充当国际货币秩序的维护者，唯一的出路是通过一定的方式改变以主权货币作为国际本位货币的局面。因此，超主权国际货币的构建可以消除国际货币制度所存在的这种不公正性。

第二，超主权国际货币不与单独一个国家的货币直接联系，有可能形成一种价值稳定的国际储备资产，从而可以避免汇率大幅度波动所带来的汇率风险，有利于国际经济的发展。

首先，超主权国际货币的构建有利于保持各国国际储备资产价值的稳定。世界各国都保持一定数量的国际储备资产以用于国际经济活动的支出。目前，在各国货币当局的外汇储备资产中60％以上是美元储备资产，美元汇率的变动将影响到这些美元资产的价值。在布雷顿森林体系解体以后，美元汇率从长期来看存在贬值趋势，使世界各国的美元储备遭受损失。在现实的世界里，持有大量美元储备的国家主要是发展中国家，它们在美元汇率贬值的过程中受到的伤害最大。

其次，超主权国际货币的构建有利于国际贸易、国际金融和直接投资的发展。汇率频繁地和大幅度地波动，使各国的金融机构和厂商以外币计价的债权或债务面临巨大的汇率风险。如果它们忍受这种汇率风险，当汇率发生不利于它们的变化的时候将遭受严重损失。如果它们采用外汇类金融衍生工具来套期保值，又要付出额外的成本。不管它们作出什么选择，都不利于国际经济活动的发展。

因此，构建一种价值稳定的超主权货币作为国际计价货币、国际结算货币和国际储备货币对国际社会具有重要的意义。

实际上，英国经济学者凯恩斯(John Keynes)和美国前财政部长助理怀特(Henry White)早在1943年就提出了建立超主权国际货币的方案。当时世界各国面临重建第二次世界大战后国际货币制度的任务，英国政府和美国政府分别根据这两位学者和官员的建议提出了"凯恩斯计划"和"怀特计划"，而这两个计划都是要建立超主权国际货币。

20世纪60年代，当国际社会面临国际储备资产不足的时候，由奥沙罗(R. Ossola)领导的"十国集团"储备资产创立研究小组提出的创立集体储备单位和储备索取权，也具有一定的超主权储备货币的性质。

在布雷顿森林体系解体以后，为了解决现行国际货币制度的种种弊端，政府官员和经济学者们提出了一系列国际货币本位改革的方案，如对金本位进行改良、创立特别提款权、设立替代账户、周小川建议、谢平方案、建立单一世界货币等，也是建立超主权储备货币或超主权国际货币的方案。

20世纪40年代以来，关于国际货币本位改革的方案可以概括为四种类型，它们分别是与金汇兑本位相联系的方案、与金本位相联系的方案、与特别提款权相联系的方案、建立单一世界货币的方案。为了根据现实的国际经济情况来构建超主权国际货币，有必要认真地、全面地回顾和比较各种有代表性的国际货币本位改革方案，吸取它们的合理的思想和有益的设计，寻找与当今时代相适应的、与现行国际货币制度相衔接的新的国际货币本位改革方案。

三、国际货币本位改革的方案

1. 与金汇兑本位相联系的方案

(1)"凯恩斯计划"

"凯恩斯计划"的要点如下：第一，建立类似于世界中央银行的国际清算联盟，由国际清算联盟发行一种称为班柯（bancor）的国际货币以用于各国财政部和中央银行之间的结算。第二，班柯建立与黄金的固定平价，各国货币形成与班柯的固定汇率。各国货币与班柯的汇率是可以调整的，但必须经过国际清算联盟的批准才能调整。第三，各国中央银行都在国际清算联盟开设班柯账户，并利用该账户进行清算。发生国际收支顺差的国家将得到的班柯存入该账户，发生国际收支逆差的国家支出或透支该账户的班柯。顺差国和逆差国都有责任调整国际收支的失衡。

"凯恩斯计划"的核心思想是将国内中央银行系统向国际领域延伸而形成新的国际货币体系。正如该计划所表述的："创立这样的一个联盟的想法是很简单的，也就是将在任何封闭系统内展示的运行体系的必要规则一般化。如果贷方的余额只能在内部转账而不能转移到结算系统之外，清算同盟就永远也不会陷入向它提取的支票无法承兑的困境。它可以按它的心愿把随便什么贷款给予任何一个成员，并且保证收益只会转移到其他成员的清算账户上。它唯一的任务只是保证它的成员都遵守规则，而且给予成员的每一笔贷款都是审慎的而且对整个同盟也是可取的。"①

"凯恩斯计划"提出的班柯实际上是一种超主权国际货币。凯恩斯明确制定了关于班柯的定值、份额、管理等的条款，具体情况如下。

第一，班柯的黄金价值应该由清算联盟理事会决定。成员方不能直接或间接地以超过平价的本国货币价格购买或销售黄金，平价根据成员方货币的班柯值和班柯的黄金值来确定。然而，成员方购买或销售黄金本身并不会受到限制。

第二，每个成员方将被指定一个份额，份额的大小决定了该国在清算联盟管理中的责任和享受清算联盟提供的信贷便利的权利。初始份额可以参考每个国家第二次世界大战前三年的进出口总额的均值来确定，也可以是这个均值的75%。在过渡期结束之后，每年指定的份额应该根据每个国家前三年实际贸易量的连续平均值进行修订；当第二次世界大战后五年的数据可以获

---

① John M. Keynes, The Keynes Plan, Reproduced in J. Keith Horsefield (ed.), *The International Monetary Fund 1945-1965*: *Twenty Years of International Monetary Cooperation*, Vol. Ⅲ: Documents, International Monetary Fund, Washington, DC, 1969. p. 22.

得时，就转为使用五年实际贸易量的连续平均值进行修订。

第三，各成员方接受其他成员方的支付表现为它在清算联盟班柯账户的贷方余额增加，对其他成员方的支付表现为它在清算联盟班柯账户的借方余额增加。只要透支产生的借方余额的最大值没有超过各成员方的份额，它们可以从清算联盟班柯账户透支。清算联盟可以收取一笔小额的转移费，用于满足它的经常支出或其他理事会认可的任何支出。

第四，当成员方在清算联盟班柯账户的余额超过其份额的 1/4 时，无论该余额是借方余额还是贷方余额，成员方每年应该向清算联盟储备基金支付其班柯账户平均余额的 1％的费用；当该余额超过份额的一半时，无论该余额是借方余额还是贷方余额，均需再追加支付平均余额的 1％的费用。

第五，该条款又包括下述四项内容：

首先，如果没有经过理事会的允许，成员方在一年内不可以使其借方余额的增加超过其份额的 1/4。如果它的借方余额至少两年的均值超过了份额的 1/4，它将有权降低它的货币的班柯值。如果降低幅度不超过 5％，无须经过理事会的同意。除非理事会认为这个程序是合适的，否则这个程序不能重复进行。

其次，理事会可以要求借方余额达到份额一半的国家提供合适的抵押存款以应对它的借方余额。在成员方的能力范围内，理事会决定这些抵押存款采取黄金、外国货币、本国货币或政府债券的形式。作为允许成员方增加借方余额超过份额一半的条件，理事会可以要求实施下面的全部措施或其中任何一项措施：一是如果成员方认为贬值是合适的方法，它可以让本国货币对班柯贬值；二是如果成员方没有对跨国资本交易进行管制，它可以进行管制；三是完全放弃一个合适的黄金或其他流动性储备比例，以减少其借方余额。此外，理事会可以向成员方政府建议实行通过影响国内经济来恢复国际收支平衡的内部措施。

再次，如果成员方的借方余额至少一年的均值超过了份额的 3/4，并且相对于清算联盟账户中的总借方余额来说理事会认为它是过量的或者它正以一个过快的速度在增长，理事会可以要求该国采取措施改进它的状况。如果该成员方在两年内不能相应地降低借方余额，理事会可以宣布该成员方处于拖欠地位。除非理事会允许，否则该成员方不再有权透支。

最后，如果成员方负有对拖欠国的债务，它有责任向清算联盟进行支付以作为对拖欠国债务的偿还。即使成员方自己陷入拖欠国的地位，它也要接受这个安排。

第六，贷方余额至少一年的均值超过其份额的一半的成员方应该与理事会讨论采取什么措施来恢复它的国际收支均衡，其中包括下述措施：一是扩张国内信贷和国内需求的措施；二是本国货币对班柯升值，或者鼓励货币收益率增加；三是削减关税和减少其他不利于进口的措施；四是发放国际开发贷款。

第七，成员方有权通过向清算联盟支付黄金而获得贷方余额。但是任何成员方没有权利基于其班柯余额要求得到黄金，因为班柯余额只为向其他清算账户转移而使用。然而，理事会可以决定在贷方余额超过份额特定比例的成员方之间分配清算联盟占有的黄金。①

从上面的分析可以看到，根据"凯恩斯计划"，作为超主权国际货币的班柯与黄金具有固定的平价，但它不是以100%的黄金作保证的。在国际清算联盟分配给成员方的班柯的份额内，成员方不需要向国际清算联盟支付黄金。只有超出了国际清算联盟分配给成员方的班柯的份额，成员方才需要向国际清算联盟支付黄金。

(2)"怀特计划"

"怀特计划"的要点如下：第一，建立国际货币稳定基金，资金总额50亿美元，由各会员以黄金、本国货币或政府债券认缴。各成员方根据黄金外汇储备、国民收入、国际收支等指标确定认缴的份额，然后根据认缴的份额拥有投票权。第二，国际货币稳定基金发行一种称为尤尼它(unita)的国际货币，用于各个成员方之间的清算。第三，尤尼它建立与黄金的固定平价，各成员方货币建立与尤尼它的固定汇率。各成员方货币与尤尼它的固定汇率可以调整，但必须经过国际货币稳定基金的批准才能调整。第四，国际货币稳定基金组织的任务主要是稳定汇率，并对成员方提供短期信贷以协助解决国际收支不平衡问题。

"怀特计划"中的尤尼它也是一种超主权国际货币，在"怀特计划"中关于

---

① John M. Keynes，The Keynes Plan，Reproduced in J. Keith Horsefield (ed.)，*The International Monetary Fund* 1945-1965：*Twenty Years of International Monetary Cooperation*，Vol. Ⅲ：Documents，International Monetary Fund，Washington，DC，1969，pp. 3-36.

尤尼它的条款规定如下：

第一，基金货币单位应该是尤尼它，它的价值等于 137 又 1/7 格令（grain）纯金，相当于 10 美元。除非 85% 的成员投票支持，尤尼它对黄金的价值不会改变。当尤尼它对黄金的价值发生改变时，基金持有的黄金发生的收益或损失都要平等地分配到基金成员中。基金账户应以尤尼它记账并公开。

第二，每个成员方都应以尤尼它建立其货币价值。除符合Ⅳ-5 条款①，否则不能改变其货币价值。平价就是相应的本国货币的尤尼它值和尤尼它的黄金值，任何一个成员方不能直接或间接以超过平价的本国货币价格购买或获得黄金，也不能直接或间接地以低于平价的本国货币价格水平销售或处理黄金。

第三，即使成员方货币价值发生变化，基金资产的尤尼它值也不能变化。无论什么时候，如果成员方货币贬值到某个重要程度，该国必须向基金缴纳一定数量的本国货币或证券，它等于基金持有的该国货币或证券的尤尼它值的减少量。相似的，如果成员方货币升值到某一重要程度，基金必须还给该国相当于基金持有的该国货币或证券的尤尼它增加值。②

从上面的分析可以看到，在"怀特计划"中，作为超主权国际货币的尤尼它与黄金也具有固定的平价，但它也不是以 100% 的黄金作保证的。各成员方可以同时用黄金、本国货币资产来认缴份额，从而获得尤尼它。

（3）集体储备单位的创立

20 世纪 60 年代中期，国际社会面临国际储备资产不足的问题。以奥沙罗为主席的"十国集团"储备资产创立研究小组提出了创立集体储备单位的方案。

集体储备单位（collective reserve unit，CRU）是一种没有利息收益的资产，它可以在国际货币基金组织之外由若干个工业国如"十国集团"按照协议设立。CRU 与参与国的黄金储备之间存在一定的比例并可以作为参与国的国际储备资产。CRU 创立的目的是创建新的国际储备资产以解决国际储备资产

---

① Ⅳ-5 条款如下：只有当有必要纠正成员方收支余额的基本性失衡时，并且得到成员方 3/4 赞成票的情况下，成员方货币兑换价值才能改变。

② Harry D. White, The White Plan, Reproduced in J. Keith Horsefield (ed.), *The International Monetary Fund* 1945 − 1965: *Twenty Years of International Monetary Cooperation*, Vol. Ⅲ: Documents, International Monetary Fund, Washington, DC, 1969, pp. 37-90.

不足的问题。

CRU 可以通过下面两种方式创立：第一，在形式上参与国将一定数量的黄金储存在中央代理机构，同时中央代理机构将同样数量的黄金分别储存在参与国。但是中央代理机构可以根据参与国储存的黄金发行等值的 CRU。中央代理机构储存在参与国的黄金将构成它们黄金储备的组成部分，直到 CRU 数量减少，或者参与国退出，或者 CRU 方案取消。第二，参与国向中央代理机构缴存一定数量的本国货币，中央代理机构发行 CRU，但是参与国要以黄金为 CRU 提供担保。

中央代理机构按照参与国黄金储备的某个比例分配 CRU，这样参与国保持原黄金资产不变，而且又增加了新的储备资产 CRU，从而导致参与国的总储备资产的增加。

CRU 仅仅在周期性的清算日才能使用。在国际交易中，参与国的黄金储备将会发生变化。在清算以后，参与国之间将发生 CRU 和黄金的转移以恢复参与国 CRU 与黄金的规定比例。在参与国之间，如果某个参与国在清算日支出黄金，它将失去相应的 CRU；相反，如果某个参与国收入了黄金，它将得到相应的 CRU。总之，各个参与国 CRU 与黄金储备的比例不变。

CRU 不能用于市场干预，对黄金或货币不具有可兑换性，在结算日之间不能在参与国之间转移，不能用于与非参与国的交易。[1]

（4）储备索取权的创立

以奥沙罗为主席的"十国集团"储备资产创立研究小组不仅提出了创立集体储备单位的方案，还提出了创立储备索取权的方案。集体储备单位是在国际货币基金组织之外创立的，储备索取权可以在国际货币基金组织和参与国之间创立。

储备索取权的创立过程如下：参与国向国际货币基金组织发行不可转让的政府证券，该证券有黄金作为担保并且有利息收益。作为回报，参与国得到在国际货币基金组织另外设立的账户上发行的"储备索取权"（reserve claims），该索取权也有黄金作为担保并且有约定的收益。由于不可转让的政

---

① R. Ossola, *Report of the Study Group on the Creation of Reserve Assets*，Group of Ten，May 31，1965，pp. 20-26.

府证券仍然构成参与国的国际储备资产，储备索取权便形成参与国国际储备资产的净增加。国际货币基金组织也在另外设立的账户中持有参与国的政府证券，从而不会影响到国际货币基金组织对参与国的贷款安排。

储备索取权可以根据参与国向国际货币基金组织缴纳的份额、黄金储备、货币储备或其他参与国认可的标准在参与国之间进行分配。储备索取权可以在参与国之间使用，也可以在参与国与国际货币基金组织之间使用。①

2. 与金本位相联系的方案

(1)恢复金本位

20世纪70年代，美国等发达国家的经济普遍陷入停滞膨胀的局面，欧美国家一些政府官员和经济学者将停滞膨胀条件下的汇率波动看作是实行浮动汇率制和黄金非货币化的结果，进而提出恢复金本位的设想。

1981年，美国哥伦比亚大学教授蒙代尔(Robert Mundell)提出应该在美国恢复兑换黄金的建议。在这个时期，美国国会也相继收到了数份要求恢复金本位制或实行某种改良的金本位制的提案，当时美国总统里根也曾对这些提案表示支持。但是经过认真的分析和论证之后，这些提案仍然被美国国会否决了。

(2)改良金本位

可能是在金本位制条件下稳定的物价和稳定的汇率给各国政府官员和经济学者们留下了深刻的印象，关于恢复金本位制或实行经过改良的金本位制的建议几乎没有停止过。

在金融风潮不断掀起、金融危机频繁发生的20世纪90年代，在人们热烈讨论国际货币制度改革的时候，美国经济学者谢尔顿(J. Sheldon)在1998年10月15日的美国《华尔街日报》撰文指出："信任是货币信用的决定性因素，全球货币改革的目标不是要将国家对货币的控制权移交到具有自由处理权的超国家的中央银行手里。全球货币改革的目标是要将经济权力从政府手中交回到人民手中，通过法治而不是通过人治来保证货币的价值。要做到这一点的最好的办法是实行全球的金本位制。"

2010年11月，世界银行前行长佐利克(Robert Zoellick)又再次提出了这

---

① R. Ossola, *Report of the Study Group on the Creation of Reserve Assets*, Group of Ten, May31, 1965, pp. 23-26.

个问题。英国《金融时报》2010 年 11 月 7 日刊登了题为《佐利克引起金本位制的争论》的报道，介绍了佐利克的建议。佐利克的主要论点如下：世界主要经济体应该考虑重新采用某种经过改良的全球金本位制去指导货币的运行。如果将 1945 年建立的布雷顿森林体系看作是布雷顿森林体系 I，将 1971 年所形成的浮动汇率体系看作是布雷顿森林体系 II，那么有必要建立一个新的国际货币体系去接替布雷顿森林体系 II。这个新的体系应该包括美元、欧元、日元、英镑以及开放资本与金融项目并走向国际化的人民币。这个新的体系应该考虑将黄金用作反映通货膨胀、通货紧缩、未来货币价值的市场预期的参照值（reference point）。尽管教科书将黄金看作是旧的货币，但是直到今天黄金在市场上仍然被作为一种可选择的货币资产。[1] 但很显然，佐利克所提出的只是一种初步的设想，还没有具体的内容和步骤。

佐利克的看法马上引起激烈的争论。英国《金融时报》第二天就刊登了题为《佐利克关于金本位的建议不应考虑》的报道，转述了若干经济学者的批评意见。

美国国际经济学彼得森研究所所长伯格斯坦（Fred Bergsten）指出，世界确实需要一个新的国际游戏规则，国际货币体系正朝着使用多种储备货币而不仅仅是美元的方向发展，但是黄金绝不可能是这个体系的组成部分。黄金价格如此大幅度地波动，它不是一个很好的参照值。近年来黄金价格的迅速上升反映了人们对中央银行非常规的政策导致通货膨胀的担心。但是，自从金融危机发生以来，大多数工业国家的通货膨胀率已经降下来了，而且在未来也不可能出现通货膨胀的高潮。

欧洲中央银行前行长特里谢（Jean-Claude Trichet）也指出，恢复将黄金作为货币的基础会得到某些特别害怕通货膨胀的经济学者和投资者的支持，因为中央银行不能创造出更多黄金。但是佐利克的看法会重新引起对金本位制的许多批评意见，这些意见自从 20 世纪 30 年代以来已经很少提及了。[2]

2010 年 12 月 22 日，佐利克在法国巴黎表示，他并不是主张回归金本位

---

[1] Alan Beattie, Zoellick Seeks Gold Standard Debate, *Finance Times*，2010-11-07，http://www.ft.com.

[2] Robin Harding, Zoellick's Call on Gold Standard Dismissed, *Finance Times*，2010-11-08，http://www.ft.com.

制度，而是建议将黄金作为基本参考值来度量世界不同货币之间的关系。他强调他的建议与回归金本位有着重要区别，金本位制度是将黄金作为货币的基础。

3. 与特别提款权相联系的方案

(1)特别提款权的创立

特别提款权(SDRs)是国际货币基金组织为了解决国际储备资产不足的问题而于 1969 年建立的一种国际储备资产，它既不是一种货币，也不是一种债权，而是一种人为设立的限于成员方货币当局使用的账面资产，但它对可自由兑换货币具有潜在的索取权。作为一种账面资产，成员方可以用它清偿彼此之间的债权和债务关系，也可以用它清偿与国际货币基金组织之间的债权和债务关系。作为一种索取权，它可以通过两种方式转换为可自由兑换货币：第一种方式是经过成员方之间的协商，自愿地进行可自由兑换货币与特别提款权的交换；第二种方式是国际货币基金组织指定某些外部经济状况良好的国家用可自由兑换货币购买某些外部经济状况不好的国家的特别提款权。

特别提款权由国际货币基金组织根据成员方缴纳的份额的比例分配给各成员方，它对成员方来说是一种几乎不需要付出代价就可以得到的资产，它们只需要支付 0.01％ 的运行费用。如果成员方持有的特别提款权的数额少于分配给它的数额，它需要对差额支付利息；相反，如果成员方持有的特别提款权的数额多于分配给它的数额，它能够从差额获得利息。

特别提款权的分配主要有两种方式：一种是一般分配(general allocations)；另一种是特别分配(special allocations)。一般分配是国际货币基金组织根据长期国际经济活动对国际储备资产的需要分配特别提款权。到目前为止，国际货币基金组织进行过三次一般分配：第一次是 1970—1972 年，分配了 93 亿特别提款权；第二次是 1979—1981 年，分配了 121 亿特别提款权；第三次是 2009 年，分配了 1 612 亿特别提款权。特别分配是指国际货币基金组织在某些特定的情况下分配特别提款权。1997 年，理事会提议进行特别提款权的分配，对 1981 年以后加入国际货币基金组织、因而没有获得特别提款权的国家一次性地分配特别提款权。2009 年，该方案正式实施，进行了214 亿特别提款权的分配。这就是说，截至 2009 年的最后一次分配，国际货币基金组织已经分配的特别提款权达到了 2 041 亿。

特别提款权在 1969 年设立的时候名义上根据黄金定价，实际上根据美元定价。当时 1 美元等于 0.888 671 克黄金，1 个特别提款权也就定价为等于 0.888 671 克黄金。在布雷顿森林体系的金汇兑本位解体以后，特别提款权于 1973 年改用一篮子货币定值。货币篮子的构成以及每种货币的权重每五年调整一次，以反映不同的货币在国际贸易和国际金融体系中的地位。①

国际货币基金组织除了决定特别提款权的价值以外，还决定特别提款权的利率。特别提款权的利率是计算它的价值的一篮子货币的短期利率的加权平均数。美元和英镑的利率采用美国和英国 3 个月的国库券的利率，欧元的利率采用 3 个月的欧元回购利率，日元利率采用 13 周日本政府融资券利率。每种货币的权重仍然是它们在特别提款权价值计算中的权重，特别提款权的利率每周都调整并公布一次。

特别提款权可以在成员方之间交易，从而形成了特别提款权市场。在这个市场中，国际货币基金组织扮演着中介的作用，并承担起保证特别提款权可以转换为可自由兑换货币的责任。除了成员方根据它们的需要自愿地进行特别提款权与可自由兑换货币的交换以外，为了保证特别提款权的流动性，国际货币基金组织还建立了"选派机制"(designation mechanism)。按照这种机制，国际货币基金组织可以要求某些外部经济状况良好的国家用可自由兑换货币交换某些外部经济状况不好的国家的特别提款权。

国际货币基金组织为每个成员方设立特别提款权账户，以办理特别提款权的收入和支出事项。这样，特别提款权可以以转账的方式来使用或交易。

根据国际货币基金组织协议条款 1969 年第一次修正案，创立特别提款权的目的是希望它能够成为主导的储备货币。1976 年国际货币基金组织协议条款第二次修正案扩大了特别提款权的使用范畴，目的也是为了提高特别提款权的国际货币地位。

(2)替代账户的设立

1979 年，国际货币基金组织第 34 届年会提出了设立替代账户以吸收各国过度积累的美元资产，并推动特别提款权成为主要国际储备资产的建议。所

---

① IMF，*Special Drawing Rights*(*SDRs*)，Factsheet，March 2013，International Monetary Fund，http://www.imf.org.

谓替代账户（subtitution account）是指国际货币基金组织设立的一个特别账户，国际货币基金组织通过这个账户发行特别提款权存单，各国政府将多余的美元储备资产折成特别提款权存入这个账户，国际货币基金组织将吸纳的美元用于投资美国政府债券，并将得到的利息返还给这个账户的存款者。

设立替代账户是推出特别提款权以后的一项国际货币制度改革方案，它的目的是：第一，在当时美元疲软的情况下，各国政府将美元储备折为特别提款权，可以减少美元贬值带来的损失；第二，用美国长期政府债券代替短期的美元储备资产，可以减少美元流动对其他国家货币的冲击；第三，各国政府将美元储备折为特别提款权，可以提高特别提款权作为国际储备资产的地位。

替代账户与特别提款权相似，都是一种账面资产，它只限于各国中央银行之间以及各国中央银行与国际货币基金组织之间的清算，但不能用于一般的国际经济活动的结算。但是，替代账户与特别提款权不同：特别提款权是国际货币基金组织分配给成员方的，而替代账户是成员方用美元换取的；特别提款权的增加可以导致成员方储备资产的增加，替代账户的增加只是成员方储备资产形式的变化；特别提款权只有在持有数量超过分配数量的情况下才有利息收入，而替代账户则可以全额得到利息收入。

但是，在替代账户准备实施的过程中出现一系列的问题：第一，如何决定替代账户的规模？如果替代账户规模过小，不能起到设立替代账户的作用；如果替代账户规模过大，拥有美元储备较多的国家可以控制这个账户。第二，如何计算替代账户的利息？如果按照特别提款权计算利率，利息过低；如果提高利率，则存入替代账户美元较多的国家将得到更大的利益。第三，如何确定投资对象？如果将替代账户的美元投资美国政府债券，将存在汇率和利率风险。一旦风险变成实际损失，由谁来承担损失？

后来，由于美元汇率开始回升，设立替代账户的迫切性下降，替代账户方案在1980年国际货币基金组织在汉堡举行的临时委员会会议上没有通过而被搁置起来。

实际上，特别提款权本身已具有某些超主权国际货币的特征。随着现行国际货币制度的缺陷和矛盾逐渐激化，国际金融危机的爆发日益频繁，特别提款权又重新受到人们的关注。美国经济学者格林沃德（Bruce Greenwald）和斯蒂格利茨建议使用特别提款权作为国际储备资产。他们认为特别提款权可以在不引起美国通过国际收支赤字的方式提供美元的情况下随着世界贸易的发展而增加。既然特别提款权是美元、欧元、日元和英镑等一篮子货币汇率的加权平均值，它将比任何单一货币的价值更稳定，并且可以被用作为像石油这样的国际性商品定价的稳定的国际记账单位。[①]

（3）周小川建议

周小川于 2009 年 3 月 23 日在中国人民银行网站上发表的题为《关于改革国际货币体系的思考》的文章中所提出的建议，实际上是一种通过改造特别提款权建立超主权国际货币的建议。周小川的建议包括下述内容：

"第一，建立起特别提款权与其他货币之间的清算关系。改变当前特别提款权只能用于政府或国际组织之间国际结算的现状，使其能成为国际贸易和金融交易公认的支付手段。

第二，积极推动在国际贸易、大宗商品定价、投资和企业记账中使用特别提款权计价。这样不仅有利于加强特别提款权的作用，也能有效减少因使用主权储备货币计价而造成的资产价格波动和相关风险。

第三，积极推动创立特别提款权计值的资产以增强其吸引力。基金组织正在研究特别提款权计值的有价证券，如果推行将是一个好的开端。

第四，进一步完善特别提款权的定值和发行方式。特别提款权定值的篮子货币范围应扩大到世界主要经济大国，也可将国内生产总值作为权重考虑因素之一。

此外，为进一步提升市场对其币值的信心，特别提款权的发行也可从人为计算币值向有以实际资产支持的方式转变，可以考虑吸收各国现有的储备货币以作为其发行准备。"[②]

由此可见，周小川的建议是从建立特别提款权的资产保证和拓宽特别提款权的使用范围两个方面来逐步达到建立超主权国际货币的目的。

[①]　Bruce Greenwald and Joseph Stigliz, *A Modest Proposal for International Monetary Reform*, http://web. gc. cuny. edu/economics/SeminarPapers/Fall, 2006.

[②]　周小川：《关于改革国际货币体系的思考》，http://www. pbc. gov. cn，2009 年 3 月 23 日。

（4）谢平方案

2011 年 10 月 31 日，中国人民银行研究局前局长谢平在"中国金融四十人论坛"网站上发表了一篇题为《超主权储备货币的具体设计》的文章，提出了设立超主权储备货币的构想。后来，该文章被收录到陈元和钱颖一主编的、由中国经济出版社于 2012 年出版的《站在衰退的起点上》。

谢平的方案与特别提款权没有直接的关系，但他是沿着如何克服特别提款权的缺陷这个思路提出这个方案，并且一再将他的方案与特别提款权相比较。另外，谢平的方案还带有"储备索取权"的痕迹，但在内容上与储备索取权具有很大区别。

按照谢平的构想，该超主权储备货币可以称为"超级货币"（super currency），它具有下述特点：第一，它是一种记账货币，不具有交换媒介和支付手段的职能，只具有价值储藏职能；第二，它是一种组合货币，它的相对价值根据"二十国集团"货币汇率采用加权平均的计算方法决定；第三，它具有债券的属性，持有"超级货币"可以获得"二十国集团"国债加权平均利率的收益。

"超级货币"的发行机制如下：国际货币基金组织发行"超级货币"债券，强制"二十国集团"按照本国国内生产总值所占的比例用本国货币购买价值 34 800 亿美元的"超级货币"债券，这种"超级货币"债券就是"超级货币"。由于"超级货币"债券是由 20 个国家按照本国国内生产总值所占的比例用本国货币买进债券而形成的，它的价值取决于"二十国集团"以本国国内生产总值所占的比例为权重的货币汇率的加权平均数。

另外，其他的国际货币基金组织成员方再按照本国国内生产总值所占的比例，用本国货币购买价值 3 900 亿美元的"超级货币"债券，这样"超级货币"债券的初次发行规模达到价值 38 700 亿美元。国际货币基金组织的成员方将该"超级货币"债券作为本国外汇储备的组成部分。可以考虑设立各国的外汇储备 20% 必须是"超级货币"债券的比例，10% 是自主持有的比例的规定。

在"超级货币"创立以后，"二十国集团"将继续根据国内生产总值的增长情况用本国货币购买国际货币基金组织新发行的"超级货币"债券，以保持"超级货币"的增长。

由于"超级货币"的相对价值是由"二十国集团"货币汇率的加权平均数决定的，它们之间汇率的变化可以相互抵消，从而能够保持相对稳定。另外，在套利机制的作用下，各个国家货币之间的汇率将根据它们与超级货币之间的汇率决定，从而能够形成相对稳定的汇率体系。

"超级货币"债券存在二级交易市场，它是中央银行之间的市场，各国中央银行可以在二级市场上买卖"超级货币"债券。国际货币基金组织将发行"超级货币"债券得到的各国货币用于投资，来支付"超级货币"债券利息，不足的部分由"二十国集团"按照比例承担。①

由此可见，谢平的方案是通过创建一种以债券为保证的国际记账货币，来创建超主权储备货币。在世界范围内，不少政府官员和经济学者对特别提款权寄予厚望，希望通过扩大特别提款权的使用范围来构建超主权国际货币。

4. 建立单一世界货币的方案

（1）建立统一货币体系

美国哈佛大学教授库铂（Richard Cooper）于 1984 年发表了题为《未来的货币体系》的文章，提出了在工业化的民主国家中实行单一货币的建议。他认为，国际货币制度改革的方向是逐步在世界范围内建立起统一的货币体系。在这个货币体系里设立统一的货币发行银行，实行统一的货币政策。

他主张分两步来实现上述主张：第一步在主要工业国家实行汇率目标区；第二步由美国、日本和欧洲经济共同体国家三方组成单一货币制度，然后在全世界范围内推行这种单一货币制度。②

（2）建立稳定汇率体系

美国哥伦比亚大学教授蒙代尔早在 1968 年就提出了创建世界货币的想法。2005 年，蒙代尔又进一步提出了创建世界货币的具体步骤。他认为建立世界货币的基本计划可以分三个阶段实施。

第一阶段，向稳定的汇率过渡。这个阶段是建立三方货币（美元、欧元和日元三种主要货币，简称 DEY）联盟的准备阶段，这三个国家的中央银行为三种货币之间的汇率设置上限和下限，以形成这三种主要货币的稳定的汇率体系。

第二阶段，建立以 DEY 为基础的三方货币联盟。这个货币联盟并不是一

---

① 谢平：《超主权储备货币的具体设计》，http://www.cf40.org.cn，2011 年 10 月 31 日。

② Richard N. Cooper，A Monetary System for the Future，*Foreign Affairs*，1984（63）.

个单一货币的货币联盟，而是一个多种货币的货币联盟，是一个具有共同货币政策的固定汇率区。蒙代尔指出，要形成这样一个联盟要求有五个条件：第一，具有一致的通货膨胀目标；第二，设立衡量通货膨胀的共同指数；第三，稳定彼此之间的固定汇率；第四，建立 DEY 中央银行来决定货币政策；第五，建立铸币税的分配机制。

第三阶段，以 DEY 单位为平台，创建 INTOR，即世界货币。货币联盟将逐渐扩大并延伸和推广到其他国家。建立一个作为国际货币管理机构的基金组织理事会，该理事会由成员方财政部长和中央银行行长组成，所有国家在该机构中都有投票权。同时，采用一种称为 INTOR 的世界货币，该货币可自由兑换成美元、欧元和日元。

这个创建国际货币的过程可以从美国与欧洲、欧洲与日本或美国与日本的双边汇率开始，或者所有三方同时开始。三种 DEY 货币在货币篮子里的权重不必始终固定，可以由理事会相机作出改变。随着货币篮子里经济体的扩大或者相对缩小，货币篮子的权重将得到适当的调整。①

第二节　国际货币本位改革方案的比较和思考

一、"凯恩斯计划"和"怀特计划"的比较

"凯恩斯计划"和"怀特计划"都是在建立布雷顿森林体系以前提出的，它们既有相似之处又有明显的差异。

首先，在"凯恩斯计划"和"怀特计划"中，班柯和尤尼它与黄金具有固定的平价，但都不是以 100％的黄金作保证的。在"凯恩斯计划"中，成员方在分配的份额内不需要支付黄金，只有超出份额才需要支付黄金。在"怀特计划"中，各成员方可以同时用黄金、本国货币资产来认缴分配的份额。另外，各国政府不能以不同于由本国货币与班柯或尤尼它的汇率以及班柯或尤尼它与黄金的平价所决定的黄金价格买卖黄金。在当时所处的时代里，黄金被认为是建立国际货币本位不可缺少的因素。

---

① ［美］罗伯特·蒙代尔：《关于世界货币的构想》，见［美］多米尼克·萨尔瓦多主编：《欧元、美元和国际货币体系》，复旦大学出版社 2007 年版，第 56—58 页。

在分配份额的确定上，"凯恩斯计划"强调依据进出口贸易额的指标，而"怀特计划"则强调依据黄金外汇储备、国民收入、国际收支等指标。由于份额的大小决定了一个国家可以获得国际储备资产的多少以及在国际货币制度中地位的高低，而当时英国的各项经济指标已经落后于美国，英国便选择了国际贸易这个相对有利的经济指标，美国则选择能够反映它的压倒性优势的经济指标。由此可见，国家利益也是建立国际货币本位必然会考虑的因素。

其次，"凯恩斯计划"建议采用世界性中央银行的方式来运作超主权国际货币，强调透支原则；而"怀特计划"建议采用国际货币基金的方式来运作超主权国际货币，采用的是存款原则。按照"凯恩斯计划"，"任何一个具体的成员方都不必承担义务，用它们的资源去支持任何特定的国家或任何国际性的项目或政策"①。在份额内，各成员方不需要缴纳黄金或货币资产就可以获得班柯这种国际储备资产。

与"凯恩斯计划"不同，"怀特计划"强调各成员方要事先以黄金和本国货币资产的形式向基金缴纳一部分存款，才能获得尤尼它这种国际储备资产。另外，"怀特计划"采取先存款后贷款的原则，存款的大小决定了贷款的额度，这也意味着基金能够提供的贷款是有限的。

当时英国经济已经衰退，黄金储备大幅度减少。而美国的黄金储备则遥遥领先于世界各国。因此，英国更强调透支的原则，美国则更强调存款的原则。

再次，"凯恩斯计划"将国际收支失衡的责任赋予了顺、逆差双方，属于一种对称性的调节机制。而"怀特计划"则将国际收支失衡调整的责任赋予了逆差国，属于单方面的调节机制。在"凯恩斯计划"中，无论是借方余额还是贷方余额，只要超过份额的一定比例，就应该缴纳一定的费用，并承担国际收支失衡调整的责任。但是，在"怀特计划"中，当成员方出现暂时性国际收支逆差时，由国际货币稳定基金提供短期贷款来解决；当成员方出现基本性失衡时，则通过改变本国货币与尤尼它的汇率来解决。

英国经济在第二次世界大战中受到严重的损害，它的国际收支处于逆差

① John M. Keynes，The Keynes Plan，Reproduced in J. Keith Horsefield（ed.），*The International Monetary Fund* 1945-1965：*Twenty Years of International Monetary Cooperation*，Vol. Ⅲ：Documents，International Monetary Fund，Washington，DC，1969，p. 34.

的状态，它希望顺差国和逆差国共同承担调整国际收支的责任。而美国经济
在第二次世界大战中迅速发展，它的国际收支处于顺差的状态，它希望由逆
差国来承担调整国际收支的责任。

最后，在"凯恩斯计划"和"怀特计划"中，各国都需要确定本国货币与班
柯或尤尼它的固定汇率，对汇率的调整必须满足一定的条件以及必须经过国
际清算联盟或国际货币基金组织的批准。这意味着这两个计划都主张实行可
调整的钉住汇率制度：汇率体系是稳定的，但是可以调整的。

但很有意思的是，在1944年经过反复磋商最终形成的布雷顿森林体系既
不是按"凯恩斯计划"建立的，也不是完全按照"怀特计划"建立的。当然，
在美国具有巨大的经济优势的形势下，布雷顿森林体系的建立更多地采纳了
"怀特计划"的主张。

在国际货币本位问题上，布雷顿森林体系没有采用"凯恩斯计划"和"怀特
计划"提出的设立超主权国际货币的主张，而采用了国际金汇兑本位：各国货
币确定与美元的汇率，美元确定与黄金的平价，美国政府承诺保持美元与黄
金的可兑换性。在汇率体系的问题上，布雷顿森林体系采用了"凯恩斯计划"
和"怀特计划"的建议，实行可调整的钉住汇率制。在国际货币机构设置的问
题上，布雷顿森林体系采用"怀特计划"关于设立国际货币基金组织的建议，
按照存款的原则保持国际货币制度的运转。在份额决定的问题上，布雷顿森
林体系采用"怀特计划"提出的黄金外汇储备、国民收入、国际收支等指标。
在国际收支调节机制问题上，雷顿森林体系采用"怀特计划"提出的由逆差国
承担调整责任的主张。

布雷顿森林体系运转了二十余年以后就解体了，这不能不使人们思考这
样一个问题：如果按照"凯恩斯计划"来建立布雷顿森林体系，事情将会怎样？
当然，这是一个实践性很强的问题，而不是一个简单的理论问题。但是，如
果参考布雷顿森林体系解体的原因，从逻辑上判断，笔者认为布雷顿森林体
系将延续更长的时间。

现实的布雷顿森林体系存在着美国经济利益与世界经济利益的冲突，存
在着美国国际收支逆差与美元价值稳定的冲突，存在着国际经济活动的规模
与美国持有黄金的规模的冲突，这些冲突几乎都是不可调和的。

但是，按照"凯恩斯计划"，这些冲突并不明显。首先，"凯恩斯计划"的

班柯是由国际清算联盟所发行的超主权国际货币，它不与某个主权国家的货币相联系，因而不存在某个国家经济利益与世界经济利益的冲突。其次，班柯的规模是由国际清算联盟分配的份额的规模决定的，它还可以通过成员方缴纳黄金的方式增加，因而不存在现实的布雷顿森林体系存在的美国国际收支逆差与美元价值稳定的冲突的"特里芬难题"。最后，按照"凯恩斯计划"，各个成员方可以通过向国际清算联盟支付黄金的方式来获得班柯贷方余额，这就意味着可以用世界各国的黄金存量来保证日益增长的国际经济活动对国际清偿手段的需求，因而不存在对美元的需求不断增加与美国黄金存量不足以保证美元可兑换性的矛盾。正如鲍格顿（James Boughton）所指出的，这并不是因为怀特提出了更好的计划，而是因为美国的政治地位。①

当然，如果按照"凯恩斯计划"来建立布雷顿森林体系，美元就不会具有它后来所具有的至高无上的地位，美国就不会得到它后来所得到的那么多的经济利益。美国对自身经济利益的过度注重使世界失去了一个本来可以更好地运行的国际货币制度。

但是，如果参考布雷顿森林体系解体的基本原因，就"凯恩斯计划"和"怀特计划"本身而言，"凯恩斯计划"并没有明显比"怀特计划"优越。首先，建立班柯和尤尼它的规则不存在优劣，两种方案都是可行的。仅是对成员方来说，在份额内获得班柯的代价要小于获得尤尼它。其次，建立汇率体系的主张基本一致，只是调整汇率的具体方法存在不重要的差异。再次，关于份额的决定方法"怀特计划"要优于"凯恩斯计划"，"凯恩斯计划"只考虑国际贸易的因素并不能很好地反映一个国家在世界经济中的地位和需求。最后，关于国际收支的调整机制"凯恩斯计划"要优于"怀特计划"，双方承担调整国际收支的责任要好于单方承担调整国际收支的责任。

同样，如果按照"怀特计划"来建立雷顿森林体系，美元也不会具有它后来所具有的至高无上的地位，美国也不会得到它后来所得到的那么多的经济利益。美国对自身经济利益的过度追求也使世界失去了一个本来可以更好地运转的国际货币制度。

关于"凯恩斯计划"的不足之处，特里芬曾经指出，反对"凯恩斯计划"的

① 　James M. Boughton，*Why White，not Keynes Inventing the Postwar International Monetary System*，IMF Working Papers 02/52，International Monetary Fund，2002.

主要意见在于：首先，如果顺差国家承担了如此广泛的义务，那么它们就会受到通货膨胀压力的威胁。其次，"凯恩斯计划"自动赋予未来的国际收支逆差国很大的借贷权利。[①] 笔者认为这个评论不够中肯。按照"凯恩斯计划"，顺差国扩张信贷只是调整国际收支的方法之一，而不是唯一的方法，顺差国调整国际收支逆差并不必然导致通货膨胀。另外，逆差国也没有具有很大的借贷权利，况且具体的借贷比例是可以磋商的。

笔者认为，"凯恩斯计划"可商榷之处在于顺差国和逆差国具有对等的调整责任有失效率和公平。顺差国之所以发生顺差，主要是在对外经济中具有更强的竞争优势，因而不应该用打击这种竞争优势的方式来调整顺差。顺差国和逆差国都承担调整国际收支的责任是正确的，但是逆差国承担调整国际收支的责任应该大于顺差国。

从上面的分析可以得到下述重要的启示：第一，要保证国际货币制度稳定、长期和有效运转，不能再让主权货币充当国际货币，必须要构建超主权国际货币；第二，由于存在着大国的经济利益的博弈，不可能形成最有利于国际经济发展的最优的国际货币制度，只能在大国经济利益的协调中寻找次优的国际货币制度。

二、关于金本位改良方案的分析

人类使用黄金作为货币的历史比使用任何手段作为货币的历史都要长远。据历史记载，埃及人早在公元前 2000 年就开采黄金，在公元前 8 世纪就铸造出含有黄金的金币。世界第一个由纯黄金制作的金币是在公元前 564 年由小亚细亚吕底亚国（Lydia）的国王克洛修斯（King Croesus）命令铸造的。这种金币称为 Croesids，它成为得到广泛认可并用于交易的货币。世界上第一个实行金本位制的国家是英国。1821 年，英国正式启动金本位制度，英镑成为英国的标准货币单位，每英镑含 7.322 38 克纯金。这意味着黄金用作货币的历史超过 2 700 年，从严格的金本位制到不那么严格的金本位制的历史长达 150 年。

尽管人们留恋金本位制时代币值稳定的状况，但是恢复以金本位为基础的国际货币制度显然是不可行的。金本位无疑是一种最彻底和最稳定的国际货币本位，但它又是在历史的演变和经济的发展过程中被抛弃的国际货币本

---

① Robert Triffin, *Gold and the Dollar Crisis* (Revised edition)，New Haven，Yale University Press，1961.

位。作为国际货币本位的金本位在历史上的解体是必然的。

严格的国际金本位制具有两个基本要求：一是要求各国确定本国货币的含金量并按照各国货币含金量的比例构成固定的汇率体系；二是要求各国严格按照所持有的黄金的数量发行货币以保证金本位对国际收支的自行调节作用。这种制度的不可持续性表现在下述方面：

第一，货币供给量的增长不能适应国内经济增长的需要。在金本位制度下，各国货币供给量的增长取决于黄金的增长，黄金的增长又取决于黄金的勘探和开采，加上黄金在世界各国的蕴藏量又极不均匀，黄金的勘探和开采肯定不能与经济增长对货币的需要相适应，金本位制度迟早会束缚各国经济的增长。

第二，货币供给量的增长不能适应政府调节经济的需要。20世纪30年代的经济大萧条已经宣告自由放任的市场经济体制的终结。不管人们主张还是反对，政府都在不同程度上对经济进行干预。在政府对经济的调节中，财政政策和货币政策是两种最基本的手段，而实行金本位制度却要求各国政府放弃货币手段并使货币供给量的增长取决于黄金数量的增长，这显然是与经济体制正常运行的需要相矛盾的。

第三，黄金存量的增长不能适应国际经济活动发展的需要。长期以来，国际贸易和国际投资都以高于世界产值增长率的速度增长，而世界黄金存量则以远低于世界产值增长率的速度增长。如果实行国际金本位制，将会出现国际清偿手段严重不足的问题，从而束缚了国际经济活动的发展。

当然，人们可以辩解，并不是要恢复严格的国际金本位制，而是实行经过改良的国际金本位制。实际上，"凯恩斯计划""怀特计划"和现实的布雷顿森林体系不都是各种经过改良的国际金本位制吗？它们可能能够适应一段时期国际经济活动的需要，但它们或迟或早是要解体的。不论什么形式的国际金本位制都解决不了这样一个难题：黄金的数量的增长远远不能适应国际经济活动增长的需要。当然，由于统计资料不充分，要精确地证明这个难题是很困难的，在这里只能做一个粗略的估算。

据世界黄金协会的统计，全世界地面上的黄金存量约有165 000吨，已经探明的黄金矿藏约26 000吨。[①] 但是，由于黄金具有广泛的用途，并不是全部的黄金都可以用于国际货币。因此，还需要通过分析黄金的需求结构，估

---

① 　World Gold Council，*About Gold*，http://www.gold.org.

算可以用于国际货币的黄金的比例。

以可以收集到的各方面比较完整的数据的 2011 年为例，世界黄金开采量为 2 809.5 吨。在黄金的总需求中，首饰需求占 48.26%，工业需求占 11.40%，投资需求占 40.34%。① 在这里，所谓投资需求是指为了预防、收藏或等待升值的目的而买进黄金的行为，因而可以近似地将对黄金的投资需求看作是对黄金货币的需求。但上述分析存在这样一个问题：40.34% 的投资需求仅仅是 2011 年黄金的需求结构，还不能看作是黄金长期的需求结构。

实际上，采用任何一个时期的黄金需求结构来分析这个问题都是不准确的。如果采用黄金非货币化以后的需求结构来分析这个问题，由于这个时期黄金已经不是货币，所以难以准确说明黄金用于货币的比例。如果采用黄金非货币化以前的需求结构来分析这个问题，由于现在不是历史的简单重复，同样难以准确说明黄金用作货币的比例。另外，即使解决了时期的问题，还存在着资料是否可以得到的问题。因此，笔者只能根据具备比较详细和准确数据的时期来估算黄金用于货币的比例。

世界黄金协会提供黄金需求结构的数据是从 1996 年开始的，根据这些数据可以得到如表 3-1 所示的投资需求在黄金总需求中的比例。如果将 1996—2011 年黄金投资需求的比例的算术平均数看作是黄金用于货币的长期比例，那么可以得到大约有 20.58% 的黄金可用于国际货币。这意味着在世界现有的黄金存量中，可以用作国际货币的黄金大约是 33 957 吨（= 165 000 × 20.58%），约 1 091 759 637 盎司。如果按照 2011 年 1 盎司黄金等于 1 571.52 美元的平均价格计算，可以用作国际货币的黄金的价值是 17 157 亿美元。

表 3-1 　黄金的投资需求在总需求中的比例(1996—2011 年)　　　　单位：%

年　份	1996	1997	1998	1999	2000	2001	2002	2003
比　例	11.01	20.62	20.69	17.14	11.85	11.07	10.92	9.72
年　份	2004	2005	2006	2007	2008	2009	2010	2011
比　例	13.58	15.96	19.22	18.67	31.10	38.64	38.70	40.34

注：1999—2001 年为第一季度数据，其余年份为年度数据。

资料来源：World Gold Council, *Gold Demand Trends*, 1996-2012。

---

①　World Gold Council, *Gold Demand Trend*, London, February, 2012, pp. 20-22, http://www.gold.org.

由于货币具有交换媒介和储藏手段等职能，可以用作国际货币的一部分黄金会被货币当局、机构或居民储藏起来。由于无法找到机构或居民为国际经济活动储备国际货币的资料，如果仅计算各国货币当局的国际储备资产，那么根据国际货币基金组织提供的数据，2011 年 12 月世界各国货币当局的国际储备资产价值是 78 323 亿特别提款权，再根据该月 1 个特别提款权等于 1.536 9 美元的兑换比率，各国货币当局的国际储备资产是 120 375 亿美元。① 这意味着全世界可以用作国际货币的黄金存量只是各国货币当局的国际储备资产价值的 1/7。不要说用黄金来执行国际交换媒介和国际储藏手段等职能，仅仅执行各国货币当局的国际储藏手段职能，黄金的数量还需要增加 6 倍。

另外，根据世界贸易组织的统计，2011 年世界货物出口贸易额是 182 550 亿美元，货物进口贸易额是 184 380 亿美元；世界服务出口贸易额是 41 700 亿美元，服务进口贸易额是 39 550 亿美元。② 据国际清算银行统计，2011 年作为国际借贷一个组成部分的国际银行集团贷款是 24 822 亿美元，作为国际证券一个组成部分的未清偿的国际债务工具的价值是 278 197 亿美元。③ 据联合国贸易和发展委员会统计，2011 年世界对外直接投资额是 15 240 亿美元。④ 如果按照美国债券市场 8.56 平均换手率去估算国际债务工具的交易量，那么国际债务工具的交易量达到 2 381 366 亿美元。这意味着 2011 年国际贸易、部分国际金融资产、对外直接投资的交易量为 2 645 358 亿美元。

应该指出，在国际商品和资产的交易中，有一部分交易是可以延期支付的，在这个时期中不需要使用国际货币。但是，以前延期支付的交易也有可能在这个时期实际支出。因此，可以忽略延期支付的数额。另外，在国际商品和资产的交易中，有一部分交易可以采用清算的方式进行，即在一定时期交易双方对债权和债务的差额进行结算，这部分彼此抵消的交易也不需要使用国际货币。但是需要指出的是，上面的估算也没有包括全部的国际交易。

---

①　IMF, *Annual Report of the Executive Board*, 2012, Appendix Table1.1, http://www.imf.org.

②　WTO, *International Trade Statistics*, 2012, pp.26-28, http://www.wto.org.

③　BIS, *Quarterly Review*, March 2012, Statistics Annex, p.119, http://www.bis.org.

④　UNCTAD, *World Investment Report* 2012, United Nations, New York and Geneva, 2012, p.3.

如果忽略没有包括的国际商品和资产的交易额和在清算过程中彼此抵消的交易额，那么 2 645 358 亿美元的国际商品和资产交易量意味着即使将全世界可以用作国际货币的黄金全部作为交换媒介，价值 1 美元的黄金必须在一年内周转 154 次。

还应该指出，由于人类的国际经济活动的规模将越来越大，用作货币的黄金数量毕竟受到蕴藏量和开采量的限制，黄金用作国际货币将越来越不适合人类国际经济活动的需要。由此可见，仅从数量上看，黄金已经不可能充当国际货币。

有的学者认为黄金存量不足的问题可以用人为地提高黄金价格的方法来解决。但是，黄金也是一种商品，也具有自身的价值和价格。人为地提高黄金的价格实际上是设立一种虚拟的国际金本位，这与建立国际金本位制的初衷，即以黄金的真实价值作为国际货币的基础是相违背的，而且建立在虚拟的金本位基础上的国际货币制度也是不稳定的。

如果说黄金不可能成为国际货币，但它是否能够成为未来超主权国际货币的价值标准呢？这个问题的关键是如何理解"价值标准"。笔者认为，如果将"价值标准"理解为按照黄金定值，由于黄金不可能充当国际货币的职能，它也就不可能成为未来超主权国际货币的价值标准。如果将"价值标准"理解为反映未来超主权国际货币价值变化的参照值，那么黄金价值可以作为一个指标，但是意义不大。显然，在可以预见到的将来，国际社会找不到一种实物资产可以作为超主权国际货币。如果未来的超主权国际货币还是货币资产，由于任何一个国家每年都会发生不同程度的通货膨胀，以超主权国际货币表示的黄金价格从长期来说必然上升，这样以黄金价值作为参照值又有什么意义呢？

实际上，"凯恩斯计划"和"怀特计划"已经注意到黄金数量不足的问题。在"凯恩斯计划"中，在份额内成员方不需要缴纳黄金。在"怀特计划"中，在份额内成员方只需要缴纳部分黄金，这实际上是创造出了更多的黄金货币。因此，"凯恩斯计划"和"怀特计划"已经是经过改良的国际金本位制。布雷顿森林体系实行金汇兑本位，各国货币通过美元与黄金相联系，也是一种经过改良的国际金本位制。但是事实已经证明，布雷顿森林体系已经不适合人类社会国际经济活动发展的需要了。在布雷顿体系解体以后，尽管不少政府官员和经济学者都提出采用经过改良的国际金本位制，但是他们都没有能够提出更加具体的方案。

对"凯恩斯计划""怀特计划"以及改良的金本位方案的分析可以得到一个重要的启示：将黄金作为货币或者作为国际货币的时代已经结束了。不可否认，黄金具有的数量稀缺、价值稳定、曾经长期充当过货币、存在一个活跃的世界市场等特点，使黄金成为一种不同于普通商品的特殊商品，但是黄金已经不可能重新以各种可能的形态再回到国际货币流通领域。

三、关于特别提款权改造方案的分析

国际货币基金组织和各国政府官员可能最为注重的方案是逐步扩展特别提款权的功能并最终将它转变为国际货币。

特别提款权作为一种国际储备资产具有许多优点。美国经济学者克拉克（Peter Clark）和波拉克（Jacques Polak）曾经做了如下归纳：首先，以一篮子货币作为特别提款权定价的基础，保证了特别提款权作为储备资产价值的稳定。其次，特别提款权可以降低信用风险与系统性风险。特别提款权分配是对国际储备资产的永久性增加，不存在收回的风险。只有通过借贷市场获得的特别提款权，才面临由于国内经济条件的变化被收回的危险。最后，特别提款权的创造成本几乎为零，如果一国持有的特别提款权与国际货币基金组织分配的特别提款权相等，那么该国与国际货币基金组织就不会发生任何有关特别提款权的费用。[①]

但是，笔者认为，如果试图通过扩大特别提款权的使用范围来促使它转变为超主权国际货币，将存在两个难以逾越的障碍：

第一，特别提款权是国际货币基金组织一种账面上的虚拟资产，仅依赖于成员方的协议而发挥作用。它既不像黄金或白银那样本身就是一种实物资产，具有自己的价值；也不像一个国家的信用货币那样本身具有现实的购买力，通过它可以换取商品或资产。在一个主权国家内，虽然中央银行仅仅是凭国家信用发行货币，但由于这种信用只有在该国政府崩溃的极端情况下才会丧失，所以它仍然被人们所接受。在世界范围内，如果世界中央银行仅仅

---

① Peter Clark and Jacques Polak，*International Liquidity and the Role of the SDR in the International System*，IMF Staff Papers，Vol. 51，April 2002，http://www.imf.org.

凭成员方的协议发行没有任何资产作保证的超主权国际货币，它是很难被世界的厂商和居民所接受。显然，人们宁愿接受一种可自由兑换的主权货币而不愿意接受没有任何资产作保证的超主权国际货币。如果发生世界性的经济和政治动荡，持有美元仍然可以形成对美国商品或资产的购买力，至少可以形成对美国政府的追索权。但是，持有特别提款权既不能形成对实际商品的购买力，也难以形成对国际货币基金组织的追索权。

如果特别提款权少量发行并在成员方之间使用，这个缺陷还不是很明显。但是，如果将它发展为一种超主权国际货币，这将成为它的重大缺陷。按照国际货币基金组织的设想，特别提款权将在国际清算、商品与资产标价、储备资产等各方面发挥作用。然而，正是由于没有实质性资产作为保证这个原因，特别提款权的使用仅局限在国际基金组织等少数的国际组织范围内，在私人领域的使用仍然很少。显然，这种没有实质性资产作为保证的账面数字具有很大的风险。一旦发生世界大战这样的重大事件，世界各国政府将拒绝接受特别提款权，那些通过国际经济活动积累起特别提款权债权的政府、机构将遭受重大损失。因此，即使扩大特别提款权的使用范围，它也难以成为超主权国际货币。

第二，如果不断地增加特别提款权的分配，将会发生"公平悖论"。目前，特别提款权是根据成员方缴纳的份额的比例分配的。特里芬在评论特别提款权分配的时候曾经指出，这无论在经济上还是在道德上都是无可非议的。但是按份额分配意味着美国和欧盟这两个最大的经济体将得到全部特别提款权的 1/3，这实际上使富者更加富有。[1] 笔者认为，特里芬的评论实际上是自相矛盾的。如果一个经济方案的实施使富者越富穷者越穷，那么它在经济上和道德上都将引起非议。

哪个国家缴纳的份额越多，哪个国家对国际货币基金组织的贡献就越大，哪个国家得到的特别提款权就应该越多，这似乎是合理和公平的。但是，成员方根据它们缴纳份额获得了相应的投票权和相应的贷款的权利，现在又可以根据份额无偿得到可以用于国际支付的特别提款权，这是不合理和不公平

---

① Robert Triffin, *Our International Monetary System*：*Yesterday*，*Today and Tomorrow*，Random House，New York，1968，p. 194.

的。另外，特别提款权是一种无成本资产，而成员方缴纳的份额主要用于向一些发生国际收支困难的国家发放贷款，它在一定程度上是可以保值的。这样，越富有的国家缴纳的份额就越多，它们无代价得到的特别提款权就越多，这又是不合理和不公平的。如果分配的特别提款权不多，这个问题不太明显。但是，如果将特别提款权转变为超主权国际货币，这个问题就会变得尖锐起来。

例如，假定特别提款权的分配数量与份额数量相同，再假定国际货币基金组织可以自负盈亏，那么缴纳 1 000 亿特别提款权份额的国家在它的份额价值不变的条件下得到不必偿还的 1 000 亿特别提款权，而另一个缴纳 1 亿特别提款权份额的国家只得到不必偿还的 1 亿特别提款权，这公平吗？但是，不按照份额比例，又可以按照什么原则公平分配特别提款权呢？这就形成了特别提款权分配上的"公平悖论"。

除了上述这两个难题以外，特别提款权方案在实行过程中还存在着导致国际货币秩序动荡的风险。以 2012 年 3 月为例，世界各国的外汇储备约 67 354 亿特别提款权，其中 62.2% 是美元，25.0% 是欧元，3.8% 是英镑，3.5% 是日元。[①] 如果要采用特别提款权方案来建立超主权国际货币，这部分巨额的国际储备货币将逐步退出国际货币流通领域，从而有可能造成国际货币秩序的紊乱。

因此，如果不对特别提款权进行实质性改造，它难以成为一种超主权国际货币。而如果对特别提款权进行实质性改造，那么所构建的超主权国际货币就与特别提款权没有必然的联系了。笔者认为，特别提款权的定值方法对于未来的超主权国际货币的定值方法具有借鉴意义，但是未来的超主权国际货币不是从特别提款权发展而来的。未来的超主权国际货币应该具有与特别提款权截然不同的两个特征：首先，它具有实际的资产作为保证；其次，它不是由某个世界机构分配的。

周小川清楚地意识到特别提款权的缺陷，他的建议就是通过对特别提款权进行改造而建立超主权国际货币。首先，逐渐过渡到以实际资产作为特别

---

① IMF，*Annual Report of the Executive Board*，2012，Appendix Table1.1，http://www.imf.org.

提款权的保证，从而解决特别提款权仅是一种账面资产的缺陷。其次，扩大特别提款权的计价和使用范围，使它向国际货币的方向发展。①

笔者认为，周小川的建议可能是正确的，按照周小川的建议可能能够建立超主权国际货币。但是，周小川只是指出了建立超主权国际货币的思路和方向，他没有具体分析特别提款权如何以资产作为保证、如何发行和管理、如何扩张和收缩等问题，也就是没有提出构建超主权国际货币的具体方案。

谢平沿着克服特别提款权弊病的思路提出了与特别提款权没有直接关系的创设超主权储备货币的设想。② 首先，他建议设立的"超级货币"实际上是一种债券，从而克服了特别提款权没有实际资产作为保证的缺陷。其次，他建议设立的"超级货币"通过各国中央银行用本国货币购买国际货币基金组织发行的债券形成，从而克服了特别提款权只能由国际货币基金分配的缺陷。

但是，笔者认为，谢平的方案仅是一种初步设想，还需要仔细地论证和完善。当然，由于构建超主权国际货币是一个十分复杂的问题，正如笔者发现人们由于不理解笔者提出的方案会产生很多误解一样，笔者的看法也可能是由于不理解谢平提出的方案而产生的误解。笔者认为谢平的方案存在下述问题：

第一，"超级货币"的方案难以实施。"超级货币"的创设实际上使任何国家的货币都可以成为国际储备资产，这对发展中国家是有利的而对发达国家是不利的。发达国家的货币已经是国际储备货币，它们已经在享受着国际铸币税收益以及能够用本国货币弥补国际收支逆差的特权，它们怎么可能会放弃自己的利益呢？"超级货币"方案只有在国际货币基金组织强制"二十国集团"用本国货币购买"超级货币"债券以及强制各成员方接受"超级货币"的条件下才能实施，但是这样一个对发达国家没有好处而只有坏处的方案怎么可能在国际货币基金组织理事会上通过呢？ 这就是说，"超级货币"的创设需要一个前提：发达国家以世界利益为重，但这个前提在现实世界中是不存在的。

第二，"超级货币"债券的交易机制难以成立。按照谢平的设想，"超级货

---

① 周小川：《关于改革国际货币体系的思考》，http://www.pbc.gov.cn，2009 年 3 月 23 日。

② 谢平：《超主权储备货币的具体设计》，http://www.cf40.org.cn，2011 年 10 月 31 日。

币"债券可以在各国中央银行之间的二级市场上买卖。这里存在一个问题：各国中央银行用什么货币买卖"超级货币"债券？

实际上，不论用什么货币在二级市场买卖"超级货币"债券都是不可行的。如果某国中央银行希望用本国货币买进"超级货币"债券，有谁愿意卖出？例如，如果印度中央银行要用卢比买进"超级货币"债券，哪个国家中央银行愿意卖出"超级货币"债券而得到不是国际储备货币的印度卢比？另外，如果某国中央银行希望以国际储备货币卖出"超级货币"债券，又有谁愿意买进？持有国际储备货币的国家可以自如地用国际储备货币进行任何交易和投资，它为什么会舍弃国际储备货币而换取主要是"二十国集团"用本国货币认购的债券？

因此，紧接着产生这样的问题：如果用非国际储备货币交易，国际货币基金组织如何能够强制各成员方出售"超级货币"债券而得到其他国家的非国际储备货币呢？如果用国际储备货币交易，国际货币基金组织又如何能够强制各成员方使用国际储备货币买进"超级货币"债券呢？假定国际货币基金组织用强制各成员方持有一定比例"超级货币"的方式部分解决这个问题，那么世界各主要国家会接受这种对自己没有好处的强制吗？即使能够接受这种强制，这种强制能长期维持吗？

第三，"超级货币"的套利机制难以形成。按照谢平的设想，"超级货币"的相对价值由"二十国集团"货币汇率的加权平均值决定，各个国家货币之间的汇率由它们与"超级货币"之间的汇率决定。在套利机制的作用下，能够形成相对稳定的汇率体系。

应该指出，"超级货币"的相对价值、各国货币对"超级货币"的汇率、各国货币之间根据它们对"超级货币"的汇率形成的彼此汇率，都是人为计算的汇率。要使市场汇率接近于这种人为计算的汇率，只能依靠套利机制。但是，"超级货币"的套利不可能是充分的。

首先，要通过套利机制使"超级货币"的市场价值接近 20 种货币汇率的加权平均值，前提是市场可以自由地和充分地用 20 种货币买卖"超级货币"债券。但是，正如前面的分析所指出的那样，即使国际货币基金组织强制各成员方持有一定比例的"超级货币"，在"二十国集团"中央银行之间也无法做到用 20 种货币自由地和充分地买卖"超级货币"债券，更不要说市场自由地和充分地用 20 种货币买卖"超级货币"债券了。因此，"二十国集团"内部的套利机制难以形成。

其次，要通过套利机制使各国货币彼此之间的汇率接近于它们与"超级货币"的汇率套算的汇率，前提是市场可以自由地和充分地用世界各国的货币买卖"超级货币"债券。由于市场无法自由地和充分地用世界各国的货币买卖"超级货币"债券，世界范围的套利机制几乎是不存在的。这样，以"超级货币"为核心难以形成相对稳定的汇率体系。

第四，"超级货币"难以成为国际储备资产。按照谢平的设想，"超级货币"债券主要是"二十国集团"用本国货币购买国际货币基金组织发行的债券而形成的。因为国际货币基金组织得到 20 个国家的货币以后出于安全性考虑一般投资 20 国的政府债券，所以在操作过程中将会发生国际货币基金组织发行和管理"超级货币"债券的额外成本，从而严重影响到"超级货币"债券的收益。正因为这样，谢平认识到"超级货币"债券肯定达不到 20 个国家政府债券的收益率的加权平均数，希望不足的部分由 20 个国家弥补。这意味着发达国家本来就因为"超级货币"的创设遭受损失，现在还要进一步为"超级货币"的运行承担成本，这可能吗？这样一种低收益的依靠强制方式存在的"超级货币"难以成为有吸引力的国际储备资产。

第五，"超级货币"还不是超主权国际货币。即使谢平的方案完整无缺并且可以实施，所形成的货币也是谢平所说的超主权储备货币，它不具备交换媒介的职能，也不具备支付手段的职能，也就是说它不是超主权国际货币。但是，目前国际社会所寻求解决的问题已经不是像 20 世纪 60 年代那样如何增加国际储备资产的问题，而是创设能够取代主权货币充当国际货币职能的超主权货币的问题。因此，以增加国际储备资产为目的的"超级货币"难以适应当今时代的要求。

四、关于建立单一世界货币方案的分析

通过稳定主要国际储备货币的汇率建立统一的世界货币可能是解决国际货币制度现存缺陷的一种方案，但是建立统一的世界货币并不是只有通过稳定主要货币的汇率的路径才能实现。

库铂提出的建立世界单一货币的主张是一件十分遥远的事情。在人类社会到现在为止的实践中，唯一能够在一个区域内实现单一货币目标的是欧洲

货币联盟。欧洲国家在特定的政治、经济、文化、地域条件下，经过四十多年的努力，终于建立了欧洲货币联盟，创立了欧元这种统一货币。一个区域内若干个具有特定条件的国家为实现特定的目标而采用单一的货币是可能的，在全世界各个国家之间采用类似于欧元的单一货币则是不可能的。创立单一货币的关键问题是国家主权问题。一个区域内若干个国家为了共同的政治和经济利益放弃国家的货币权利是可能的，但除非世界各国的发展进入一个崭新的理想的社会形态，否则在世界各国之间不存在这种共同的政治和经济利益。因此，创立一种统一的国际货币的主张不可能在可以预见到的将来实施。

蒙代尔的构想由来已久，他认为第二次世界大战后国际货币制度的关键缺陷在于世界货币的缺失。蒙代尔乐观地指出下一次大危机发生的时候也许就是再次召开布雷顿森林会议式的大会、为建立新的国际货币制度创造条件的时候。他提出的方案比较明确具体，分三个阶段按步骤实施，即：稳定汇率；创建货币联盟；然后不断扩大货币联盟，创建称为 INTOR 的世界货币。蒙代尔的方案从逻辑上说有一定的合理性，先从经济大国货币联盟开始，然后不断扩大联盟的范围，最后建立世界货币。但是，蒙代尔的方案的具体实施还存在很多的问题。在蒙代尔建立世界货币的三个阶段中，每一个阶段都是十分艰难的，甚至可以说是不可能实现的。

第一阶段是在美元、欧元和日元三种主要货币之间形成稳定的汇率。这意味着美国、欧洲货币联盟、日本要放弃汇率这个调节国际经济活动的机制。这也意味着在目前贸易和金融已经基本自由化的条件下，如果这三个经济体发生国际收支失衡，只能用干预外汇市场或者宏观货币政策去稳定汇率。

显然，干预外汇市场只是一种短期的稳定汇率的手段。如果国际收支失衡是基本因素造成的，这个手段将毫无作用。例如，某个经济体因国际收支长期逆差而导致本币汇率贬值，它就要在外汇市场上不断用外汇买进本国货币来稳定汇率。这样就产生一个问题：这个经济体有用之不竭的外汇储备吗？

但是，如果用调整宏观经济政策的方法去稳定汇率，则有可能对国内经济造成伤害。例如，某个经济体因国际收支长期逆差而导致本币汇率贬值，它不得不通过收缩货币供给量促使利率上升以增加资本流入来稳定汇率，假如该经济体正在发生经济衰退，这种做法将雪上加霜。这样同样产生两个问题：稳定汇率给这三个经济体带来什么利益？有哪个经济体愿意以牺牲本国国内经济为代价去稳定汇率？

被称为"欧元之父"的蒙代尔目睹和经历了欧洲货币体系建立的过程，他认为可以仿照欧洲货币体系形成稳定的汇率体系。确实，欧洲经济共同体1972年就形成联合浮动的汇率体系，1979年正式建立欧洲货币体系，成员方基本保持了彼此之间汇率的稳定。但是，蒙代尔没有注意到下面两个事实：

第一，在为什么要稳定汇率的问题上，对于欧洲经济共同体国家和对于美、欧、日三个经济体具有不同的意义。稳定汇率是欧洲经济共同体国家走向经济一体化的需要，将会给它们带来很大的经济利益。但是，稳定汇率则没有给美、欧、日三个经济体带来明显的经济利益，而似乎仅仅成为这三个经济体的一种责任。

第二，在是否能稳定汇率的问题上，对于欧洲经济共同体国家和对于美、欧、日三个经济体具有不同的经济基础。欧洲货币体系是建立在欧洲经济一体化的基础上的，成员方经济变化的同步性较强，它们有可能稳定彼此之间的汇率。而美、欧、日的经济一体化程度远没有当时的欧洲经济共同体国家高。当时具有如此经济基础的欧洲经济共同体国家稳定汇率尚十分困难，1992年英国就因发生英镑危机而退出了欧洲货币体系，在美、欧、日的经济不同步变化的情况下，它们之间的经济失衡肯定是不断发生的，这样又如何能够稳定它们之间的汇率？

第二阶段是建立美、欧、日三方的货币联盟。蒙代尔自己也认为，要建立这样一个联盟，需要具备明确一致的通货膨胀目标、设立衡量通货膨胀的共同指数、稳定彼此之间的固定汇率、建立中央银行来决定货币政策、建立铸币税的分配机制等条件。正如前面指出的那样，欧洲国家在特定的政治、经济、文化、地域条件下，经过四十多年的努力，才建立了欧洲货币联盟。然而美、欧、日三个经济体基本不具备类似的政治、经济、文化、地域条件，即使建立统一程度低于欧洲货币联盟的三方货币联盟也是遥遥无期的。

另外，第二阶段还存在一个难以启动的前提：美、欧、日三个经济体为什么要建立货币联盟？这三个经济体的货币已经是国际储备货币，它们已经享受着国际铸币税收益，建立货币联盟并不会增加这种利益，而只能以制度的方式在一定的时期确定这种利益。它们为什么不继续享受由市场决定的这种国际铸币税收益，而要付出还难以确定的代价去暂时分配这种国际铸币税收益？当然，建立单一的世界货币有利于国际经济的发展。但是，美、欧、日三个经济体会仅仅为国际经济的发展和国际社会的利益而履行责任吗？

第三阶段是将美、欧、日三方的货币联盟逐渐扩大并延伸和推广到其他国家，以创建世界货币，该货币可自由兑换成美元、欧元、日元。蒙代尔第三阶段设想存在的主要问题在于静态地看待世界经济格局的变化。

在蒙代尔提出建立世界货币的方案的时候，美、欧、日是世界上最大的三个经济体。但是，仅仅过了 5 年，中国在 2010 年就成为了仅次于美国和欧洲货币联盟的经济体。需要注意的是，印度、俄罗斯、巴西、南非的经济也在迅速发展。如果再过 50 年或者 100 年，世界经济将会发生多么大的变化？如果按照蒙代尔的设想去进行国际货币制度改革，即使经过漫长的岁月终于建立起美、欧、日三方的货币联盟，那么很可能这个货币联盟已经没有代表性了。

从上面的分析可以看到，蒙代尔基本上是按照建立欧元的思路提出建立世界货币的方案。但是，欧洲国家的利益关系与世界各国的利益关系具有很大的差异，在欧洲建立货币联盟与在世界建立货币联盟是相距甚远的两件不同的事情，按照建立欧洲货币联盟的方案难以建立世界货币联盟。

当然，蒙代尔方案也有可供借鉴的地方。在黄金不可能充当国际货币的情况下，只能以现有的国际储备货币为基础来构建超主权国际货币。蒙代尔方案的启示是：未来的超主权国际货币将与若干种货币相联系，并且可以自由兑换为若干种货币。

前面的分析表明，如果按照这些方案去构建超主权国际货币，不是不现实就是存在重要的缺陷。这就需要世界各国的官员和学者发挥智慧，从克服这些缺陷着手，从现实的世界经济出发，去提出新的构建超主权国际货币的方案。

这些国际货币本位的改革方案为超主权国际货币的构建提供了逻辑上的设想和思路，而欧元的建立则在实践上提供了一个样本。虽然欧元还只是一种区域性的货币，但它却是典型的超主权国际货币，是布雷顿森林体系解体以后最重要的跨国货币制度的改革。因此，有必要详细考察一下欧元的特征和体制。

第三节　超主权区域货币构建的实践

一、欧元的产生和发展

1. 欧元产生的基础

欧元作为一个新生事物，有着多方面的特征：它既是一种超越国家主权的国际货币，同时又具备主权国家货币的一切职能；既是多个主权国家共同拥有的单一货币，同时也是一种特殊的国际货币制度安排。欧元作为国际货币有两个基本含义：一是欧元在真正拥有主权的欧洲合众国或类似的欧洲政治实体成立之前仍然是各主权国家之间的一种国际货币制度安排；二是欧元又是欧洲经济和货币联盟的单一货币，它从诞生之日起就由于欧洲经济与货币联盟在国际上的经济地位而成为世界性的计价单位、交换媒介、支付手段和储备货币。

欧元的产生具有特殊的历史背景，也有着坚实的理论基础。它的历史背景是欧洲经济一体化的进程不断地向前推进，它的理论基础是最优货币区理论。

最优货币区理论是由蒙代尔于 20 世纪 60 年代初提出的。按照蒙代尔的提法，"货币区"指的是由两个或两个以上不同国家或地区组成的、相互之间汇率永久固定、对外统一浮动或采用单一货币的区域货币联盟。尽管学者们对"最优"的解释侧重点各有不同，但大部分人都同意这样一种观点：最优货币区中的"最优"指的是不同国家或地区通过组成货币区，能够最大限度地发挥宏观经济政策的效果，能够更有效地实现经济的内外均衡，即对内达到物价稳定、充分就业，对外实现国际收支的平衡。

这样，最优货币区理论研究的主要问题是：一组经济体在满足什么样的条件或符合什么样的特征时，组成货币联盟的收益大于成本，所形成的货币区为最优货币区；在怎么样的条件下组成货币联盟收益小于成本，所形成的货币区不符合最优货币区的特征。早期的最优货币区理论提出了一系列的标准对货币联盟进行衡量，从而判断拟建货币联盟是否为"最优"货币区。这些标准包括生产要素流动性标准、经济对外开放度标准、生产多样化程度标准、金融一体化程度标准、政策一体化程度标准、通货膨胀相似性标准以及物价与工资弹性标准等。

欧元的问世第一次在现实的意义上实现了最优货币区理论所描述的单一货币，即通过货币联盟的成员方让渡部分主权、由超越国家的机构发行的、取代主权货币进入流通领域的非国家货币。

2. 欧元启动的过程

欧元的诞生是欧洲货币一体化的主要成果之一。欧洲货币一体化经历了一个漫长而复杂的过程，从 1969 年在海牙举行的欧洲经济共同体首脑会议上提出建立欧洲货币联盟（European Monetary Union，EMU）的建议，到 1999 年欧元的正式启动，前后历时 30 年。

欧元启动的关键环节在于《马斯特里赫特条约》的签署。1991 年 12 月欧洲经济共同体国家首脑在荷兰的小城马斯特里赫特举行会议，就《欧洲联盟条约》（即《马斯特里赫特条约》，以下简称《马约》）达成协议，并于 1992 年 2 月正式签署。《马约》分政治联盟和经济与货币联盟两方面的内容，核心是经济与货币联盟，而经济与货币联盟的重心又是货币联盟。货币联盟的最终目标是建立一个负责制定和执行欧洲经济共同体货币政策的中央银行并发行统一货币。

《马约》从 1993 年 11 月 1 日起正式生效，欧洲经济共同体也从 1993 年 11 月 1 日起更名为"欧洲联盟"。1993 年 12 月 31 日，欧洲经济与货币联盟第一阶段宣布结束，1994 年 1 月 1 日欧洲经济与货币联盟第二阶段如期启动。1995 年 12 月，欧洲联盟在马德里举行首脑会议，通过了《单一货币绿皮书》，将未来的单一货币正式命名为欧元（Euro）。根据绿皮书的建议，将以渐进方式推进欧洲经济与货币联盟第三阶段的方案。

1998 年 3 月，欧洲联盟除希腊外 15 个成员方都基本达到了《马约》的趋同标准。同年 5 月，在欧盟特别首脑会议上，11 个成员方成为首批参加欧元的创始国，虽然英国、瑞典和丹麦也达到标准，但它们表示暂不加入。1999 年 1 月 1 日，欧元如期正式启动。希腊于 2000 年加入欧元区，成为欧元区第 12 个成员。欧元纸币和硬币于 2002 年 1 月 1 日起正式流通。

3. 欧元区的扩大

欧元诞生之后，越来越多的国家加入欧洲联盟和欧元区。随着 2013 年克罗地亚加入欧洲联盟，欧洲联盟国家数量达到 28 个。另外，随着爱沙尼亚于

2011 年 1 月 1 日加入欧元区，欧元区成员增加到 17 个。目前英国、瑞典和丹麦决定暂不加入欧元区，欧元区成员为德国、法国、意大利、荷兰、比利时、卢森堡、爱尔兰、希腊、西班牙、葡萄牙、奥地利、芬兰、斯洛文尼亚、塞浦路斯、马耳他、斯洛伐克、爱沙尼亚。

随着欧元区成员的增多，欧元在国际货币体系中的地位也逐渐提高，越来越多的国际结算采用欧元，在国际债券市场上欧元已成为占据榜首的发行币种，欧元在全球外汇储备中的比重也越来越高。欧元从 2006 年开始在世界各国外汇储备中的比例超过 25%，并呈现逐步上升的趋势。

欧元的成功运行，使得欧洲货币合作的经验及其未来发展的方向受到世界各国的广泛关注。世界上许多区域合作组织希望能够从欧元区的创立、运作与发展中借鉴宝贵的经验，以欧元区作为本区域内货币合作的参考与典范，以实现经济利益的最大化。

二、欧洲中央银行体制

1. 欧洲中央银行体系的制度框架

作为欧元这种特殊货币的发行机构，欧洲中央银行备受关注。1998 年 6 月 1 日，欧洲中央银行宣告成立，同年 7 月 1 日正式投入运作。欧洲中央银行是欧洲有史以来最为强大的超国家金融机构，也是世界上最有影响力、最年轻的中央银行之一。

欧洲中央银行具有独立的法人地位，是欧洲中央银行系统的主体。从制度框架上讲，欧洲中央银行系统（European System of Central Banks，ESCB）由两部分组成：一部分是位于德国法兰克福的欧洲中央银行（European Central Bank，ECB）；另一部分是欧洲联盟各个成员方中央银行（National Central Banks，NCBs）。另外，欧洲中央银行和欧元区成员方的中央银行组成欧元系统（Eurosystem）。只要在欧元区以外还存在欧洲联盟成员方，欧洲中央银行系统将与欧元系统共存。

欧洲中央银行系统由欧洲中央银行的决策机构负责管理，各成员方中央银行是欧洲中央银行系统的执行机构，负责在各国金融市场上发放信贷支持及开展公开市场业务等。欧洲中央银行的决策机构由行长理事会（Governing Council）、执行董事会（Executive Board）和普通理事会（General Council）构成。

2. 欧洲中央银行系统的职能

根据《欧洲联盟条约》第一百零五条第一款的规定，欧洲中央银行系统的主要目标是维持欧元区的物价稳定。在不影响这个目标的前提下，欧洲中央银行系统应该支持欧洲联盟内部的其他经济政策。根据《欧洲联盟条约》的规定，欧洲中央银行系统的基本任务如下：

第一，制定和实施欧洲经济货币联盟的货币政策。欧元于 1999 年 1 月 1 日正式启动后，欧元区的各成员方就将其货币政策的制定和实施权移交给欧洲中央银行系统。欧洲中央银行系统将遵循分散化的原则来制定和实施货币政策，欧洲中央银行负责制定货币政策，而各成员方中央银行负责实施货币政策。

第二，开展外汇管理业务。由于欧洲联盟部分国家尚未加入欧元区，为保证欧洲联盟共同货币的稳定，欧洲联盟理事会于 1995 年 12 月在马德里宣布，将建立一种新的汇率机制以来取代现有的欧洲汇率机制，为加以区别称为欧洲第二汇率机制（ERM Ⅱ）。

所谓欧洲第一汇率机制（ERM Ⅰ）是指欧洲货币体系的汇率机制。1972年，欧洲经济共同体开始实行联合浮动汇率制度。联合浮动汇率制度是指参与国货币相互之间保持可调整的钉住汇率，相互之间保持稳定的汇率，对外实行集体浮动汇率。参与联合浮动的欧洲六国货币汇率对美元的波动幅度不得超过±1.125%。

1979 年，欧洲货币体系正式建立，该体系的汇率机制被称为欧洲第一汇率机制。欧洲货币体系保留了联合浮动汇率制度的安排：对内实行可调整的钉住汇率制度，对外实行自由浮动的汇率制度。它与联合浮动汇率制度的不同之处在于主要通过两种汇率干预体系来实现汇率稳定机制：一是平价网体系；二是货币篮子体系。

平价网体系要求成员方货币之间彼此确定中心汇率，各成员方相互之间的汇率只能在中心汇率上下 2.25% 间浮动，个别国家可以扩大到为 6%。如果任何一个国家的货币波幅超过容许波动的幅度，该国中央银行就有义务进行干预，使汇率回复到规定的幅度之内。所谓的"篮子体系"，是指每个成员方货币只同"篮子货币"埃居（ECU）相联系。任何成员方货币偏离对埃居的中心汇率，都必须进行干预。货币篮子体系首先确定成员方货币对欧洲货币单位的中心汇率，然后计算每种货币对这一中心汇率所容许的最大偏离幅度。由于各成员方之间的妥协，最后实际采用了上述两种体系相结合的方式。

1997 年 6 月 16 日，欧洲联盟在阿姆斯特丹举行首脑会议，通过了《新的货币、汇率机制》，批准从 1999 年 1 月 1 日开始实行新的汇率机制，这种新的汇率机制被称为欧洲第二汇率机制。欧洲第二汇率机制包括如下内容：

第一，新的汇率机制以欧元为中心和记账单位，与尚未加入欧元区的欧洲联盟成员方建立双向汇率机制，取消现存的多边平准汇率机制。

第二，欧元与尚未加入欧元区的欧洲联盟成员方货币间的汇率称为中心汇率，其波动幅度在 15％以内。

第三，欧洲中央银行负责管理汇率机制的日常事务，协调欧元区国家与尚未加入欧元区的欧盟成员方之间的货币政策。后者有权对外汇市场进行干预，可以申请欧洲货币合作基金的信贷支持，可以使用"极短期信贷机制"。

欧洲第二汇率机制不但以政府之间的协定为基础，而且还以各国中央银行间的平行协定为基础。欧洲联盟理事会的决议形成了新的汇率机制的基础，而具体的运作程序则由欧洲中央银行与各欧盟成员方中央银行之间的协议来确定。总的来说，欧洲第一汇率机制和第二汇率机制基本上是相同的，只是第二汇率机制将以欧元作为参照物，允许欧元区外的货币对欧元在一定范围内浮动。

欧洲中央银行建立以后，欧元区各成员方中央银行按照各自认购的股本向欧洲中央银行提供国际储备资产，包括外汇储备资产、非成员方货币、国际货币基金组织的储备头寸和特别提款权，最高数额为 500 亿欧元。欧洲中央银行对这些国际储备资产享有充分的占有权、管理权、转让权。

欧元区各成员方中央银行可以拥有上缴后剩余的外汇储备资产，可以利用这些外汇储备资产进行交易，也可以用于履行对国际组织的义务。但是，为了保证这类活动与欧洲联盟的汇率和货币政策相一致，其交易规模应该在行长理事会发布的指导方针所确定的许可限度之内，超过这个限度应取得欧洲中央银行的同意。

欧洲中央银行可以在权限范围内向欧洲联盟的有关机构或组织，或向成员方的政府提出自己的意见，包括硬币发行、汇率机制、缔结协议、国际事务的处理、资本流动管制等。

在欧洲联盟原有的支付和清算体系中，最重要的是各个成员方银行支付和清算系统。除此以外，各成员方证券交易系统还有各自的证券交易清算系统。欧元的启动使各国原有的支付和清算系统不能够满足欧元区内部以及欧元区与第三国的支付和清算需要，欧洲中央银行系统为此推出了新的支付和清算系统。

三、欧元区的运行机制

1. 欧元区的货币政策

到目前为止，欧洲联盟共有 17 个国家使用欧元。欧洲联盟还有 11 个成员未加入欧元区，它们分别是克罗地亚、保加利亚、捷克、丹麦、立陶宛、拉脱维亚、匈牙利、波兰、罗马尼亚、瑞典和英国，这些国家仍然使用本国货币。

《马斯特里赫特条约》第一百零五条第一款明确规定："欧洲中央银行系统的主要目标是保持物价稳定。"在不与这个目标相抵触的情况下，各国中央银行可以在促进就业、经济增长等方面对本国经济提供支持。欧洲中央银行货币政策主要有两个支柱：

第一个支柱是货币供给量 M3 的增长率。欧洲中央银行将货币供给量作为货币政策的首选因素，并作为货币政策最重要的中间目标。欧洲中央银行每年都公布广义货币供应量 M3 增长率的参考值。其统计口径包括：现钞、隔夜存款、两年期内存款、三个月内可通知赎回存单、回购协议、货币市场基金股份及货币市场票据、两年期内的债券。自从欧洲中央银行运行以来，广义货币 M3 增长率的参考值一直确定为 4.5%。

第二个支柱是对物价上升风险的评估。欧洲中央银行关注那些在短期或中期内对物价产生影响的因素，如工资、汇率、债券价格、财政政策、成本、商业和消费者调查等。欧洲中央银行对这些因素对物价影响的评估主要集中在以下五个方面：一是物价变化的评估；二是产出、需求和劳动市场的评估；三是财政政策的评估；四是欧元区宏观经济预测；五是全球宏观经济环境、汇率和国际收支的评估。

在制定货币政策过程中，欧洲中央银行货币政策所依据的两个支柱有出现冲突的可能性。在实际操作过程中，欧洲中央银行的货币政策严格遵守以控制通货膨胀为首要目标的单一目标制度。

　　欧洲中央银行依据《马斯特里赫特条约》确定的独立地位以及赋予的使命履行制定和实施欧元的货币政策的职能。欧洲中央银行在制定货币政策时依据下述基本原则：第一，保证货币政策的有效性，即货币政策能够使欧洲中央银行按照《马斯特里赫特条约》的要求维护欧元区的物价稳定；第二，提高货币政策的透明度；第三，确保货币政策的独立性。

　　欧洲中央银行的货币政策工具主要包括公开市场操作、存贷款便利和最低存款准备金比率要求。

　　第一，公开市场操作是欧洲中央银行最重要的货币政策工具，目的是引导市场利率、管理市场流动性、为货币政策走向传递信号。它的实施有四种方式：第一种方式是短期融资操作，即通过证券回购的方式每周向金融体系提供为期两周的短期资金；第二种方式是长期融资操作，即欧洲中央银行每月向金融体系提供为期三个月的长期资金，但是以这种方式融通的资金大大少于第一种方式；第三种方式是微调性操作，即中央银行根据情况需要不定期地进入市场提供或者回收资金，使市场流动性处于稳定的状态，不致出现市场资金严重过剩或不足的情况；第四种方式是结构性操作，即中央银行为改变银行业的流动性结构而采取的提供或者是回收资金的行为。

　　欧洲中央银行在进行上述四种形式的公开市场操作时，具体使用五种交易方式：回购交易、直接交易、发行债券、外汇互换和吸收定期存款，其中最主要的是回购交易。

　　第二，存贷款便利。为了控制隔夜市场利率，表明其货币政策的基本立场，欧洲中央银行还设立了存贷款便利。在这种便利下，欧洲中央银行可以向市场提供或者回收大量资金，使市场利率不致超出中央银行所确定的范围。具体而言，中央银行设有额外贷款便利，即对有紧急需要的商业银行提供贷款。由于此类贷款的利率是事先确定的，比市场利率要高得多，商业银行除非迫不得已不会申请此类贷款。因此，该贷款的利率便成了市场利率的上限。与此同时，欧洲中央银行还设有存款便利，吸收商业银行的剩余资金。这类存款的利率也是事先规定的，但比市场利率要低得多。

　　第三，最低存款准备金比率要求。为了稳定市场利率、控制市场流动性和货币扩张效应，欧洲中央银行还向金融机构提出最低存款准备金比率要求。商业银行必须在中央银行开立账户，并把准备金余额维持在法定的比例之上，否则将受到罚款、罚息等处罚。最低存款准备金比例要求是欧洲中央银行所使用的调控力度较大、影响也较为深刻的货币政策工具。

2. 欧元区的汇率政策

欧洲联盟的汇率制度有两个层面：一是欧元对欧洲联盟外实行单一的浮动汇率制；二是欧元对欧洲联盟内非欧元区成员实行欧洲第二汇率机制（ERMⅡ），即欧元与尚未加入欧元区的欧洲联盟成员货币间的波动幅度保持在 15％以内。

根据《马斯特里赫特条约》以及《欧洲中央银行法》，欧洲联盟理事会是欧元汇率政策的决策机构和欧洲中央银行欧元汇率政策的执行机构。欧洲中央银行可以向欧洲联盟理事会提出汇率体制与汇率中心平价调整的建议，并与欧洲联盟理事会协商，供欧洲联盟理事会在制定汇率政策时参考。欧洲中央银行在执行欧洲联盟理事会的汇率政策时，主要是通过自身以及欧洲中央银行体系来完成。

《马斯特里赫特条约》规定欧洲中央银行具有实施外汇业务的全部权力。欧洲中央银行拥有 500 亿欧元的国际储备资产。根据欧洲中央银行体系的法令规定，欧洲中央银行可以自由支配这 500 亿欧元的国际储备资产，在必要时还可以动用成员方中央银行的外汇储备。欧元区成员方中央银行在动用其外汇储备时，必须征得欧洲中央银行的批准，以防止成员方中央银行进行外汇操作时与欧元区汇率政策不一致。

欧洲中央银行可以在欧洲理事会的指示下对欧元与美元、日元以及其他货币的汇率进行外汇干预。欧洲中央银行行长理事会确定如何分配外汇干预的职权范围，并根据信誉、报价、资产规模等标准选定进行外汇干预的银行和信贷机构。

3. 欧元区存在的问题

欧元区稳定地运行了十多年以后，终于暴露了它的内在缺陷。欧元区国家统一了它们的货币，也就统一了它们的货币政策，但由于它们是主权国家，并没有统一它们的预算政策。在欧元区建立的时候，缔约国也注意到了成员方的财政状况有可能对统一货币产生影响。《马斯特里赫特条约》规定，欧元区国家的财政赤字对国内生产总值的比例不得超过 3％，政府债务余额对国内生产总值的比例不得超过 60％。但是，欧元区没有有效的运行机制来保证这两个比例的实施。进入 2010 年以后，欧元区许多国家的财政赤字和政府债务余额都超过了这两个比例，终于爆发了所谓欧洲国家主权债务危机。

根据欧洲统计局的统计资料，到 2010 年 12 月，在欧元区 17 个国家中，有 13 个国家的政府债务余额对国内生产总值的比例超过了 60%，不少国家甚至远远超过 60%。按照该比例从高到低排列的次序如下：希腊 148.3%，意大利 119.2%，比利时 95.0%，葡萄牙 93.5%，爱尔兰 92.2%，德国 82.5%，法国 82.3%，奥地利 72.0%，匈牙利 71.0%，马耳他 68.3%，荷兰 63.1%，西班牙 61.5%，塞浦路斯 61.3%。① 在这样的情况下，希腊爆发了政府债务危机，意大利和爱尔兰等国也岌岌可危。一旦其中某些国家不得不退出欧元区，将导致欧元区的严重动荡。

不可否认，欧元区的实践是人类社会的一次伟大的实践。它明确地告诉世界，超越国家主权的经济和货币联盟是如何实现的。可以预料，在未来构建的超主权国际货币的运行机制与欧元的运行机制肯定存在许多不同之处。例如，欧洲货币联盟成员方可以放弃自己的货币主权，但世界各国不可能放弃自己的货币主权；欧洲货币联盟成员方可以实行统一的货币政策，世界各国不可能实行相同的货币政策；如此等等。但是，欧元区实践中的许多宝贵经验是值得借鉴的，如在欧元区建立前的欧洲货币单位的定值方法和调整方法、欧洲中央银行体系的运行机制等。

现在，摆在致力于国际货币制度改革研究和实践的政府官员和经济学者面前的任务是：如何从各种国际货币本位改革的理论和欧洲货币联盟的实践中吸收有益的思想和经验，去构建适合于目前国际经济现实的超主权国际货币，以较低的成本过渡到能够与现行国际货币制度相衔接的新的国际货币制度。

---

① Eurostat，*Government Finance Statistics*，Summary Table，Feb，2012，http://epp.eurostat.ec.europa.eu.

本章小结

本章的分析表明，要对牙买加体系进行改革，应该从历史和现在的各种改革方案和改革实践中吸收有益的思想和经验。首先，虽然布雷顿森林体系没有完全按照"凯恩斯计划"或"怀特计划"去构建，未来的国际货币制度也难以与黄金相联系，但是这两个计划对于如何创立超主权国际货币提供了启示。其次，虽然国际金本位制具有许多优点，但是黄金不可能重新成为国际货币，即使是实行经过改良的国际金本位制也是不现实的。再次，通过扩展特别提款权功能建立超主权国际货币的方案似乎是最现实的方案，但是没有实际资产保证以及难以合理分配的特别提款权是难以成为超主权国际货币的。最后，通过稳定汇率建立国际货币的方案是一个理想的方案，但是该方案的实施是一件十分遥远的事情，欧元区设立的方案对于世界来说是不可复制的。因此，应该以这些方案作为基础，参考欧元区建立过程中的某些机制，去构建适合于目前国际经济现实的超主权国际货币，过渡到能够与现行国际货币制度相衔接的新的国际货币制度。

第　四　章

超主权国际货币构建的新方案

第一节　世界中央银行的创建

一、世界中央银行的基本特征

1. 建立世界中央银行的意义

　　要构建超主权国际货币，必须要建立超越各国中央银行的世界性中央银行，该世界性中央银行可以称为世界中央银行（World Central Bank）。显然，超主权国际货币的发行、管理、清算必须由专门的机构负责，而这样的机构只能是世界中央银行。因此，在研究超主权国际货币的构建方案以前，有必要对未来的世界中央银行的体制和职能提出具体的构想。

　　只要提及建立世界中央银行，人们总是感觉到是很遥远的事情。实际上，早在1944年，凯恩斯在"凯恩斯计划"中就提出了建立类似世界性中央银行的国际清算联盟的具体方案。在20世纪40年代尚属于可行的建议，在21世纪10年代就更没问题了。

　　世界中央银行作为世界各成员方的中央银行，将履行中央银行的基本职能，它的许多基本特征与一个国家的中央银行以及多个国家形成的区域中央银行的特征是相似的。但是，世界中央银行不是一个主权国家的中央银行，也不是统一货币区的中央银行，它的运行方式又与一个国家的中央银行以及多个国家形成的区域中央银行的运行方式有所区别。

另外，根据布雷顿森林会议所达成的协议建立起来的国际货币基金组织自从 1947 年开展业务活动以来已经 66 年了，它在维持国际货币体系的稳定方面发挥了重要的作用。现在，国际货币基金组织已经成为一个准世界中央银行，它的许多业务与未来世界中央银行的业务是相似的。但是，世界中央银行是中央银行而不是基金组织，它的某些职能又是目前的国际货币基金组织所没有的。

因此，未来的世界中央银行是与各国中央银行、区域中央银行、国际货币基金组织既相似又不同的一种特殊的中央银行。

2. 建立世界中央银行的原则

为了以最小的代价和最平稳的方式建立新的国际货币制度，世界中央银行的组建方式不适宜采取单独重建方式，而是采取与现在的国际货币基金组织衔接改建的方式。因此，需要建立一种基于现在的国际货币基金组织，又超越现在的国际货币基金组织的国际金融机构，建立能够承担起超主权国际货币发行和管理的职责以及办理各国中央银行之间的清算业务的世界性中央银行。

未来世界中央银行的运行体制和具体职能将是复杂的，它与各国中央银行、区域中央银行、国际货币基金组织既有相似之处也有不同之处，不应脱离各国中央银行、区域中央银行、国际货币基金组织单独地对它的组建提出设想。因此，有必要将它与各国中央银行、区域中央银行、现行的国际货币基金组织进行深入的比较和分析，通过这种比较来认识未来世界中央银行的资本结构、管理体制、基本职能、资产业务和负债业务等。

二、世界中央银行的资本结构

1. 中央银行的资本结构

所谓金融机构的资本结构是指资本来源是什么以及不同资本来源占多大比例。各国中央银行的资本结构主要有下面三种形式：

第一种形式是国家所有，即由政府提供中央银行的资本。目前，世界上多数国家的中央银行都采用这种形式。例如，英国中央银行英格兰银行原来是私人所有的银行，英国政府于 1946 年对英格兰银行实行国有化，使它成为国有中央银行。

第二种形式是会员所有，即由成员银行提供资本。目前，美国和意大利等国中央银行采取这种形式。例如，美国各联邦储备银行的股份为本储备区成员银行所有。成员银行按照实收资本和公积金的一定比率认购联邦储备银行的股份，然后每年获得一定的股息。

第三种形式是混合所有，即由政府和公众共同持有中央银行的股份。目前，世界少数国家的中央银行采用这种形式。例如，日本中央银行的股份55％由政府持有，45％由公众持有。

区域中央银行的资本结构基本上属于成员方所有。目前有多个区域中央银行，如西非货币联盟、中非货币联盟、加勒比货币管理局、欧洲中央银行等。在这些区域性的中央银行中，最重要的是欧洲中央银行。

欧洲中央银行的资本来自各个成员方的中央银行。各个成员方缴纳的资本数额取决于该国的人口和国内生产总值在欧元区国家的比例。按照协议，各成员方缴纳的资本每5年或者有新成员加入的时候将进行调整。如果欧洲中央银行获得利润，可以有不超过20％的利润转入储备基金，但储备基金的金额不得超过资本金，其余的利润按照缴纳资本的比例在成员之间分配。如果欧洲中央银行发生亏损，首先用储备基金弥补，然后由各个成员方按照缴纳资本的比例分担。

2. 国际货币基金组织的资本结构

国际货币基金组织自有资金的来源是成员方缴纳的基金份额（quota），但是这种份额实际上就是资本（capital）。按照 2009 年 10 月国际货币基金组织通过的最新方案，各个成员方缴纳的基金份额为它们的国内生产总值（权重50％）、开放度（权重 30％）、经济易变性（权重 15％）和国际储备（权重 5％）的加权平均数。其中权重最大的国内生产总值又是以市场汇率计算的国内生产总值（权重 60％）和以购买力平价计算的国内生产总值（权重 40％）的加权平均数。①

按照国际货币基金组织的规定，各个成员方缴纳的基金份额每5年调整一次，任何调整都要获得 85％的多数票同意。各个成员方应该缴纳的基金份额 25％用特别提款权或国际储备货币缴纳，75％用本国货币缴纳。

国际货币基金组织除了从成员方缴纳的份额获得资金以外，还可以通过

① IMF，*IMF Quotas*，Factsheet，March31，2013，http://www.imf.org.

下述两种借款安排从成员方借入资金：

第一种是总借款安排（general arrangements to borrow，GAB）。该借款安排建立于 1962 年，它是国际货币基金组织在一定的条件下参照市场利率从 11 个发达国家借入资金的安排，数量为 170 亿特别提款权。另外沙特阿拉伯还愿意按照相同的条件提供 15 亿特别提款权。

第二种是新借款安排（new arrangements to borrow，NAB）。该借款安排于 1995 年作为总借款安排的补充而建立，国际货币基金组织可以参照市场利率从 26 个成员方取得贷款。根据 2010 年 4 月 12 日国际货币基金组织的决议，包括中国在内的 13 个国家进入愿意提供贷款的成员方行列，中国提供贷款的额度为 312.172 2 亿特别提款权。经过这次借款成员方范围的扩大，新借款安排总额已经达到 3 675 亿特别提款权。[①]

3. 未来世界中央银行的资本结构

从上面的分析可以看到，虽然各主权国家中央银行的资本结构具有各自的特点，但是区域中央银行和国际货币基金组织的资本结构是相似的，都是成员方按照一定的规则提供资本。由于在世界范围内不可能存在一个具有广泛代表性的"政府"，未来世界中央银行的资本只能由成员方提供。为了尽可能与现行的国际货币基金组织接轨，未来的世界中央银行资本来源也应该采取份额的方式，成员方可以按照现行的国际货币基金组织的规则缴纳份额。

4. 中央银行的收益和成本

在研究中央银行的资本结构的时候，还涉及这样的问题：中央银行是一种非营利金融机构，作为提供资本的所有者，它们将得到什么经济利益以及付出什么经济代价？

虽然各国中央银行是非营利金融机构，但是中央银行对商业银行的准备金存款不支付利息或只支付较低的利息，在公开市场操作中买进的政府债务凭证可以得到利息收益，以再贴现和再抵押的方式向商业银行发放贷款也可以得到利息收益，这些利息收益构成了中央银行的总收益。一般来说，中央银行的利息收益不仅可以弥补运行成本，而且还带来丰厚的净收益。正因为如此，混合所有的中央银行的股东还有股息收益。但是，不管各国中央银行

---

① IMF，*Borrowing Arrangements*，About IMF，http://www.imf.org.

实行什么所有制，股东的分红都受到严格限制，大部分净收益将上缴国库。

以美国联邦储备系统为例。在 2011 年，它的总支出是 43.64 亿美元，总收益是 852.00 亿美元。美国联邦储备系统的收益主要来自利息收益，其中在公开市场账户中从美国政府证券得到的利息收益是 453 亿美元，从联邦机构抵押证券得到的利息收益是 383 亿美元。美国联邦储备系统上缴美国国库的收益、红利等为 754 亿美元。①

5. 国际货币基金组织的收益和成本

国际货币基金组织作为一个促进货币合作和汇率稳定的国际金融机构，发放大量的贷款，因而可以取得利息的收益。但是，国际货币基金组织雇有 2 400 名专业人员，从事汇率的监督和管理工作，还办理基金业务，运行成本很高。

为了改变长期以来依赖利息收益来维持运转的情况，国际货币基金组织在 2008 年 5 月推行"收入模式改革"。这个改革包括：有限地出售所持有的黄金，并用于广泛的投资；提高非特许贷款的利率，使之高于特别提款权利率 100 个基点；削减日常支出，在未来的 3 个财政年度减少 13.50% 的日常支出。

总体来看，国际货币基金组织的收支情况趋向改善。据国际货币基金组织年报的统计数据，2006—2011 年净运营收入即运营收入（operational income）减去运营支出（operational expenses）之差分别为 +2.80、-1.11、-1.17、+1.56、+2.27、+7.80 亿特别提款权。②

6. 未来世界中央银行的收益和成本

虽然未来的世界中央银行由现行的国际货币基金组织转变而来，但是它将承担现在国际货币基金组织所没有的超主权国际货币的发行职能，这将给它带来新的收益来源。按照笔者所提出的超主权国际货币的构建方案，这种新的收益来源包括作为超主权国际货币保证的货币资产的利息收益以及世界中央银行办理各国中央银行之间清算业务的收益。当然，如果未来的世界中

---

① The Federal Reserve Board, *Annual Report: Budget Review*, 2012, p. 2, http://www.federalreserve.gov.

② IMF, Financial Statements, *Annual Report of the Executive Board*, 2007-2012, http://www.imf.org.

央银行出现净收益，将由成员方分享这些收益；如果未来的世界中央银行出现净亏损，将由成员方分担这些亏损。

归纳上面的分析可以得到这样的结论：未来的世界中央银行的资本主要由成员方以现行国际货币基金组织份额的方式提供，收益或损失分别由成员方分享和承担。

三、世界中央银行的管理体制

1. 中央银行的管理体制

金融机构的管理体制是指关于该机构决策和运行的制度安排。不论各国中央银行的资本结构如何，它们的权力机构都不是股东大会选举产生的，而是由政府或国会委派的。从世界范围来看，各国中央银行的管理体制主要有两种形式：第一种形式是决策、执行和监督一体化。例如，在美国联邦储备系统内，虽然具体实施货币政策的是纽约联邦储备银行，具体对各储备区商业银行进行监管的是各联邦储备银行，但是联邦储备委员会实际上具有决策、执行和监督的最高权力。第二种形式是决策、执行和监督分散化。例如，法国法兰西银行的最高决策机构是国家信贷委员会，最高执行机构是法兰西银行理事会，专门的银行监管机构是银行管理委员会，它们在从决策到实施的过程中各司其职。

欧洲中央银行的管理体制由管理理事会、执行委员会和总委员会组成。管理理事会是决策机构，它由执行委员会的 6 个成员和 17 个欧元区国家中央银行行长组成。它的主要任务是制定欧元区货币政策，包括货币目标、利率、货币供给等。执行委员会是执行机构，它由总裁、副总裁以及 4 个其他成员组成，所有成员都要经过欧元区国家政府首脑的同意才能委派。它的主要任务是实施货币政策和管理欧洲中央银行的日常业务活动。总委员会是咨询机构，它由执行委员会总裁、副总裁以及 17 个欧元区国家中央银行行长，11 个非欧元区的欧洲联盟国家的中央银行行长组成。它的主要任务是向管理理事会和执行委员会提供咨询意见。

2. 国际货币基金组织的管理体制

国际货币基金组织的管理体制由理事会、部长委员会和执行董事会组成。理事会（Board of Governors）是最高决策机构，它由成员方指派的 1 名理事和 1 名副理事组成，理事和副理事通常分别由中央银行行长和财政部长担任，副理事只有在理事缺席的时候才有投票权。尽管理事会将许多权力都赋予了执行董事会，但是理事会仍然有权决定增加基金份额、分配特别提款权、接纳新成员、驱逐原成员、修改基金条款等事项。

部长委员会（Ministerial Committees）包括国际货币与金融委员会（International Monetary and Financial Committee，IMFC）和发展委员会（Development Committee），它属于咨询机构。国际货币与金融委员会由187个理事推选的24个代表组成，与执行董事会成员是一致的，它主要研究对世界经济产生影响的各国共同关注的问题。发展委员会由24个成员组成，这些成员通常是成员方的财政部长或发展部长。它主要研究新兴市场经济国家和发展中国家的经济发展问题。

执行董事会（Executive Board）是执行机构，它由24个成员组成，代表187个成员方负责国际货币基金组织的日常活动。大国或富国通常委派自己的代表参加执行董事会，目前委派自己代表的国家有美国、日本、德国、法国、英国、中国、俄罗斯、沙特阿拉伯8个国家。其他国家都是若干个国家共同委派1个代表。共同委派1个代表的国家组合少则4个国家，多则24个国家。虽然理事会是最高决策机构，但是它只决定有关整个组织的重大事情。虽然执行董事会是执行机构，但是它负责国际货币基金组织的日常管理工作。因此，执行董事会拥有很大的权力，它实际上是许多实质性事情的决策者和执行者。在这样的管理体制下，执行董事会的投票权就显得十分重要。

按照国际货币基金组织的规则，每个成员方拥有250票基本投票权，除此以外每缴纳10万特别提款权增加1票。这意味着缴纳份额越多的成员方拥有越多的票。经过2010年份额和投票权的改革以后，投票权最多的10个国家分别是美国（16.479%）、日本（6.138%）、中国（6.071%）、德国（5.308%）、法国（4.024%）、英国（4.024%）、意大利（3.016%）、印度（2.629%）、俄罗斯（2.587%）、巴西（2.218%）。[1] 国际货币基金组织规定，对基金条款的修改必须征得60%的成员方85%的投票权的同意，这就意味着美国拥有绝对的否决权。

---

[1]　IMF, *IMF Quotas*, Factsheet, March31, 2013, http://www.imf.org.

3. 未来世界中央银行的管理体制

从上面的分析可以看到，由于区域的中央银行和国际货币基金组织是成员方组成的国际金融机构，最高决策机构一般是成员方中央银行的行长，而这些行长不可能从事具体的日常管理工作，决策和执行不可能一体化。未来的世界中央银行不是一个主权国家的中央银行，它也是由成员方组成的中央银行，它的管理体制应该采取类似于欧洲中央银行和国际货币基金组织的管理体制。

国际货币基金组织运行了很长时间，已经形成了成熟的管理体制，未来的世界中央银行可以基本承袭它的管理体制。但是，未来世界中央银行具有比现在国际货币基金组织更大的权限，如何使它更好地代表各成员方的利益，将成为一个重要的问题。因此，国际货币基金组织的投票权的改革还需要继续进行。投票权的改革的方向如下：

第一，未来的世界中央银行是为新的国际货币制度服务的，各个成员方缴纳的份额以及相应的投票权应该更加真实地反映它们在世界经济以及在国际经济活动中的地位。2008 年基金份额的改革增加了资本流动因素是一个进步。但是，从什么方面能够更好地反映对外经济活动，每种类型的对外经济活动将有多大的权重，还需要进一步探索。

第二，世界各国的经济发展水平有很大的差异。经济发展水平高的和经济规模大的国家应该有更大的话语权，但是广大的中小国家和发展中国家也不能被边缘化。因此，还需要考虑增加每个成员方的基本投票权的票数，以使更多的成员方能够参与到未来世界中央银行的管理中，维护世界大多数国家的利益。

第三，未来的世界中央银行要最大限度地代表大多数成员方的利益，不应该被个别国家或少数几个国家所支配。因此，原来的国际货币基金组织否决制度必须改革。重大问题不应该采取 85％ 多数通过的原则，而是采取 2/3 多数通过的原则，以防止个别国家或少数几个国家可以否决世界中央银行决议这样局面的出现。

四、世界中央银行的基本职能

1. 中央银行的基本职能

各国中央银行的基本宗旨是维护国家的货币主权，通过宏观货币政策的实施来维持宏观经济的稳定，通过对金融机构的监管来维持金融体系的稳定。要实现这个宗旨，各国中央银行的基本职能是相似的，主要承担发行的银行、政府的银行、银行的银行、货币政策的制定者、银行体系的监管者的角色。

具体地说，各国中央银行执行下述职能：第一，作为发行的银行，中央银行有权发行具有无限清偿能力的以法律强制力流通的货币；第二，作为政府的银行，中央银行接受政府财政收入所形成的存款，办理政府的各种支出和结算业务，代理政府债务凭证的发行工作，在必要时向政府提供有限制的短期的资金融通，管理国家的黄金和外汇储备等；第三，作为银行的银行，中央银行接受商业银行交存的存款准备金，办理商业银行之间的清算业务，以再贴现或再贷款等方式向商业银行提供短期的资金；第四，作为货币政策的制定者，中央银行通过制定货币政策调节着货币供给量，保持宏观经济和价格水平的稳定；第五，作为银行体系的监管者，中央银行依据法律对商业银行进行监督管理，在必要的时候对"问题银行"进行救助以防止商业银行体系的崩溃。

区域中央银行是多个国家的中央银行，它的职能与一个国家的中央银行的职能既存在相同之处也存在一定的差异。以欧洲中央银行为例，它主要承担下述职能：发行欧元，在欧元区内制定和实施货币政策以保持欧元购买力的稳定，指导欧元区的外汇交易，管理欧元区成员方官方的外汇储备资产，保证欧元区支付体系的顺利运行，对欧元区信贷机构进行监管以保持金融体系的稳定。

由此可见，欧洲中央银行执行着各国中央银行发行的银行、银行的银行、货币政策的制定者、银行体系的监管者等职能，但不执行政府的银行的职能。实际上，欧洲国家的中央银行涉及三个系统：第一，欧洲中央银行；第二，欧洲中央银行系统，它包括欧洲中央银行和成员方中央银行，后者由欧洲联盟成员方的中央银行组成；第三，欧元系统，它由欧洲中央银行和欧元区成员方的中央银行组成。作为政府的银行的职能由各成员方中央银行执行。

3. 国际货币基金组织的基本职能

国际货币基金组织的职能与各国中央银行以及区域性中央银行职能的差异要大一些。国际货币基金组织的基本宗旨是推动国际货币合作和维持汇率体系稳定，促进国际贸易的平衡增长，帮助成员方克服国际收支的困难和降低贫困的程度。为了实现这个宗旨，它主要执行下述职能：

第一，汇率监督与政策协调。国际货币基金组织对成员方的汇率制度进行检查，以维持有秩序的汇率安排和稳定的汇率制度。另外，国际货币基金组织与成员方进行磋商，对成员方的经济情况和政策措施作出评估，以保持成员方政策的协调。

第二，为成员方提供贷款。如果成员方遇到国际收支的困难，国际货币基金组织可以向成员方提供贷款来帮助成员方解决国际收支问题。成员方贷款的额度取决于它所缴纳的份额，目前成员方每年获得的贷款可以达到它缴纳份额的 200%，累积获得的贷款可以达到它缴纳的份额的 600%。

第三，创立新的储备资产。1969 年，国际货币基金组织正式提出创立特别提款权。以后，国际货币基金组织多次分配特别提款权。成员方可以用特别提款权弥补国际收支逆差，也可以用特别提款权偿还国际货币基金组织的贷款。这样，特别提款权成为一种准的超主权国际货币。

第四，技术援助。国际货币基金组织对成员方提供中央银行监管、货币政策、汇率政策、税收管理、官方统计等方面的培训，以帮助成员方制定和实施合适的宏观经济政策，提高成员方财政部、中央银行、统计局等机构的工作能力。

在国际货币基金组织的各项职能中，一项很重要的职能以及经常性的业务是发放有助于维持国际货币体系稳定的贷款。它发放的贷款包括特许贷款和非特许贷款，前者是以特别的条件发放的贷款，后者是以普通的条件发放的贷款。

国际货币基金组织的特许贷款主要是为了帮助低收入国家解决国际收支的问题而发放的贷款，主要包括下述贷款：第一，中期贷款（the extended credit facility，ECF）。该贷款主要提供中期的信贷支持，它可以有 5 年半的宽限期，最后期限不超过 10 年，利率为零。第二，备用贷款（the standby credit facility，SCF）。该贷款主要提供预防国际收支恶化所需要的信贷支持，它可以有 4 年的宽限期，最后期限不超过 8 年，利率为零。第三，快速贷款（the rapid credit facility，RCF）。该贷款主要提供快速的信贷支持，它可以有 5 年半的宽限期，最后期限不超过 10 年，利率为零。

国际货币基金组织的非特许贷款以与市场相联系的利率发放，主要包括下述贷款：第一，备用安排（stand by arrangements，SBA）。该贷款主要是帮助中等收入国家预防在短期里国际收支出现问题而发放的贷款，标准期限是 1 年到 2 年，可以延长到 3 年零一个季度到 5 年。第二，弹性贷款（flexible credit line，FCL）。该贷款具有预先设定的前提条件，主要面向具有良好的自我调节能力的国家，采取个案讨论的方式发放，标准期限是半年到 1 年。第三，中期贷款（extended fund facility，EFF）。该贷款主要帮助成员方解决较长期的国际收支问题而发放的贷款，期限通常为 3 年，最后期限不超过 4 年半到 10 年。

除了常规贷款以外，国际货币基金组织还向成员方提供紧急援助（emergency assistance）。如果成员方发生自然灾害或社会冲突，国际货币基金组织可以提供 3 年零一个季度到 5 年的紧急援助，成员方对紧急援助仍需要支付利息。

3. 未来世界中央银行的基本职能

虽然各国中央银行、区域中央银行和国际货币基金组织具体的职能有所不同，但是它们的基本职能也具有相似之处。例如，从整个欧洲中央银行系统来看，欧元区成员方中央银行执行政府的银行的职能，欧洲中央银行执行发行银行、银行的银行、货币政策的制定者、银行体系的监管者的职能，欧洲中央银行系统执行的职能与各国中央银行是相同的。又如，各国中央银行对商业银行贷款和救助是为了维持商业银行体系的稳定，国际货币基金组织对成员方贷款也是为了保持汇率体系的稳定。

未来的世界中央银行作为世界性的中央银行，将具有与各国中央银行和区域中央银行相似的职能。

首先，世界中央银行是发行货币的银行，它将发行和管理超主权国际货币。但是，由于世界中央银行在世界范围内发行货币，而不是像一个国家的中央银行那样在主权国家内发行货币，也不像在一个区域的中央银行那样在统一的货币区发行货币，它在具体发行和管理超主权国际货币时将具有自己不同的特点。

其次，世界中央银行是中央银行的银行，它将办理各国中央银行之间的清算业务。在世界中央银行发行超主权国际货币以后，在一个国家内商业银行之间的超主权国际货币的清算业务由该国中央银行负责，而不同国家中央银行之间的超主权国际货币的清算业务由世界中央银行负责。

但是，未来的世界中央银行不是一个主权国家或一个货币区的中央银行，它不执行一个货币区中央银行所具有的货币政策的制定者和银行体系的监管者的职能，更不执行一个主权国家中央银行所具有的政府的银行的职能。

首先，在一个主权国家或一个货币区内，由于只有一种货币，中央银行必须执行货币政策的制定者和银行体系的监管者的职能。但是，即使在世界中央银行发行超主权国际货币以后，各个主权国家和各个货币区内部仍然有自己的货币，它们仍然在执行各自独立的货币政策。另外，世界各国的经济情况千差万别，世界中央银行也不可能实行一种统一的货币政策，去调节整个世界的经济。

其次，在一个主权国家或一个货币区内，中央银行需要肩负起监管银行体系的责任。但是，世界中央银行是一个由成员方组建的中央银行，它不可能越过各个国家的中央银行对各个主权国家的银行进行监管。世界中央银行只能与各国中央银行磋商，制定一些关于银行体系监管的原则或规则，协调各国中央银行对银行体系的监管。

最后，在一个货币区内不存在独立的政府，区域中央银行已不执行政府银行的职能而由货币区各个国家的中央银行执行这个职能。在世界范围内更不存在独立的政府，世界中央银行同样不执行政府银行的职能而由各个国家的中央银行执行政府银行的职能。

另外，国际货币基金组织的基本宗旨是推动国际货币合作和维持汇率体系稳定，它与未来世界中央银行的基本宗旨是一致的。因此，未来世界银行应该基本履行现在的国际货币基金组织的各种职能。但是，值得注意的是，近年来国际货币基金组织与世界银行出现了某些业务交叉的现象，国际货币基金组织也开始帮助低收入国家减少贫困。笔者认为，未来的世界中央银行的主要任务是维持新的国际货币制度的稳定运行，它不应该办理与此没有直接关系的业务，减少低收入国家贫困的任务应该主要交由世界银行来承担。

归纳上面的分析可以得到这样的结论：未来世界中央银行的基本宗旨是维持新的国际货币制度的稳定运行，促进国际经济活动的平衡发展。它的基本职能是：发行和管理超主权国际货币，办理各国中央银行之间超主权国际货币的清算业务，监督和协调各国的汇率制度，通过发放贷款的方式来帮助成员方解决国际收支的困难。

五、世界中央银行的资产负债业务

1. 中央银行的资产和负债业务

一个国家和一个区域的中央银行的资产负债业务是相似的。下面以美国联邦储备系统的资产和负债业务为例，来考察中央银行的资产和负债业务。

美国联邦储备系统的负债业务主要有以下几项：

第一，联邦储备券（federal reserve notes），即美国联邦储备系统发行的纸币。当存款机构需要满足顾客对联邦储备券的需求时，联邦储备银行将向存款机构提供联邦储备券，然后在存款机构的准备金账户上借记同样数量的准备金。因此，在联邦储备系统外的联邦储备券的增加与存款机构准备金的减少在数量上是相等的。联邦储备系统通过这个负债业务满足美国经济对纸币的需要，同时也形成了本系统重要的资金来源。

第二，逆回购协议（reverse repurchase agreements）。逆回购是指联邦储备系统向证券交易商买进政府证券或联邦机构债务凭证，并约定在未来一定的时间将这些证券卖回给证券交易商的行为。逆回购协议是调整货币供给的一种手段。逆回购在开始的时候是联邦储备系统向市场投放流动性的操作，在到期的时候是从市场收回流动性的操作。

第三，各类存款（deposits）。

第一类存款是美国存款机构的存款。在美国，存款机构一般在联邦储备系统开设有存款账户以满足关于存款准备金的要求，另外还可以用于相互之间的清算，进行联邦基金即准备金的借贷等。联邦储备系统可以通过调整法定准备金比率、公开市场操作、向存款机构发放贷款等方法来影响这些存款账户的余额，从而影响整个经济的货币供给量。联邦储备系统每日对存款机构的准备金和超额准备金支付利息。

第二类存款是美国财政部的存款。美国财政部在联邦储备系统开设两个存款账户：一个存款账户是一般存款账户（general account），以用于安排财政收入和财政支出；另一个账户是补充融资账户（supplementary financing account），以便于联邦储备系统实行辅助性的货币政策。美国政府得到收入表现为存款机构存款减少和美国政府一般存款账户存款增加；美国政府进行支出表现美国政府一般存款账户存款减少和存款机构存款增加。另外，补充融资账户是根据美国补充融资计划（Supplementary Financing Program，SFP）设立的。当美国的流动性扩张过大时，美国财政部将发行短期债务凭证以收缩货币供给量，并将获得的资金存放在这个账户里。

第三类存款是外国官方机构的存款，包括外国政府和国际金融机构的存款。外国官方机构存款的增加意味着发生了美国存款机构到外国官方机构的净资金转移，外国官方机构存款的减少意味着发生了外国官方机构到美国存款机构的净资金转移。

第四类存款是美国政府支持的企业的存款。美国某些企业对社会和经济具有重要影响，美国政府对这样的企业给予支持。这些企业也可以在联邦储备系统开设存款账户。

第四，应付款项、积累的红利和其他负债。应付款项是指准备支付的款项。积累的红利是指没有发放的应该支付给资本所有者的红利。其他负债是指在上面的负债项目中还没有涉及的负债。

长期以来，联邦储备券一直是美国联邦储备系统最大的负债项目，但近年来已经退居第二位，次于各种机构的存款。1973 年，联邦储备券和各类存款在总负债中所占的比例分别为 60.05％ 和 32.39％。但是，到 2010 年，联邦储备券和各类存款在总负债中所占的比例分别变为 40.63％ 和 55.93％。[①]另外，联邦储备系统的负债项目没有包括资本金，它的资产负债表是按照资产、负债、资本三大项目编制的。

美国联邦储备系统的资产业务主要有以下几项：

第一，黄金证书账户（gold certificate account）。各国中央银行都保留黄金和外汇储备，它们形成中央银行的资产。但是，按照美国法律规定，美国中央银行不保留黄金储备而由财政部保留黄金储备，所以财政部发出的黄金

---

① The Federal Reserve Board，*Annual Report*：*Budget Review*，2010，http://www. federalreserve. gov.

证书成为联邦储备体系的资产。另外，美元是国际储备货币，美国中央银行不保留外汇储备，联邦储备系统的没有外汇资产的项目。

第二，特别提款权账户（special drawing rights certificate account）。国际货币基金组织分配给各个成员方的特别提款权形成联邦储备系统的资产。

第三，硬币（coin）。美国的硬币是财政部制作的，不是联邦储备系统制作的，联邦储备系统按照面值买进硬币形成它的资产。当联邦储备系统向存款机构提供硬币时，联邦储备系统的硬币资产减少，存款机构在联邦储备系统的存款也减少。

第四，证券（securities）。联邦储备系统持有的证券主要有国库券、政府票据、政府债券、联邦机构债务凭证、抵押证券等。

第五，回购协议（repurchase agreements）。回购是与逆回购相反的操作，它是指联邦储备系统向证券交易商卖出政府证券或联邦机构债务凭证，并约定在未来一定的时间向证券交易商买回这些证券的行为。回购协议是调整货币供给的一种手段。回购在开始的时候是联邦储备系统从市场收回流动性的操作，在到期的时候是向市场投放流动性的操作。

第六，定期拍卖的贷款（term auction credit）。定期拍卖的贷款是联邦储备系统向存款机构提供贷款的一种方式。联邦储备系统事先宣布拍卖的贷款的数量，然后各联邦储备银行以电话的方式接受存款机构的报价，利率以拍卖的方式决定。拍卖的贷款成为联邦储备系统的资产。

第七，各类证券组合（net portfolio holdings），它是联邦储备系统持有的各种金融机构的证券组合。

第八，中央银行流动性互换（central bank liquidity swap）。联邦储备系统的流动性互换包括美元流动性互换（dollar liquidity swap）和外币流动性互换（foreign-currency liquidity swap）。前者是指联邦储备系统与外国中央银行达成协议，外国中央银行以当时的汇率用一定数量的本国货币与联邦储备系统交换美元，然后在约定的时候再以同样的汇率用同样数量的本国货币与联邦储备系统交换回美元。这是联邦储备系统向外国中央银行提供美元资金的一种方式，外国中央银行需要支付一定的利息。后者是相似的互换，但它是联邦储备系统从外国中央银行得到外币资金然后再提供给本国存款机构的一种方式。

第九，应收款项、银行建筑、其他贷款。应收款项是指正在收入的款项，银行建筑是指联邦储备系统的不动产，其他贷款是指前面没有提到的贷款。

2. 国际货币基金组织的资产负债业务

由于未来的世界中央银行主要通过调整现在的国际货币基金组织职能的方式建立，货币基金组织的资产和负债业务与未来的世界中央银行的资产与负债业务具有更加密切的关系。国际货币资金组织的负债业务主要有以下几项：

第一，基金份额。成员方缴纳的份额既是国际货币基金组织最大的负债项目，也是国际货币基金组织最主要的资金来源，它占国际货币基金组织总负债的95％以上。

第二，应付报酬。应付报酬是指国际货币基金组织对成员方有酬储备头寸支付的利息。有酬储备头寸是国际货币基金组织持有某个成员方的货币少于标准储备头寸的差额，报酬按照特别提款权利率计算。

第三，债务减免。按照国际货币基金组织的债务减免多边创议（Multilateral Debt Relief Initiative，MDRI），对每年人均收入少于380美元的国家以及对每年人均收入高于380美元的高负债国家实行债务减免。这项减免额形成国际货币基金的债务。

第四，特别应急账户（special contingent account）。按照国际货币基金组织的规定，若成员方借款逾期6个月没有偿还，需要支付逾期费用，国际货币基金组织将扣除负债国相应的收入。1986年5月1日，国际货币基金组织作出新的规定，逾期产生的费用由负债国和债权国共同分担。这意味着成员方对国际货币基金组织的借款逾期产生的费用部分由国际货币基金组织承担。为了安排这部分费用，国际货币基金组织建立了特别应急账户，它形成了国际货币基金组织的负债。

国际货币基金组织的资金来源除了上述负债项目以外，还有其他的资源。这些资源包括总资源账户的储备、投资账户积累的收益和特别拨款账户的资源。其中总资源账户（general resources account）是国际货币基金组织为安排一般支出设立的账户。特别拨款账户（special disbursement account）是为建立帮助贫困国家的原称"增进结构调整贷款信托基金"（enhanced structural adjustment facility trust）现称"减少贫困和促进增长贷款信托基金"（establish the enhanced structural adjustment facility trust)而设立的账户，该账户的资金定期转入信托基金。国际货币基金的总负债加上这三种资源的总和等于它的总资产。

国际货币基金组织的资产业务有以下几项：

第一，可用货币(usable currencies)。可用货币是指执行理事会认定的国际收支和国家储备情况良好的国家的货币，它们的货币可以用于国际货币基金组织的交易，形成国际货币基金组织的资产。

第二，其他货币(other currencies)。其他货币也称为非可用货币(non-usable currencies)，它是指正在使用国际货币组织贷款因而国际收支状况不好的国家的货币，或者外部经济状况不好的国家的货币。这些国家的货币同样是国际货币基金组织的资产。

第三，未清偿贷款，即国际货币基金组织发放给成员方的尚未偿还的贷款。

第四，特别提款权，即国际货币基金组织持有的特别提款权。

第五，持有的黄金，即以前成员方缴纳的现在国际货币基金组织仍然持有的黄金。

第六，应收款项，即国际货币基金组织正在收入的款项。

第七，在投资账户、信托基金中的资产以及结构调整贷款。在投资账户、信托基金中的资产是指国际货币基金组织进行证券投资或委托基金进行证券投资所形成的资产，结构调整贷款是为帮助低收入国家通过调整经济结构来调整国际收支发放的贷款。

3. 未来世界中央银行的资产负债业务

比较各国和区域中央银行的资产负债业务，考虑到未来世界中央银行的职能，作为各国中央银行的银行的世界中央银行，它的主要的负债业务是：第一，超主权国际货币的发行。根据笔者所提出的超主权国际货币的构建方案，未来的超主权国际货币有实际的货币资产作为保证，各国中央银行可以用这些货币资产向世界中央银行兑取超主权国际货币，也可以用超主权国际货币向世界中央银行兑取这些货币资产。因此，超主权国际货币的发行就成为世界中央银行最重要的债务。第二，各类存款。各类存款是各国中央银行的存款以及国际金融机构的存款，这些机构需要在世界中央银行设立存款账户以用于相互之间的清算。但是，世界中央银行没有制定和实施货币政策的职能，它不需要办理各国和区域中央银行与货币政策有关的负债业务。

　　未来世界中央银行主要的资产业务是：第一，超主权国际货币发行所形成的货币资产。当各国中央银行用货币资产向世界中央银行兑取超主权国际货币时，便形成了世界中央银行的资产。第二，黄金。由于目前国际货币基金组织还持有黄金，黄金仍然是未来世界中央银行的资产。第三，金融资产。世界中央银行出于各种目的将持有各国政府发行的债务凭证或金融机构的证券组合，也会以货币互换的方式与成员方中央银行融通资金。因此，除了与实施货币政策有关的资产业务以外，各国和区域中央银行的多种资产业务仍然是未来中央银行的资产业务。

　　未来的世界中央银行将执行国际货币基金组织的大部分职能，因而须办理上述国际货币基金组织的大部分资产和负债业务。正如前面的分析所指出的那样，国际货币基金组织转变为世界中央银行以后，它应该专注于维持新的国际货币制度的稳定运转，不再执行减少贫困等职能。因此，世界中央银行将不再办理与减少贫困有关的资产和负债业务。另外，在超主权国家货币产生以后，特别提款权将退出历史舞台，世界中央银行不再办理与特别提款权有关的资产和负债业务。

　　由此可见，未来世界中央银行的资产负债业务主要是各国中央银行资产负债业务中除了与货币政策有关的资产负债业务以外的资产负债业务，以及国际货币基金组织资产负债业务中除了与减少贫困有关以及与特别提款权有关的资产负债业务以外的资产负债业务。

　　本节分析表明，可以通过保留现行国际货币基金组织的体制和职能，增加其发行超主权国际货币的新职能的方式来组建未来的世界中央银行，这种方式是一种低代价高效率的方式。国际货币基金组织基本不需要改变它的现状，只需要取消减少贫困的职能，取消特别提款权管理的职能，增加超主权国际货币发行和管理的职能，就可以转变为世界中央银行。这样，就可以为超主权国际货币的构建和运行在组织机构上奠定坚实的基础。

第二节　超主权国际货币的设立方案

一、超主权国际货币的资产保证

1.“世元”的形式

未来的超主权国际货币可以称为“世元”（World Dollar）。它的形式与主权货币的形式是相似的，主要包括存款货币、纸币、硬币等。在“世元”产生以后，它主要以转账的方式使用，因而它的主要形式是存款货币。但是，由于广大的居民也使用“世元”来进行国际经济活动，发行“世元”纸币和硬币也是必要的。

关于“世元”的形式，欧元的经验具有启示意义。在欧元产生以后，欧洲中央银行认为，尽管人们可以用支票、借记卡等方式支出欧元，但是欧元现金仍然是必不可少的。首先，现金是一种成本最低的支付方式，用现金来完成一次交易的成本远低于其他方式。其次，现金可以方便那些没有银行存款账户以及不能使用电子方式的人进行支付。最后，现金在紧急情况下是最有效的支付方式。正因为这样，到 2011 年中期，欧元区有 8 470 亿欧元纸币和228 亿欧元硬币在流通。[1] 在欧元区内，从法律上说欧洲中央银行和各个成员方中央银行都可以按照欧洲中央银行的定额制作纸币和硬币，但在实际上欧元纸币和硬币都是由各个成员方的中央银行按照欧洲中央银行的定额制作的，它们需要承担制作欧元纸币和硬币所花费的成本。

在“世元”产生以后，虽然它是一种国际性货币，但它不一定能够在任何国家内部流通，就像现在的美元是国际性货币，但美元并不能在任何国家内部流通一样。世界中央银行之所以需要发行“世元”纸币和硬币，主要是为了满足居民跨境支出的需要。对于不接受任何别的货币在本国流通的国家来说，外国居民需要将“世元”纸币和硬币兑换为当地的纸币和硬币，然后用于在当地的支付。对于可以接受国际性货币在本国流通的国家来说，外国居民可以直接使用“世元”纸币和硬币支付。

从原则上说，只有世界中央银行才有权制作“世元”纸币和硬币。但是，

---

[1]　European Central Banks，*The Euro*，http://www.ecb.int.

"世元"纸币和硬币产生并被广泛使用以后,如果由世界中央银行统一制作"世元"纸币和硬币再运送到各个国家,将会大大增加"世元"纸币和硬币的发行成本。因此,世界中央银行可以授权各成员方制作一定数量的"世元"纸币和硬币,制作成本由各成员方中央银行承担,以满足各成员方的厂商和居民对"世元"纸币和硬币的需求。

2. 超主权国际货币的资产保证

考虑到目前的世界经济和和国际金融的情况,"世元"应该以美元、欧元、中元①、日元、英镑五种货币资产作为保证。

美国、欧元区、日本、英国是世界上的四大经济体,它们的货币都是重要的国际储备货币,也是特别提款权定值的成分货币,理应保留在作为"世元"资产保证的货币篮子里。除了这四种货币以外,作为"世元"资产保证的货币篮子还应该包括中元。虽然中元目前还不是国际储备货币,但是超主权国际货币的构建不是在近期就可以实现的。作为发展中国家代表的中国在世界经济中已经具有举足轻重的地位,中元也正在走向国际化,它肯定要成为国际储备货币。中国是世界上第二大经济体、第一大国际贸易大国、第一大外汇储备大国,中国的货币中元理应进入作为"世元"资产保证的货币篮子。

2010年10月9日,国际货币基金组织前总裁卡恩在国际货币金融委员会会议举行期间指出,国际货币基金组织将提高对全球"系统稳定性"的关注程度,而目前具有"系统稳定性"的重要国家和地区是美国、英国、欧元区、中国和日本。②

2010年11月7日,世界银行前行长佐利克在谈及国际货币制度改革的时候也提出,有必要建立一个新的国际货币体系,这个新的体系应该包括美元、欧元、日元、英镑以及开放资本与金融项目并走向国际化的人民币。③

在开始构建超主权国际货币的时候,由这五个经济体的货币作为"世元"的资产保证是适宜的。在超主权国际货币运行一段时间以后,可以再根据国

---

① 中元是指中国人民币,余同。

② IMF, *Stepping up Focus on Global Systemic Stability*, October 9, 2010, http://www.imf.org.

③ Alan Beattie, Zoellick seeks gold standard debate, *Finance times*, November 7, 2010, http://www.ft.com.

际经济发展的实际情况考虑是否有必要调整成分货币的币种。

应该指出，由于超主权国际货币的构建涉及利益的分配，以什么货币作为"世元"的资产保证将是世界各个主要国家磋商的结果，笔者的建议主要从经济的角度来考虑。如果作为"世元"资产保证的货币种类太少，"世元"价值的稳定性将受到影响；如果作为"世元"资产保证的货币种类太多，"世元"的运行成本将增加。

所谓"世元"以美元、欧元、中元、日元、英镑五种货币资产作为保证，是指发行这五种货币的经济体将保证"世元"与本国货币的可兑换性，世界各国的政府、机构和居民可以用这五种货币兑换"世元"，也可以用"世元"兑换这五种货币。虽然作为"世元"资产保证的五种货币都是信用货币，但是它们对有关国家的商品和资产都具有一般的购买力。这就是说，"世元"实际上是以发行这五种货币的经济体的商品和资产作为保证的。

关于"世元"的资产保证存在这样的问题：五个经济体为什么愿意让本经济体的货币成为"世元"的成分货币呢？要回答这个问题，首先要提出这样的问题：一个国家为什么愿意让本国货币成为可自由兑换货币呢？

国际经济理论和实践已经证明，一个国家的货币成为可自由兑换货币具有许多利益，如该国可以得到可观的国际铸币税收益、该国可以获得用本币自如弥补国际收支逆差的特权等。但是，一个国家的货币成为可自由兑换货币也要付出代价，如该国货币政策的有效性受到本国货币跨境流动的影响，在外汇市场上有可能发生本国货币的投机风潮等。当一个国家的经济发展水平达到一定程度时，实现本国货币自由兑换的利益将大于代价，正因为如此才有越来越多的国家努力使本国货币成为可自由兑换货币。

但是，美国、欧盟、日本、英国四个经济体的货币都已经是可自由兑换货币，它们为什么愿意让本经济体货币成为"世元"的成分货币呢？"世元"的构建实际上是以制度的形式固化了发行成分货币的经济体的利益和责任。一方面，由于"世元"产生以后将逐渐地取代别的可自由兑换的货币，作为发行成分货币的经济体获得的利益越来越大；另一方面，由于"世元"产生以后将在漫长的时间里与现有的国际储备货币并存，发行成分货币的经济体所要承担的保证"世元"和本经济体货币自由兑换的责任仅仅是保持原来的本经济体货币汇兑制度不变。欧盟、日本、英国三个经济体可以得到更大的利益而又没有付出更大的代价，它们没有理由不愿意让本经济体货币成为"世元"的成分货币。

美国的情况比较特殊，美国是现行国际货币制度最大的受益者，但是正如在后面将要证明的，"世元"的构建对美国的短期利益有一定的影响，但对美国的长期利益实际上是一种维护，而且美国的短期利益也可以在"世元"规则的制定中予以考虑，美国从长期利益角度考虑也应该接受"世元"。

二、超主权国际货币的定值方法

如果将美元、欧元、中元、日元、英镑五种货币作为"世元"的资产保证，那么就应该以这五种货币的相对价值来确定"世元"的相对价值。

虽然"世元"是一种具有完全的货币资产作为保证的国际货币，但是在历史上没有资产保证的特别提款权和有部分资产保证的欧洲货币单位的定值方法值得借鉴。它们的定值方法已经经过长期实践的检验，证明是一种可行的定值方法。

特别提款权在1969年设立的时候名义上根据黄金定价，实际上根据美元定价。当时1美元等于0.888 671克黄金，1个特别提款权也就定价为等于0.888 671克黄金。在布雷顿森林体系的金汇兑本位解体以后，特别提款权于1973年改用由16个国家的货币组成的一篮子货币定值，1981年改用由5个国家的货币组成的一篮子货币定值，1991年改用由4个国家的货币组成的一篮子货币定值。货币篮子的构成以及每种货币的权重每5年调整一次，以反映不同的货币在国际贸易和国际金融体系中的地位。

特别提款权5年一度的定值方法如下：首先，根据有关货币发行国货物和服务的出口额以及国际储备资产价值确定在货币篮子中各种货币的权重。目前，特别提款权按照美元、欧元、日元、英镑四种货币定值。在2011年1月1日生效的特别提款权价值计算公式中，美元的权重是41.9%，欧元的权重是37.4%，日元权重是9.4%，英镑的权重是11.3%。其次，根据前一个季度各种货币对特别提款权的平均汇率以及各自的权重计算出1单位特别提款权包含该货币的数量。再次，根据1单位特别提款权包含的各种货币的数量与它们对美元的汇率计算出它们的美元价值，然后将四种货币的美元价值相加便可以得到1单位特别提款权的美元价值。最后，每天根据伦敦外汇市场这四种货币中午对美元的中间汇率计算出1单位特别提款权的美元价值即对美元的汇率。

以 2010 年 12 月 30 日最新一次权重调整后特别提款权的定值为例，表4-1 说明了特别提款权价值的计算方法。在表中，第二列是重新确定的四种货币在特别提款权中的权重；第三列是根据这四种货币的权重和前一个季度它们对特别提款权的平均汇率计算的 1 单位特别提款权包含的每种货币的数量；第四列是 2010 年 12 月 30 日中午伦敦外汇市场这四种货币兑换美元的汇率，除了日元汇率是用 1 美元兑换日元数量表示以外，其余货币汇率都是用 1 单位别的货币兑换美元的数量表示；第五列是各种货币第三列的数值与第四列的数值的乘积，日元第五列是用由第三列除以第四列得出。1 单位特别提款权的美元价值就是第五列各种货币的美元价值之和即 1.540 034 美元。

表 4-1   特别提款权价值的计算方法

货　币	权重(%)	包含货币数量	兑换美元汇率	折合美元数量
欧元	37.4	0.423 0	1.325 00	0.560 475
日元	9.4	12.100 0	81.630 00	0.148 230
英镑	11.3	0.111 0	1.543 50	0.171 329
美元	41.9	0.660 0	1.000 00	0.660 000
1 单位特别提款权	—	—	—	1.540 034

资料来源：IMF，*Special Drawing Rights*，http://www.imf.org。

特别提款权设立以来，由于美国对外经济地位的相对下降，美元在特别提款权中的权重相对下降。再加上美国相对于别的货币的汇率趋向于贬值，美元相对于特别提款权趋向于贬值。特别提款权自从 1969 年设立以来，它的美元价值的上升幅度已经超过 50%。

欧洲货币单位(ECU)的定值方法与特别提款权的定值方法相似。1979 年，欧洲国家创立了 ECU 以作为国际经济活动计价单位和支付手段。ECU 的价值根据由欧洲国家货币组成的一篮子货币决定。ECU 的定值货币和相应权重经过 1984 年和 1989 年两度修改以后，到 1991 年启动欧元的建设时，确定 ECU 价值的计算方法如表 4-2 所示。

表 4-2　欧洲货币单位价值计算方法

货　币	权重(%)	包含货币数量	兑换美元汇率	折合美元数量
德国马克	33.58	0.624 20	0.701 754	0.438 0
法国法郎	20.76	1.332 00	0.203 355	0.270 9
英国英镑	10.62	0.087 84	1.577 400	0.138 6
荷兰盾	10.55	0.219 80	0.626 370	0.137 7
比利时法郎	8.64	3.301 00	0.034 153	0.112 7
意大利里拉	7.28	151.800 00	0.000 626	0.095 0
西班牙比塞塔	4.30	6.885 00	0.008 154	0.056 1
丹麦克朗	2.74	0.197 60	0.181 176	0.035 8
葡萄牙埃斯库多	0.71	1.393 00	0.006 690	0.009 3
爱尔兰镑	0.41	0.008 55	0.620 347	0.005 3
卢森堡法郎	0.34	0.130 00	0.034 153	0.004 4
希腊德拉克马	0.06	0.197 60	0.004 260	0.000 8
欧洲货币单位	100	—	—	1.304 6

资料来源：ECU Banking Association，*ECU Handkook*，1992。

在表 4-2 中，第三列中的 1 个欧洲货币单位包含的各种货币的数量是根据第二列的各种货币的权重以及这些货币兑换欧洲货币单位的数量计算得到的。第五列中的折合美元的数量是指 1 个欧洲货币单位包含各种货币数量折合成美元的数量，它是根据第三列和第四列的数据计算得到的。

特别提款权或欧洲货币单位的定值方法具有下述优点：第一，它以相关国家对外经济活动的地位来确定不同货币的权重，可以反映相关国家货币的相对重要性；第二，它采用带有加权平均性质的计算方法来定值，主要货币之间汇率的变化会在一定程度抵消，从而导致相对价值的相对稳定。

基于上述分析，"世元"价值的决定方法也可以采用特别提款权或欧洲货币单位的定值方法。但是，笔者认为，考虑到"世元"以五种货币资产作为保证而不是一个单纯的账面资产，有必要对决定各种货币权重的方法进行一定的调整。特别提款权主要参考相关货币发行国货物和服务的出口额以及国际储备两个因素来决定各种货币的权重，而"世元"应该根据相关货币发行国国内生产总值、国际收支、国际储备三个因素来决定各种货币的权重。

首先，之所以增加国内生产总值的因素，是因为它能够反映一个经济体的经济规模，从而能够反映这个国家在世界经济中的地位。正如前面在关于"世元"资产保证的分析中所指出的那样，持有"世元"的政府、机构或居民最终形成对发行成分货币经济体的商品和资产的追索权，不考虑发行成分货币经济体的内部经济状况是不合适的。国际货币基金组织在确定成员方缴纳基金份额的时候将国内生产总值看作重要指标，在确定在"世元"中成分货币权重的时候也应该考虑国内生产总值的指标。在三个指标中该指标的权重可以取为 0.4。

其次，之所以将货物和服务出口额的因素调整为国际收支的因素是因为对外经济活动不仅包括国际贸易，而且还包括国际金融和直接投资。随着国际经济活动的发展，国际金融和直接投资的相对重要性在增加。因此，国际收支比货物和服务的出口额更能反映一个经济体整体的对外经济状况。在三个指标中该指标的权重也可以取为 0.4。

最后，之所以保留国际储备的因素是因为它能够反映一个经济体持有的国际清偿手段的情况，从而能够体现这个经济体的国际清偿能力。但是应该指出，由于美元和欧元本身就是国际储备货币，美国和欧元区国家主要保留黄金和其他国际储备资产，不需要保留过多外汇资产，所以它们的国际储备资产数量不大。日元国际地位较低，中元目前还不是国际储备货币，日本和中国保留的国际储备资产较多。这就是说，国际储备数量在一定程度上与货币国际化程度呈反方向变化的关系。

但是，情况也不都是如此。例如，如果把某种货币在世界官方外汇储备中所占的比例看作该货币国际化程度的指标，在欧元建立以前，德国马克的国际化程度比任何一个欧洲国家货币都高，但德国的外汇储备比任何一个欧洲国家都多。20 世纪 90 年代以来，日元的国际化程度比德国以外任何一个欧洲国家的货币都高，但日本的外汇储备比德国以外任何一个欧洲国家都多。这意味着国际储备资产的数量还体现一个国家对外经济活动的竞争力。因此，应该考虑国际储备的指标，但不能简单地将计算权重的三个指标视为同等重要，国际储备的权重可以取为 0.2。

另外，关于相关的五个经济体，还需要考虑欧元区的问题。在多个国家走向货币联盟的过程中，由于各个国家拥有主权，如果某个国家的经济出现重大变化，该国可能脱离货币联盟。例如，2012 年希腊发生政府债务危机，希腊政府举行全民公决，决定是否退出欧元区就是一个证明。因此，在货币联盟中，1＋1 有可能小于 2。这意味着在根据国内生产总值、国际收支、国际储备决定有关货币在"世元"中的权重时，不能简单地将欧元区 17 个国家的有关经济指标相加。考虑到这个因素，欧元区的经济指标以德国、法国和意大利三大工业国的经济指标为代表是合适的。

在具体计算各种成分货币在"世元"中的权重的过程中，可以先计算各相关经济体的指标在总指标中的比例，然后将这三个指标按照 0.4、0.4、0.2 的权重得到各种成分货币在"世元"中的权重。

应该指出，由于"世元"的构建涉及相关国家利益的调整，相关货币的权重将通过世界主要国家磋商决定。每个国家从本国利益出发，都会提出对本国有利的权重的计算方法。例如，在 1944 年建立布雷顿森林体系的时候，在如何确定各国缴纳份额的问题上，英国政府强调进出口贸易的指标，而美国政府则强调黄金外汇储备、国民收入、国际收支等指标。当时英国经济已经落后于美国，英国便选择了国际贸易这个相对有利的经济指标，美国则选择能够反映它的优势地位的经济指标。因此，笔者仅仅出于经济因素的考虑提出一个决定相关货币权重的基本方案，至于最终如何选择计算权重的指标以及如何确定各个指标的重要性，将由各个主要国家通过磋商的方法确定。

关于决定"世元"价值的方法可以举例说明如下：假定从 2012 年 12 月 31 日开始为"世元"定值，考虑到美元是目前最重要的国际储备货币，可以将开始的时候 1"世元"的价值确定为 1 美元。为了防止在定值的第一天有关货币汇率因偶然因素出现偏高或偏低的情况，可以参考特别提款权的初始定值和每 5 年调整权重后定值的方法，取前 3 个月汇率的平均数来进行计算。又假定根据国内生产总值、国际收支和国际储备资产计算，美元的权重为 0.4，欧元的权重为 0.3，中元、日元和英镑的权重为 0.1，平均汇率是 1 美元＝0.758 4 欧元＝6.230 1 中元＝86.640 0 日元＝0.614 9 英镑，"世元"的定值过程如表 4-3 所示。

表 4-3　"世元"初始的美元价值的计算方法

货　币	权　重	包含货币数量	兑换美元汇率	折合美元数量
美元	0.4	0.400 0	1.000 0	0.400 0
欧元	0.3	0.227 5	1.318 6	0.300 0
中元	0.1	0.623 0	0.160 5	0.100 0
日元	0.1	8.664 0	0.011 5	0.100 0
英镑	0.1	0.061 5	1.626 2	0.100 0
"世元"	1.0	—	—	1.000 0

在表 4-3 中，第二列是各种成分货币在"世元"中的权重，第四列是各种成分货币兑换美元的平均汇率。由于在开始的时候设 1"世元"为 1 美元，在第二列中 1"世元"所含每种成分货币的权重数也就是该成分货币在 1"世元"中的美元价值，即第二列与第五列相同。

但在实际上，第五列的数据是按照下面的方法计算出来的：首先，根据第二列的每种成分货币的权重和第四列的该成分货币兑换美元的汇率便可以得到第三列的 1"世元"所包含的该种成分货币的数量。例如，1"世元"包含的欧元的美元价值是 0.3，而 1 美元可兑换 0.758 4 欧元，0.3 美元的价值相当于 0.227 5 欧元（＝0.758 4×0.3），从而得到第三列 1"世元"所包含的欧元数量。其次，根据第三列 1 单位"世元"所包含的各种成分货币的数量以及第四列各种货币对美元的汇率可以得到第五列中折合美元的数量。例如，1"世元"含0.227 5 欧元，1 欧元兑换 1.318 6 美元，0.227 5 欧元折合 0.300 0 美元（＝1.318 6×0.227 5）。

将第五列中各行的 1"世元"所包含的各种成分货币的数量折合美元数量加起来，便可以得到 1"世元"兑换美元的汇率。

根据同样的方法，可以计算出 1"世元"以其他货币来表示的价值。例如，利用上面的数据，可以得到如表 4-4 所示的"世元"的欧元价值的计算方法。

表 4-4 "世元"初始的欧元价值的计算方法

货 币	权 重	包含货币数量	兑换欧元的汇率	折合欧元的数量
美元	0.4	0.400 0	0.758 4	0.303 4
欧元	0.3	0.227 5	1.000 0	0.227 5
中元	0.1	0.623 0	0.121 7	0.075 8
日元	0.1	8.664 0	0.008 8	0.076 2
英镑	0.1	0.061 5	1.233 3	0.075 8
"世元"	1.0	—	—	0.758 7

比较表 4-3 和表 4-4 可以看到,由于 1"世元"兑换 1 美元,而 1 美元兑换 0.758 4 欧元,1"世元"将兑换 0.758 4 欧元。在表 4-4 中,由于不断进行四舍五入的计算,结果是 1"世元"将兑换 0.758 7 欧元,产生了 0.000 3 欧元的误差。

得到了 1"世元"的初始价值以后,只要每天将它所包含的各种成分货币的数量乘以它们兑换某种货币的汇率,便得到每天以这种货币表示的 1"世元"的相对价值,从而反映了"世元"相对价值的变化。

例如,表 4-3 和表 4-4 反映的是 2012 年 12 月 31 日"世元"的美元价值和欧元价值,用同样的方法可以得到某一日如 2013 年 3 月 29 日"世元"的美元价值和欧元价值,如表 4-5 和表 4-6 所示,通过比较便可以发现"世元"相对价值的变化。通过表 4-5 与表 4-3 以及表 4-6 与表 4-4 的比较可以看到,2013 年 3 月 29 日与 2012 年 12 月 31 日相比,"世元"对美元贬值,对欧元升值。

表 4-5 "世元"的美元价值的变化

货 币	权 重	包含货币数量	兑换美元汇率	折合美元数量
美元	0.4	0.400 0	1.000 0	0.400 0
欧元	0.3	0.227 5	1.281 6	0.291 6
中元	0.1	0.623 0	0.161 0	0.100 3
日元	0.1	8.664 0	0.010 6	0.091 8
英镑	0.1	0.0615	1.519 3	0.093 4
"世元"	—	—	—	0.977 1

表 4-6 "世元"的欧元价值的变化

货 币	权 重	包含货币数量	兑换欧元的汇率	折合欧元的数量
美元	0.4	0.400 0	0.780 3	0.312 1
欧元	0.3	0.227 5	1.000 0	0.227 5
中元	0.1	0.623 0	0.125 6	0.078 2
日元	0.1	8.664 0	0.008 3	0.071 9
英镑	0.1	0.061 5	1.185 5	0.072 9
"世元"	—	—	—	0.762 6

关于如何确定在"世元"中成分货币权重的问题，还有如下问题值得探讨：为了敦促相关国家保持本国货币汇率的稳定，在计算各种成分货币在"世元"中的权重的时候，还可以考虑增加近 5 年汇率变化趋势因素，以反映该货币实际地位的变化。如果该成分货币汇率贬值达到一定的幅度，那么该成分货币在"世元"中的权重将会降低一定幅度。例如，如果一个国家国内生产总值、国际收支、国际储备的规模和比重都很大，说明这个国家在世界经济和国际经济中的地位很高，但是这个国家的货币汇率长期趋向于贬值，这说明这个国家的货币汇率估值偏高，需要用汇率变化这个因素调整它的根据其他因素得到的权重结果。

决定"世元"价值的货币篮子的构成和每种成分货币的权重可以每 5 年调整一次。在调整权重的时候，也可以按照各种成分货币对"世元"汇率 3 个月的平均数来计算各种货币在"世元"中的权重。

三、超主权国际货币的发行与流通

1."世元"的发行方式

"世元"产生以后，有可能形成两个发展阶段：第一个发展阶段是"世元"与现行的各种国际储备货币并存。这个阶段可能长达数十年，笔者将重点研究这个阶段"世元"的发行机制。第二个阶段是"世元"将现行的各种国际储备货币全部排除出国际货币流通领域而成为独一无二的国际货币。这个阶段可能出现，也可能不出现，笔者将简要分析这个阶段"世元"的发行机制。

在"世元"与现行国际储备货币并存的发展阶段，"世元"的发行分为两种类型：一种是初始发行；另一种是日常发行。

"世元"初始发行的资产保证是各成员方缴纳给世界中央银行的份额。但是，在世界中央银行履行发行"世元"职能以后，有必要对现在的国际货币基金组织意义上的份额的性质和构成加以调整。

按照现行国际货币基金组织的规则，各个成员方应该缴纳的基金份额根据国内生产总值、经常项目收入和支出的总和、经常项目收入和净资本流动的变动性、官方储备资产等因素确定，其中25％需要成员方用特别提款权或国际储备货币缴纳，75％可以用本国货币缴纳。

在决定发行"世元"以后，笔者建议进行如下调整：首先，可以保留国际货币基金组织确定份额的规则不变，各成员方仍然按照这种规则决定的数额缴纳份额。其次，在"世元"产生以后，可以取消特别提款权。最后，将各成员方缴纳的份额分为两个部分：一部分如30％作为各成员方缴纳给世界中央银行的资本金；另一部分如70％则作为发行"世元"的资产保证。各成员方缴纳给世界中央银行的资本部分仍然可以25％用国际储备货币缴纳，75％用本国货币缴纳。

但是，各个成员方缴纳的作为"世元"资产保证的部分则需要70％用构成"世元"的一篮子货币缴纳，30％用本国货币缴纳。世界中央银行以成员方的这部分份额为根据向成员方发行等值的"世元"，也就是在成员方的"世元"账户中记录这部分"世元"数额。这个账户可以称为"世元"基本账户，它是各成员方之间以及成员方与国际经济组织之间用于结算的账户。

在这里应该强调的是，在成员方缴纳的份额中如何进行各种用途的划分以及如何确定本币缴纳比例不是一个原则性的问题，上面所说的划分方法带有主观判断的意味，因而带有举例的意味，具体应该如何还需要核定世界中央银行运行资本才能决定。

这意味着由部分份额决定的基本账户中的"世元"是用成分货币和成员方本国货币两种类型的货币资产作为全额保证的。成员方在利用基本账户进行结算时将会发生余缺。如果成员方基本账户的"世元"多于由缴纳70％的份额所决定的数额，它可以提取"世元"，也可以根据差额获取利息；如果成员方基本账户的"世元"少于由缴纳70％的份额所决定的数额，它需要补充"世元"，或者对差额支付利息。世界中央银行将确定成员方最高的透支比例，即成员方使用基本账户的"世元"后不得低于的"世元"比例。

"世元"日常发行的资产保证是构成"世元"的一篮子货币。各成员方除了通过缴纳份额获得"世元"以外，还可以根据本国银行、厂商、居民的需要，随时按照"世元"定值所确定的比例用构成"世元"价值的一篮子货币自愿地以及不限量地向世界中央银行兑换"世元"，世界中央银行为成员方这部分"世元"建立的账户可以称为"世元"储备账户。这意味着储备账户中的"世元"是以五个最重要经济体的货币资产作为全额保证的。

在这里，各成员方用构成"世元"价值的一篮子货币兑换"世元"的方式是多种多样的。首先，各成员方可以用构成 1"世元"的有关货币的数量兑换 1"世元"。例如，假定在 2013 年 1 月 1 日发行"世元"，那么按照表 4-3"世元"初始价值的计算方法，各成员方可以用 0.400 0 美元、0.227 5 欧元、0.623 0 中元、8.664 0 日元、0.061 5 英镑兑换 1"世元"。其次，各成员方也可以用与 1"世元"包含的各种货币数量等值的上述五种货币中的其中一种货币兑换 1"世元"。例如，假定在 2013 年 1 月 1 日发行"世元"，那么按照表 4-3"世元"初始价值的计算方法，在不考虑兑换成本的条件下，各成员方可以用 1 美元或者 0.758 7 欧元兑换为相关货币的相应数量，然后再兑换 1"世元"。

对于储备账户的"世元"，世界中央银行向成员方承诺，只要成员方提交"世元"，世界中央银行随时按比例地返还作为资产保证的等值的五种成分货币。世界中央银行对各国中央银行储备账户的"世元"存款支付一定的利率。成员方可以自由地使用储备账户的"世元"，也可以自由地在基本账户和储备账户之间进行"世元"的转移。

在"世元"成为独一无二的国际货币的发展阶段，由于在国际货币流通领域已经不存在其他的国际储备货币，"世元"的发行不可能再采取各成员方用构成"世元"价值的一篮子货币兑换"世元"的形式，而是采取发行"世元"成分货币的五个经济体按照比例用本经济体的货币兑换"世元"，再以进口商品、对外贷款、对外证券投资、对外直接投资等方式向输出"世元"的形式。由于国际经济活动趋向于扩大，这意味着发行"世元"成分货币的五个经济体可以持续地获得一般的国际购买力以及国际铸币税收益。

世界中央银行在"世元"这个发展阶段将比前一个发展阶段履行更多的职责。例如，在某个时期开始的时候，世界中央银行需要预测该时期国际经济活动发展的情况以及国际经济活动对"世元"的需求情况，然后与五个经济体磋商，决定该时期"世元"的发行量。

2."世元"存款货币的发行和回收机制

在"世元"与现行国际储备货币并存的发展阶段，各成员方在世界中央银行设立的储备账户具有重要意义，它将成为世界中央银行发行和回收"世元"，也就是增加和减少"世元"供给的途径。

当某国商业银行希望获得存款货币形式的"世元"以满足顾客从事国际经济活动的需要时，它可以用构成"世元"价值的一篮子货币向本国中央银行兑取"世元"。该国中央银行借记该商业银行的外汇存款，贷记该商业银行的"世元"存款，然后通过储备账户用这一篮子货币向世界中央银行兑取"世元"。这样就表现为"世元"的发行，存款货币形式的"世元"流进该国商业银行。

相反，当一个国家的商业银行希望减少存款货币形式的"世元"时，它们可以用"世元"向本国中央银行兑取构成"世元"价值的一篮子货币。该国中央银行借记该商业银行的"世元"存款，贷记该商业银行的外汇存款，然后通过储备账户用"世元"向世界中央银行兑取这一篮子货币。这样就表现为"世元"的回收，存款货币形式的"世元"流出该国商业银行。

世界中央银行为了保证"世元"的可兑换性和避免汇率风险，需要将发行"世元"得到的构成"世元"价值的五种货币分别存放在这五个国家的商业银行。这样，"世元"的发行和回收就成为了世界中央银行最重要的资产负债业务。

假定 1"世元"由 0.400 0 美元、0.227 5 欧元、0.623 0 中元、8.664 0 日元、0.061 5 英镑构成。美国某商业银行通过美国中央银行的储备账户用 0.400 0 美元、0.227 5 欧元、0.623 0 中元、8.664 0 日元、0.061 5 英镑向世界中央银行兑换 1"世元"。世界中央银行增加 1"世元"的负债，但在美、欧、中、日、英商业银行分别增加了 0.400 0 美元、0.227 5 欧元、0.623 0 中元、8.664 0 日元、0.061 5 英镑的存款资产。相反，当该商业银行用 1"世元"兑回这五种货币时，世界中央银行的负债减少 1"世元"，世界中央银行存放在五个国家商业银行的存款资产也发生了 0.400 0 美元、0.227 5 欧元、0.623 0 中元、8.664 0 日元、0.061 5 英镑的减少。

正如前面在分析"世元"日常发行时所说明的那样，实际上商业银行既可以用 0.400 0 美元、0.227 5 欧元、0.623 0 中元、8.664 0 日元、0.061 5 英镑兑换 1"世元"，也可以用等值的其中某一种成分货币来兑换"世元"。

从上面的分析可以看到，"世元"的发行和回收过程是市场与世界中央银行进行"世元"与它的成分货币的兑换，而不是发行"世元"成分货币的五个经济体与世界中央银行进行"世元"与它的成分货币的兑换。这样，"世元"的数量完全取决于市场的意愿，而与世界中央银行的意志无关。如果市场需要更多的"世元"，世界中央银行就会通过"世元"发行渠道注入"世元"；如果市场不需要那么多"世元"，世界中央银行就会通过"世元"回收渠道回收"世元"。世界中央银行无需考虑某个时期市场需要多少"世元"。

从这个阶段"世元"的扩张和收缩机制可以看到，发行"世元"成分货币的五个经济体不需要承担额外的责任。原来它们的货币就是可自由兑换货币，现在它们只需要继续保持各自货币这种可自由兑换的性质就可以了。由于"世元"与成分货币的兑换是世界中央银行与市场之间的兑换，而不是世界中央银行与五个经济体中央银行之间的兑换，将不会发生在"世元"贬值的情况下五个经济体不得不持有越来越多贬值的"世元"的现象。

但是，到了"世元"成为独一无二的国际货币的发展阶段，"世元"的发行和回收过程将变成发行"世元"成分货币的五个经济体与世界中央银行进行"世元"与它的成分货币的兑换的过程。

仍然假定1"世元"由0.4000美元、0.2275欧元、0.6230中元、8.6640日元、0.0615英镑构成，即"世元"的相对价值如表4-3所表示的情况。假如世界中央银行考虑到国际经济发展的需要而与五个发行成分货币的经济体磋商增加1"世元"供给。这五个经济体将分别向世界中央银行提供0.4000美元、0.2275欧元、0.6230中元、8.6640日元、0.0615英镑，世界中央银行将分别对这五个经济体提供0.4"世元"、0.3"世元"、0.1"世元"、0.1"世元"、0.1"世元"。当这五个经济体将这些"世元"投放到国际市场时，便形成了1"世元"的基础货币投放。

相反，假定某"世元"持有者不愿意再持有"世元"，而别人又不愿意买该持有者的"世元"，该持有者可以通过本国的中央银行用1"世元"向世界中央银行兑回0.4000美元、0.2275欧元、0.6230中元、8.6640日元、0.0615英镑，从而获得对五个经济体的商品和资产的购买力，这就形成了1"世元"基础货币的回收。

从这个阶段"世元"发行和回收机制可以看到，"世元"的发行意味着发行成分货币的五个经济体额外获得了一般的国际购买力,"世元"的回收意味着原"世元"持有者获得了对五个经济体商品和资产的一般的购买力。即使这个阶段"世元"与成分货币的兑换是世界中央银行与五个经济体中央银行之间的兑换,也不会发生在"世元"贬值的情况下五个经济体不得不持有越来越多贬值的"世元"的现象。

3."世元"纸币和硬币的投放和回收

当某国商业银行希望获得"世元"纸币或硬币以满足本国居民的需要时,该国中央银行在征得世界中央银行同意后可以制作等值的"世元"纸币或硬币,也可以动用以前封存的等值的"世元"纸币或硬币。世界中央银行借记该国中央银行储备账户的"世元"存款。然后,该国中央银行借记该商业银行的"世元"存款,向该商业银行提供等值的"世元"纸币或硬币。相反,当某国的商业银行不希望持有过多的"世元"纸币或硬币时,它可以将"世元"纸币或硬币提交给该国中央银行,该国中央银行贷记该商业银行的"世元"存款,然后封存"世元"纸币或硬币。世界中央银行根据该国中央银行的报告相应贷记该国中央银行储备账户的"世元"存款。

"世元"的产生并不意味着要完全替代目前的国际储备货币。各国政府、机构、个人既可以用"世元"进行国际交易,也可以用现行国际储备货币进行国际交易。这就是说,"世元"与现行国际储备货币将长期共存。当然,"世元"与其他现行国际储备货币相比将具有很大的优越性,它会逐渐将现行国际储备货币排挤出国际货币流通领域,但这个过程将是漫长的。正由于这个过程是漫长的,它对现有的国际储备货币冲击不大,对现有国际储备货币发行国的利益影响不大,这就增加了国际社会通过协商的方式建立新的国际货币制度的可能性和可行性。

4."世元"的流通和结算

"世元"的基本形式是存款货币、纸币和硬币,但最主要的形式将是存款货币。大量的交易将以转账的方式实现,只有少量的个人或小额的交易用纸币或硬币的形式完成。包括存款货币、纸币或硬币形式的"世元"可以在国家与国家之间流通,各国政府、机构和个人可以使用"世元"来从事任何国际贸易、国际金融和直接投资活动。但是,"世元"能否在一个国家内部流通,则取决于这个国家的货币制度。

从目前的情况来看，从货币流通的角度分析，世界各国主要分为三种类型：第一种类型是取消了本国货币而直接采用国际储备货币的国家；第二种类型是允许外国货币与本国货币同时流通的国家；第三类型是不允许外国货币在本国流通的国家。

对于第一类国家来说，由于"世元"产生以后将与现行的国际储备货币共存，如果它们只接受美元或别的国际储备货币，不接受"世元"，那么从"世元"流通的角度来说可以将它们归入第三类国家。如果它们改为只接受"世元"，不接受美元或别的国际储备货币，那么"世元"将成为这些国家的唯一货币。如果它们既接受美元或别的国际储备货币，也接受"世元"，那么从"世元"流通的角度来说可以将它们归入第二类国家。

对于第二类国家来说，既然它们允许外国货币流通，它们也将允许"世元"流通，"世元"在这些国家的流通方式与现在外国货币在这些国家的流通方式是一样的。

对于第三类国家来说，它们或者实行强制结汇制度，或者实行自由结汇制度；或者实行有条件的购汇制度，或者实行无条件的购汇制度；或者允许本国厂商和居民拥有国际储备货币存款，或者不允许本国厂商和居民拥有国际储备货币存款；如此等等。但是，它们一般不允许外国货币在市场上流通。在这种类型的国家里，"世元"对于它们来说就是一种外汇，"世元"在这类国家的存在方式与现在其他国际储备货币在这类国家的存在方式也是一样的。

但是，由于第三类国家不允许外国货币在市场上流通，当某个居民携带"世元"纸币或硬币进入这类国家并需要支出时，他可以用"世元"纸币或硬币向该国外汇银行兑换为该国的纸币或硬币。当某个居民需要携带"世元"纸币或硬币出国以便到外国支出时，他可以在该国外汇管理制度许可的条件下用该国纸币或硬币向外汇银行兑换"世元"纸币或硬币。外汇银行就像现在买卖外币一样提供"世元"纸币或硬币的兑换服务。当市面上"世元"纸币或硬币不足或过多时，商业银行可以利用前面提到的"世元"纸币或硬币的投放和回收机制来调整"世元"纸币或硬币的数量。

"世元"的结算包括中央银行之间的结算和厂商或居民之间的结算。

首先来分析中央银行之间的结算。各国中央银行之间以及各国中央银行与世界中央银行之间的结算，可以很方便地通过转账的方式完成。由于各国中央银行在世界中央银行开设了基本账户，它们之间的结算可以通过世界中央银行调整它们基本账户"世元"数额的方式进行。

其次分析银行、厂商或居民之间的结算。在"世元"产生以后，它在很长的时间里实际上成为与现在的国际储备货币并列的一种国际货币。因此，各国商业银行之间、商业银行与客户之间以及厂商或居民相互之间的"世元"结算，就像现在使用国际储备货币进行结算一样按照现行的国际汇兑方式进行，它们的区别只是币种的区别。例如，假定某国出口商与另一个国家进口商利用美元汇票来进行结算，未来也可以使用"世元"汇票来进行结算。

四、超主权国际货币的职能与比较

1."世元"的职能以及与美元的比较

"世元"作为一种超主权国际货币，能够执行国际货币的各种职能。

第一，"世元"能够执行计价单位的职能。"世元"以五种货币资产为保证，并且按照这五种货币资产定值，所以它可以形成对这五种成分货币中任何一种成分货币确定的相对价值，并且进而可以形成对世界任何一种货币确定的相对价值。这样，"世元"就可以作为一种计价单位，去度量任何一种商品或资产的价格。

例如，以本节表4-3为例，假定"世元"在2012年12月31日启动，1"世元"＝1美元。如果在这一天某商品的价格是1美元，那么就意味着这种商品的价格是1"世元"。在"世元"刚开始使用的时候，它通过与别的货币的相对价值执行计价单位的职能。但是，在"世元"逐渐被广泛采用以后，商品的"世元"价格将直接形成，"世元"直接执行计价单位的职能。

第二，"世元"能够执行交换媒介的职能。"世元"以五种货币资产为保证，并且按照这五种货币资产定值，所以它是一种价值稳定的国际货币。当人们用"世元"从事国际贸易、国际金融或直接投资活动的时候，"世元"便执行交换媒介的职能。

第三，"世元"能够执行价值储藏职能。"世元"以五种货币资产为保证，它可以随时兑换为这五种货币。因此，人们储藏"世元"相当于储藏了这五种货币资产，也就是保存了这五种货币所具有的一般购买力。这样，当人们将"世元"储藏起来的时候，"世元"便执行价值储藏的职能。

第四，"世元"能够执行支付手段的职能。人们在国际经济活动中将经常采用延期支付的方式买卖商品，从而形成了债权债务关系。由于"世元"能够执行计价单位和交换媒介的职能，当它被用来清偿彼此之间的债权债务关系时，它便执行支付手段的职能。

第五，"世元"能够执行世界货币的职能。"世元"包含中元是以中元已经成为可自由兑换货币为前提的。由于"世元"以五个最重要的经济体的可自由兑换货币作为保证，并且可以随时兑换为这五个最重要的经济体的可兑换货币，"世元"将在世界范围内被接受。当"世元"被世界各国用于国际经济活动的时候，"世元"便执行世界货币的职能。

目前，最重要的国际储备货币是美元。在"世元"产生以后，"世元"对美元具有什么优越性呢？作为一种国际货币，必须具有两个基本的特征：一是自身价值稳定；二是不受个别国家经济的影响。"世元"在这两个方面都超越了美元。

首先，"世元"以五种货币资产定值，并且采取加权平均的计算方法计算。在这五种货币资产之间，一种货币资产出现升值或贬值往往是相对于别的货币资产而言的，也就是别的资产货币将出现贬值或升值。从逻辑推断可以得到这样的结论："世元"的相对价值在一般情况下将比五种货币中任何一种货币的相对价值都要稳定。

另外，"世元"包括确定数量的五种成分货币资产，"世元"对五种成分货币以外的货币的汇率取决于这五种成分货币与这种货币的汇率，而五种成分货币对这种货币汇率也可能在一定程度上相互抵消。从逻辑推断也可以得到这样的结论："世元"对某种非成分货币在一般情况下比五种成分货币对这种非成分货币汇率都要稳定。

在后面的第六章中，笔者将利用实际的经验数据进行模拟计量分析，来验证"世元"相对价值稳定性的问题。

"世元"的相对价值将比美元的相对价值稳定，这是"世元"优越于美元的一个重要表现。"世元"的构建可以减少国际社会所遭受的美元汇率长期趋向贬值以及美元汇率波动不安的折磨。作为一种国际货币，其价值能够保持稳定至关重要。正因为这样，在金本位制解体近80年以后依然有这么多人怀念着金本位制。也正因为这样，欧洲国家建立了欧洲货币单位用于计价和成员方之间的结算，国际货币基金组织也建立了特别提款权用于计价和成员方之间的结算。在布雷顿森林体系解体以后，国际社会一直在为寻找价值稳定的国际货币而努力，而"世元"正是这样的一种国际货币。

其次，"世元"以五种货币资产作为保证，并以五种货币资产定值。从表面上看，"世元"似乎分别受到五个经济体的经济政策和经济状况的影响。但在实际上，这五个经济体的经济政策和经济状况对"世元"的影响也会在一定程度上相互抵消。例如，当某个经济体实行扩张性的货币政策导致本币汇率贬值时，另一个或几个经济体货币汇率可能升值，"世元"相对价值仍然保持相对稳定。又如，当某个经济体相对经济地位下降时，这实际上意味着另一个或几个经济体相对经济地位上升。另外"世元"每五年还根据经济指标对五种成分货币的权重进行调整，"世元"的地位将能够保持相对稳定。

"世元"与美元相比更能减少一个国家经济的变化对国际经济活动的影响，这是"世元"优越于美元的另一个重要表现。"世元"的构建能够在一定程度上克服笔者在前面第二章中指出的现行国际货币制度的缺陷，即国际储备发行国权利和责任的失衡导致国家利益和世界利益的冲突，以及国际储备货币发行国相对经济地位的下降导致国际储备货币地位的下降。作为一种国际货币不受某个国家经济的影响至关重要。正因为这样，在金本位制解体近80年以后依然有这么多人怀念着黄金这种不受个别国家经济影响的国际货币。也正因为这样，欧洲国家建立了地区性的超主权国际货币来推进经济一体化，国际货币基金组织也在考虑将特别提款权改造为超主权国际货币。布雷顿森林体系解体以后，国际社会一直在寻找一种超越国家主权的国际货币，而"世元"正是这样的一种超主权国际货币。

如果说在贵金属铸币流通的条件下劣币驱逐良币的"格雷欣定律"发挥作用的话，那么在信用货币流通的条件下，良币驱逐劣币的定律将发挥作用。因此，"世元"的使用将越来越广泛。

当然，"世元"也不是尽善尽美的。由于"世元"以五种货币资产为保证，它在一定程度上受到这五个经济体经济的影响，并最终取决于这五个经济体的政府的信用状况。另外，由于这五个经济体都会在不同程度上发生通货膨胀，持有"世元"将发生购买力损失。但是，从购买力这个角度分析，虽然黄金因价值稳定而不会发生购买力损失，但是黄金不但没有利息收益，而且还发生保管成本。然而，虽然"世元"会发生购买力损失，但是它可以获得五种货币资产的利息收益。

需要说明的是，国际社会不应该期望去寻找一种"最好"的国际货币制度，因为这样的国际货币制度也许是不可能实现的。国际社会应该期望去寻找的是一种"更好"的国际货币制度，它付出的成本不大但优于现行的国际货币制度。以"世元"为基础的国际货币制度正是这样一种"更好"的国际货币制度。

2."世元"方案与相关方案的比较

笔者在前面的第三章中曾经详细地分析和评价了有代表性的建立超主权国际货币方案，包括"凯恩斯计划""怀特计划""对金本位进行改良的方案""对特别提款权进行改造的方案"和"建立单一世界货币的方案"。如果将笔者提出的构建"世元"的方案与这些方案相比较，那么笔者提出的构建"世元"的方案与"怀特计划""对金本位进行改良的方案"和"建立单一世界货币的方案"没有共同之处，但与"凯恩斯计划"和"对特别提款权进行改造的方案"存在一定的联系。

笔者提出的构建"世元"的方案与"凯恩斯计划"的联系之处在于它吸收了"凯恩斯计划"中建立世界性的中央银行的思想。凯恩斯建议建立类似于世界中央银行的国际清算联盟，由国际清算联盟发行一种称为班柯的国际货币以用于各国财政部和中央银行之间的结算。显然，要发行和管理"世元"，必须建立世界中央银行，通过在世界中央银行设立"世元"账户进行各国中央银行之间的清算。

但是，凯恩斯所处的时代毕竟与现在完全不同。凯恩斯强调班柯与黄金建立固定的平价，各国货币形成与班柯的固定汇率。在当今时代，黄金已经非货币化了，而且不可能再货币化了。笔者提出的构建"世元"的方案与"凯恩斯计划"在其他方面没有什么共同之处。

另外，笔者提出的构建"世元"的方案与"对特别提款权进行改造的方案"的联系之处在于它采用了特别提款权的定值方法，并沿着如何克服特别提款权内在缺陷的思路思考。但是，正如笔者在前面第三章对这个方案的分析中所指出的那样，由于特别提款权存在着不可解决的内在缺陷，如果不对特别提款权进行实质性改造，它难以成为一种超主权国际货币。而如果对特别提款权进行实质性改造，那么所构建的超主权国际货币就与特别提款权没有必然的联系了。

笔者提出的"世元"与特别提款权存在重大的而且是本质上的区别：第一，"世元"是有 100％的货币资产作为保证的国际货币，而特别提款权是没有任何资产作为保证的账面资产；第二，"世元"是各成员方用一定的货币资产向世界中央银行兑换而来的，而特别提款权是国际货币基金组织无偿分配给成员方使用的；第三，"世元"是可以在世界范围内的各种商品市场和金融市场广泛使用的国际货币，甚至是可以在部分国家和地区内流通的国际货币，而特别提款权仅仅是国际货币基金组织成员方在结算中使用的账面资产；第四，"世元"的形式包括存款货币、纸币和硬币，可以具有货币的各种形式，而特别提款权只是一种转账资产；第五，"世元"数量可以根据国际经济活动的需要扩张和收缩，特别提款权只能经过成员方同意后增加分配的数额。

第三节　新的国际货币制度的运行方式

一、新的国际货币制度的特点

1. 超主权国际货币本位

超主权国际货币的诞生意味着新的国际货币制度的形成。国际货币制度主要由两种基本制度构成：一是国际货币本位，即由什么来充当国际货币；二是汇率制度，即各国货币以什么形式兑换。超主权国际货币的构建解决了国际货币本位问题，因而还需要解决以超主权国际货币为基础建立汇率制度的问题。

"世元"是用 100％的货币资产作保证的，通过成员方中央银行的储备账户发行或回收"世元"的制度本身就形成了一种外汇套利机制即套汇机制，保证"世元"价值接近于它所包含的五种货币数量的价值。

例如，如果在外汇市场上"世元"的价值高于它所包含的五种成分货币的价值，商业银行等外汇市场的参与者就会用这五种成分货币向中央银行买进"世元"，然后在外汇上卖出"世元"，以兑换更多的这五种成分货币。这样，在外汇市场上"世元"供给将会增加，"世元"的价值将会下降，"世元"与它所包含的这五种成分货币的差价将趋向消失。

具体地说，以本章第二节表 4-5 为例，假定"世元"从 2012 年 12 月 31 日开始运行，那么到 2013 年 3 月 29 日，1"世元"应该兑换 0.977 1 美元。如果

1"世元"兑换多于 0.977 1 美元，在不考虑兑换成本的条件下，商业银行就会用 0.400 0 美元、0.227 5 欧元、0.623 0 中元、8.664 0 日元、0.061 5 英镑向该国中央银行兑换 1"世元"，然后用 1"世元"兑换多于 0.977 1 的美元，也就是得到多于 0.400 0 美元、0.227 5 欧元、0.623 0 中元、8.664 0 日元、0.061 5 英镑的货币。这样，"世元"的供给将增加，1"世元"的美元价值将回复到 0.977 1 美元。当然，由于套汇成本的存在，1"世元"的美元价值将接近 0.977 1 美元。

相反，如果在外汇市场上"世元"的价值低于它所包含的五种成分货币的价值，商业银行等外汇市场的参与者就会用"世元"向中央银行买进这五种成分货币，然后在外汇上卖出这五种成分货币，以兑换更多的"世元"。这样，在外汇市场上"世元"需求将会增加，"世元"的价值将会上升，"世元"与它所包含的这五种成分货币的差价也将趋向消失。

另外，由于"世元"价值是由它所包含的不同数量的五种货币的价值决定的，而这五种货币相互之间的升值或贬值会在一定程度内抵消，"世元"价值将是稳定的。

由于"世元"以它所包含的货币资产计算的价值是稳定的，又存在一种套汇机制保证它的价值趋向于它所包含的货币资产的价值，"世元"就成为了一种价值稳定的国际储备资产。例如，比较表 4-3 和表 4-5 可以看到，2013 年 3 月 29 日与 2012 年 12 月 31 日相比，"世元"对美元贬值 2.29%，但是欧元对美元贬值 2.81%，中元对美元升值 0.31%，日元对美元贬值 7.83%，英镑对美元贬值 6.57%，"世元"显示出价值的稳定性。

2. 以"世元"为本位的浮动汇率制度

"世元"的价值是由它所包含的五种货币资产价值决定的，其他货币也就自然与"世元"形成确定的汇率。

继续本章第二节"世元"价值形成的例子，假定"世元"从 2012 年 12 月 31 日开始运行，那么到 2013 年 3 月 29 日，按照"世元"所包含的五种货币的数量以及美国联邦储备系统公布的每种货币对澳大利亚元的汇率[1]，也就是根

---

[1]　Board of Governors of Federal Reserve System, *Foreign Exchange Rates*, http://www.federalreserve.gov.

据"世元"对任何一种非成分货币汇率的形成机制，可以得到"世元"对澳大利亚元的汇率为1"世元"=0.939 0澳大利亚元，如表4-7所示。

表4-7 "世元"兑换澳大利亚元汇率的形成

货　币	权　重	包含货币数量	兑换澳元汇率	折合澳元数量
美元	0.4	0.400 0	0.960 7	0.384 3
欧元	0.3	0.227 5	1.231 2	0.280 1
中元	0.1	0.623 0	0.154 7	0.096 4
日元	0.1	8.664 0	0.010 2	0.088 4
英镑	0.1	0.061 5	1.459 6	0.089 8
"世元"	—	—	—	0.939 0

按照表4-5说明的"世元"对美元汇率的形成机制，"世元"对美元的汇率是1"世元"=0.977 1美元。美国联邦储备系统在2013年3月29日公布的1澳大利亚元=1.040 9美元的汇率，这意味着1"世元"=0.938 7澳大利亚元。[①] 这个实际的汇率与表4-7中计算的"世元"对澳大利亚元的汇率是一致的，仅仅是由于四舍五入的计算方法造成0.000 3澳大利亚元的误差。

同样，如果"世元"对澳大利亚元的汇率不等于1"世元"=0.939 0澳大利亚元，外汇市场上的套汇就会发生，"世元"对澳大利亚元的汇率就会接近1"世元"=0.939 0澳大利亚元。

按照同样的道理，在外汇市场上将会形成"世元"对各种货币的汇率，从而形成了以"世元"为核心的汇率体系。

虽然"世元"的价值是稳定的，但各国货币对"世元"的汇率在该国国际收支影响下并不一定是稳定的。因此，各国货币与"世元"形成的汇率不是固定不变的，它们会在参与者预期因素以及该国对外经济变化的影响下将随着外汇市场供给和需求的变化而变化。

按照国际货币基金组织的划分方法，现行的汇率制度有十种形式，它们分别是：第一，外国货币化，即直接使用外币作为本币；第二，货币局，即

---

① Board of Governors of Federal Reserve System，*Foreign Exchange Rates*，http://www. federalreserve. gov.

建立本币与某种外币的平价，并按照这个平价以外币为基础发行本币；第三，钉住单一货币，即保持本币与某种外币汇率的稳定，并随着这种外币浮动；第四，钉住一组货币，即建立本币与一组外币加权平均值的比价，并随着该加权平均值的变化而调整；第五，在一定范围内钉住外币，即建立本币与某种外币汇率的比价，但这个比价可以在一定区间内调整；第六，爬行钉住，即可以按照一定的规则调整钉住汇率；第七，在一定范围内爬行钉住，即只能在一定的区间内调整钉住汇率；第八，其他管理安排，即没有明确规则的汇率安排；第九，浮动汇率，即让本币的汇率随着市场供求而浮动，但政府加以较多的管理；第十，单独浮动，即让本币的汇率随着市场供求而浮动，政府较少进行管理。在"世元"产生以后，这些浮动汇率制度仍然继续存在。

"世元"的价值是稳定的，其他货币对"世元"的汇率以及它们彼此之间的汇率是浮动的，"世元"作为一种世界通用的计价货币、结算货币和储备货币的优越性就充分表现出来，它就成为了一种质量优良的国际货币。

这样，创建超主权国际货币制度后的新的国际货币制度可以表述为以超主权国际货币为本位的浮动汇率制度。这种新的国际货币制度与现行国际货币制度的最大区别是以超主权国际货币取代了以美元这种主权货币作为核心的国际货币，从而形成一种稳定的国际货币制度。然而，即使用超主权国际货币"世元"取代主权货币美元的核心地位，但美元仍然是"世元"最重要的成分货币，美元仍然是重要的国际储备货币。这样，就可以以较小的代价以及以较大的稳定性将现行的国际货币制度转换为新的国际货币制度。

3."世元"本位的汇率风险

正因为新的国际货币制度下的汇率制度仍然是浮动汇率制度，这就可以理解为什么在各国中央银行储备账户中与"世元"兑换的必须是构成"世元"价值的五种成分货币，即使是用其中的一种成分货币兑换"世元"也需要将这种成分货币兑换为五种成分货币。

仍然使用本章第二节"世元"价值形成的例子。假定"世元"从 2012 年 12 月 31 日开始运行，当时是 1"世元"兑换 1 美元，某国商业银行通过该国中央银行的储备账户用 1 美元兑换 1"世元"，而世界中央银行没有将美元分解为相应数量的五种货币。到 2013 年 3 月 29 日，如果该商业银行用"世元"兑回美元，由于"世元"对美元贬值，1"世元"只能兑换 0.977 1 美元，该国商业银行遭受损失，世界中央银行得到收益。相反，如果"世元"对美元升值，世界中央银行将用多于1的美元才能兑回1"世元"，世界中央银行将遭受损失，该国商业银行得到收益。

但是，如果该国商业银行在2012年12月31日通过本国中央银行的储备账户用1美元兑换1"世元"以后，世界中央银行将1美元分解为1"世元"包含的五种成分货币的数量即0.400 0美元、0.227 5欧元、0.623 0中元、8.664 0日元、0.061 5英镑。那么到2013年3月29日，当该国商业银行用1"世元"兑回美元时，世界中央银行提供1"世元"包含的五种成分货币的数量，它们价值0.977 1美元，该国商业银行遭受损失，但世界中央银行没有得到收益。相反，如果"世元"对美元升值，世界中央银行同样提供1"世元"包含的五种货币的数量，它们价值多于1的美元，该国商业银行得到收益，世界中央银行没有遭受损失。

上面的分析表明，如果不实行在各国中央银行储备账户中"世元"必须与构成"世元"价值的五种成分货币相兑换的制度，世界中央银行或者商业银行将面临汇率风险。但是，如果实行在各国中央银行储备账户中"世元"必须与五种成分货币相兑换的制度，世界中央银行在构成"世元"的一篮子货币的权重没有调整的情况下没有汇率风险，但是参与"世元"交易的政府、机构和居民仍然存在着汇率风险。然而，正如前面证明的那样，"世元"的相对价值由五种成分货币的相对价值构成，"世元"的相对价值比其中一种成分货币的相对价值都要稳定，各国政府、机构、个人用"世元"从事国际经济活动比用某种国际储备货币从事国际经济活动将面临较小的汇率风险。

在中央银行的储备账户中成员方必须用构成"世元"价值的五种成分货币兑换"世元"，但是在中央银行的基本账户中成员方可以缴纳部分本国货币。实际上，各成员方可以缴纳本国货币主要是为了减轻成员方的负担。各国中央银行的基本账户的价值统一用"世元"来度量，如果某成员方的货币贬值，世界中央银行将借记该基本账户的存款，并可能涉及利息的支付；如果某成员方的货币升值，世界中央银行将贷记该基本账户的存款，并可能涉及利息的收入。

二、国际收支的调节机制

国际货币制度除了包括货币本位和汇率体系两个基本因素以外，还包括国际收支调节机制的基本因素。在国际收支调节方面，以"世元"为基础的浮动汇率制度与牙买加体系相似，主要依靠浮动汇率制度发挥着调节作用。这就是说，由于实行浮动汇率制度，如果某个国家发生国际收支逆差，该国货币的汇率就将贬值，该国出口将增加而进口将减少，该国的国际收支逆差将减少；相反，情况也将相反。

但是，以"世元"为基础的浮动汇率制度的国际收支的调节机制将比牙买加体系更加有效。在牙买加体系下，各国在国际经济活动中采用多种国际储备货币计价和结算，本币又与多种国际储备货币形成汇率。由于国际储备货币发行国彼此之间经济情况的变化，某个国家的货币在对这种国际储备货币升值的同时，可能对那种国际储备货币贬值，这个国家货币汇率变化对国际收支的调节会出现一定程度的紊乱。在以"世元"为基础的浮动汇率制度下，"世元"成为核心货币，而它的价值又很稳定，某个国家的货币对"世元"升值和贬值更能反映这个国家实际的国际收支情况，从而更能对该国的国际收支发挥调节作用。

当然，在牙买加体系下浮动汇率调节机制不充分的情况也将在新的国际货币制度下存在。在前面第二章曾经对牙买加体系下浮动汇率的国际收支调节机制进行过分析，关于浮动汇率对国际收支进行调节主要存在下面两个问题：

第一，决定汇率的主要因素包括国际贸易、国际金融和直接投资，但是国际金融和直接投资活动对未来汇率变化的反应较为敏感，而汇率变化所能调节的主要是国际贸易。因此，国际收支调节机制的作用是不充分的。例如，假定某个国家出现经常项目逆差和资本与金融项目逆差，该国的货币汇率贬值，但由此导致的国际贸易的变化难以同时弥补经常项目和资本与金融项目的逆差。

第二，在浮动汇率制度下，浮动的形式是多种多样的。发展中国家为了保持本国货币与结算货币汇率的稳定，往往钉住某种货币或某组货币。因此，即使发展中国家出现了国际收支失衡，也难以通过汇率机制来进行有效的调节。

显然，这些问题在新的国际货币制度下同样存在。这意味着新的国际货币制度的国际收支调节机制不是"最好的"机制，而是"更好的"机制。

三、"世元"存款货币的创造和调节方法

1. "世元"存款货币的创造

在一个主权国家内，如果发生了原始存款，这种原始存款或者来自于中央银行降低法定准备金比率，或者来自于中央银行对商业银行的贷款，或者来自于中央银行在公开的证券市场上买进政府债券，它都将在商业银行体系内不断地产生派生存款，从而导致存款货币数倍的增加。假定货币全部为存款货币，公众不持有现金，商业银行不保留超额准备金，设存款货币创造的乘数是 K，法定准备金比率是 R，那么 $K=1/R$，原始存款可以创造出 K 倍的存款货币。这样就产生了一个问题，当"世元"原始存款产生的时候，它是否也会像主权货币那样创造出数倍的"世元"存款货币？它是否因此而导致世界性通货膨胀？

在分析这个问题以前，有必要首先考察一下外汇存款的货币创造效应。以美元为例，假定美国政府通过向美国中央银行出售国库券的方式筹集到一笔美元资金，然后用于采购某家外国公司的产品。在现实的世界里，当这家公司得到这笔美元时，它既可以将这笔美元存放在美国的商业银行，也可以将这笔美元存放在欧洲货币市场如英国伦敦的商业银行，这样就产生了原始的美元存款。美国的商业银行必须执行法定准备金比率的规则，欧洲货币市场没有法定准备金比率的要求，这笔美元存款将派生出不同倍数的美元存款货币。

现在加进"世元"的因素。假定这家公司得到这笔美元资金后，通过它所在国家的中央银行的储备账户将美元转换为"世元"，然后存放在任何地区的商业银行，这同样产生了"世元"原始存款。不管是否存在"世元"存款法定准备金比率的要求，商业银行都可以将大部分"世元"存款贷放出去，同样会创造数倍的"世元"存款货币。但是，由于"世元"原始存款是由美元存款的减少转换而来，直到这个环节，在不考虑"世元"和美元实际存款准备金比率差异的情况下，"世元"原始存款的产生并没有创造出更多的国际货币。

然而问题在于"世元"存款货币的创造并不是到这个环节就停止了。世界中央银行通过发行"世元"得到美元以后，如前所述将美元分解为五种成分货币，并将不同的成分货币存放在不同国家的商业银行。以其中的美元部分为例，如果世界中央银行将美元存放在美国商业银行，或者是投资低风险的证

券组合以使该货币资产增值，将会形成新的美元原始存款，从而会派生出新的美元存款货币。

从上面的分析可以看到，当人们用"世元"的成分货币兑取"世元"的时候，成分货币的供给量没有减少，但"世元"的供给量却增加了。因此，在"世元"产生以后，将比没有"世元"的情况下创造出更多的国际货币。

在这里存在这样一个问题："世元"供给的扩张或收缩对发行"世元"成分货币的五个经济体的货币政策将产生什么影响？

在"世元"与现行国际储备货币并存的第一个发展阶段，"世元"供给增加的过程表现为人们用已经在国际货币流通领域存在的五种成分货币兑换"世元"，"世元"供给减少的过程表现为人们用"世元"兑换已经在国际货币流通领域存在五种成分货币，"世元"的扩张或收缩不会对五个经济体的货币政策造成额外的不利影响。

以"世元"供给增加为例。假定某厂商提取美元存款，通过本国中央银行向世界中央银行兑换为"世元"，并将该"世元"存入商业银行，这样将产生"世元"的原始存款，并派生出数倍的"世元"。当世界中央银行将发行"世元"得到的美元存入美国的商业银行时，美国商业银行发生同样数量的美元存款减少和美元存款增加，美元数量没有变化。因此，"世元"的发行没有对美国货币当局的货币政策产生额外的不利影响。

在"世元"成为独一无二的国际货币的第二个发展阶段，如果"世元"仍然以五种货币资产作为保证，世界中央银行增加"世元"供给意味着五个经济体的中央银行用本经济体货币购买"世元"并投放市场，世界中央银行将得到的五种货币又存放在五个经济体内，这样将导致五个经济体的货币供给增加。世界中央银行减少"世元"供给意味着它用五种货币存款兑回"世元"，也就是意味着五个经济体内相应货币存款的所有者发生了变化，对五个经济体的货币供给没有产生影响。

但是，世界中央银行增加"世元"供给的数量要事先与五个经济体进行磋商并且是有规则地进行调整，发行"世元"成分货币的经济体没有失去货币政策的独立性，它们可以通过调整本国货币政策力度的方法来抵消"世元"扩张对本经济体货币政策的不利影响。例如，某经济体发生了通货膨胀，该经济体货币当局准备收缩货币，但是"世元"扩张反而导致该经济体货币供给增加，那么该经济体的货币当局可以更大力度地收缩货币以抵消"世元"扩张的不利影响。

2."世元"存款货币的调节方法

为了有效地控制"世元"的数量，世界中央银行应该建立"世元"存款法定准备金比率的制度。虽然"世元"对于各个国家来说都是非主权货币，但是世界中央银行可以委托各国中央银行对在该国经营"世元"业务的商业银行进行监管。"世元"存款法定准备金比率由世界中央银行决定，商业银行保留的法定存款准备金可以缴存到各国的中央银行。世界中央银行可以通过调整"世元"存款法定准备金比率，或者调整"世元"存款法定准备金比率与其他外汇存款准备金比率的差额，调节着整个世界"世元"货币的数量。

世界中央银行通过发行"世元"将得到巨额的五个经济体的货币，它不需要保留100%的这些货币资产也能保持"世元"的完全可兑换性，它完全可以通过各种方法使这些货币资产增值。因此，在国际货币基金转变为世界中央银行以后，由于增加了"世元"发行这项业务，有可能从亏损转变为盈利，甚至有可能是高额盈利。世界中央银行可以通过理事会决定盈利的分配方案，除了确定将一定比例的盈利用于帮助发展中国家，剩余部分盈利可以按照成员方缴纳的资本进行分配。

四、"世元"交易和借贷市场的运行方式

1."世元"交易市场的运行方式

在"世元"与现行国际储备货币并存的发展阶段，"世元"将在世界范围内形成两个市场：一个是"世元"交易市场；另一个是"世元"借贷市场。

"世元"交易市场的交易方式与现在的外汇市场的交易方式是一样的，人们可以进行"世元"与可自由兑换货币的交易，也可以进行"世元"与本国货币的交易。这意味着"世元"的交易市场有三种类型：第一种是通过路透社交易系统连接起来的世界各国外汇银行之间进行交易形成的市场；第二种是在一个国家内部外汇银行之间进行交易形成的市场；第三种是在一个国家内部外汇银行与顾客之间进行交易形成的市场。

在"世元"交易市场上，如果"世元"供不应求，"世元"发行机制就会发生作用，办理外汇业务的商业银行将通过本国的中央银行用五种成分货币向世界中央银行兑取"世元"；如果"世元"供过于求，"世元"回收机制将发生作用，办理外汇业务的商业银行将通过本国的中央银行用"世元"兑回五种成分货币。

由于可以通过世界中央银行不受限制地用五种成分货币兑取"世元"以及用"世元"兑回成分货币，又由于在"世元"的交易市场上可以自由地进行"世元"与任何一种货币的兑换，因此在套汇机制的影响下，"世元"兑换美元的汇率将趋向于由各自权重决定的这五种货币的数量兑换美元的数量之和，"世元"兑换欧元的汇率也趋向于由各自权重决定的这五种货币的数量兑换欧元的数量之和，如此等等。相应地，"世元"兑换其他货币的汇率将趋向于五种成分货币兑换该货币的加权平均值。同样，在套汇机制的作用下，在不同的"世元"交易市场上"世元"与五种成分货币以及与其他货币的汇率将趋向于相等。

在现行的浮动汇率制度下，各种外汇汇率波动不安，出于投机和套期保值的需要产生了远期外汇交易、外汇互换交易、外汇期货交易和外汇期权交易。在"世元"产生以后，由于"世元"价值相对稳定，人们在国际经济活动中用"世元"进行交易的汇率风险减小。但是，由于各种货币对"世元"的汇率受各个国家对外经济活动变化的影响，仍然会发生一定程度的波动，"世元"兑换各种货币的金融衍生工具的交易将存在。这意味着仍然存在着即期"世元"交易、远期"世元"交易、"世元"期货交易、"世元"期权交易。然而可以预料，随着越来越多的机构、厂商和居民使用"世元"作为计价货币和结算货币，外汇类的金融衍生工具的交易量也趋向于减少。

在"世元"产生以后，虽然"世元"与其他外汇相比具有很大的优越性，但是由于国际结算方式存在惯性，又由于人们要持有外汇才能兑换为"世元"，各种外汇相互之间的交易以及"世元"与各种外汇的交易将长期共存。然而可以预料，由于"世元"与其他外汇相比具有很大的优越性，随着越来越多的金融机构、厂商和居民使用"世元"作为计价货币和结算货币，"世元"的交易量将不断增加，它将成为外汇市场上最主要的国际货币。

2."世元"借贷市场的运行方式

"世元"借贷市场的运行方式与现在的外汇资金借贷市场的运行方式是一样的，人们就像借贷外汇资金那样借贷"世元"资金。

现行外汇资金借贷市场可分为短期资金借贷市场、中长期资金借贷市场、国际债券市场以及各种金融衍生工具市场。"世元"产生以后，也会出现短期"世元"资金借贷市场、中长期"世元"资金借贷市场、"世元"债券市场以及各种金融衍生工具市场。

另外，现行外汇资金借贷市场既有居民和居民之间借贷外汇资金形成的在岸金融市场，也有非居民和非居民之间借贷外汇资金形成的离岸金融市场。"世元"资金同样也可以在在岸金融市场和离岸金融市场上进行借贷。但是，在岸和离岸金融市场的管理体制不同，还需要世界中央银行进行协调。关于离岸金融市场的管理，笔者建议采取属地的原则，由建立离岸金融市场的国家的货币当局对该市场"世元"存款的法定准备金比率进行监管。

"世元"将在借贷市场上形成自己的利率。特别提款权的利率是根据它的四种定值货币的利率计算的，它是人为决定的利率，它只能在国际货币基金组织的借贷中实行。但是，如果说"世元"的价值还需要由世界中央银行来决定，那么"世元"的利率不需要由世界中央银行决定，它将由借贷市场决定。因此，"世元"利率与特别提款权利率存在根本性的差异。

由于在新的国际货币制度下已经形成了"世元"价值决定机制以及"世元"发行和回收机制，在套利活动的影响下，某个期限的"世元"利率将趋向于同一期限的美元、欧元、中元、日元、英镑五种成分货币利率的加权平均数。如果"世元"利率高于这五种成分货币利率的加权平均数，人们将用这五种成分货币兑换"世元"，从而获取"世元"利率高于这五种成分货币利率的差额。这样，在借贷市场上，"世元"资金的供给将增加，"世元"的相对利率将下降。相反，如果"世元"利率低于这五种成分货币利率的权平均数，人们将用"世元"兑换这五种成分货币，从而获取这五种成分货币利率高于"世元"利率的差额。这样，在借贷市场上，这五种成分货币资金的供给将增加，"世元"的相对利率将上升。正是在这种机制的作用下，"世元"利率与它的五种定值货币的利率形成一定的关系，从而形成了"世元"的市场利率。

本节分析表明，可以以"世元"为基础，在不改变现行的汇率制度的情况下建立新的国际货币制度。另外，还可以在不改变现行的外汇交易市场和外汇资金借贷市场的情况下建立"世元"交易市场和"世元"资金借贷市场。如果这样的国际货币制度能够建立，这将是人类历史上第二次通过政府之间的合作来建立的国际货币制度。

在本章所设想的新的国际货币制度中，世界中央银行的构建与现行的国际货币基金组织相衔接，超主权国际货币"世元"与现行的国际储备货币相衔接，新的汇率制度与现行的汇率制度相衔接，"世元"交易市场与现行的外汇交易市场相衔接，"世元"借贷市场与现行的外汇借贷市场相衔接。在旧的国际货币制度向新的国际货币制度的转变中，各个主要国家的利益没有发生重大调整，但是世界各国的整体利益却得到提升。因此，这是一种在现有条件下现实可行的国际货币制度。

本章小结

本章主要提出构建新的超主权国际货币以及建立新的国际货币制度的方案，该方案的内容是：第一，建立世界中央银行。它是发行超主权国际货币的银行，它将发行和管理超主权国际货币，办理各国中央银行之间的清算业务。第二，建立超主权国际货币"世元"，它以美元、欧元、中元、日元、英镑五种货币资产作为保证，并以这五种货币资产确定价值。第三，在"世元"与现行国际储备货币并存的法制阶段，人们可以用构成"世元"价值的一篮子货币向本国中央银行兑取"世元"，也可以用"世元"向本国中央银行兑取构成"世元"价值的一篮子货币，世界中央银行保证"世元"的可兑换性。第四，以"世元"为核心建立浮动汇率制度，各国货币兑换"世元"的汇率以及相互之间的汇率随着该货币在外汇市场上供给与需求的变化而变化。因此，以"世元"为基础形成的新的国际货币制度可以表述为以超主权国际货币为本位的浮动汇率制度。

第　五　章

创立超主权国际货币的效应

第一节　超主权国际货币的利益调整效应

一、国际铸币税收益的再分配

任何国际货币制度的改革都将导致有关国家经济利益的调整，建立超主权国际货币也不例外。国际铸币税收益的再分配将是建立超主权国际货币的一种重要的利益调整效应。

为了估计建立超主权国际货币导致的国际铸币税收益的再分配的程度，可以按照前面第四章所提出的建立超主权国际货币的设想，从"世元"定值的角度来考察这种可能的影响。

如前所述，"世元"按照美元、欧元、中元、日元、英镑五种成分货币定值，每种货币所占的比例取决于国内生产总值、国际收支和国际储备。在后面第六章里将进行"世元"运行的模拟计量分析。按照该模拟计量分析的结果，如果按照 2001—2005 年国内生产总值、国际收支、国际储备三个经济指标的数据计算，2006—2010 年美元在"世元"所占的比重是 34.1%。但是，在 2010 年，美元在各国官方储备资产的比重已达到 61.5%。这就是说，如果各国最终按照美元在"世元"中的权重来持有美元，各国保留的美元储备将减少，美国的国际铸币税收益将减少，美元的特权地位将会下降。

但是，上述分析仅仅是一种最终均衡状态。实际上，即使"世元"能够产生，它也将与现行国际储备货币长期并存，然后由国际市场去选择国际货币。由于国际货币运行具有强有力的惯性，又由于美国仍然是世界上最大的发达国家，美元使用比例将在长期里保持稳定，美国的国际铸币税收益也将在长期里保持稳定。

另外，利益的再调整和再分配是可磋商的。前面第四章提出的建立"世元"的新方案主要是从经济角度考虑问题。但是，国际货币制度的改革不仅仅是一个国际经济问题，同时还是一个国际政治问题。因此，"世元"的定值方法，成分货币在"世元"中所占的比例等问题，都是可磋商和可调整的。例如，从政治的角度来看，为了"世元"更易于实施而造福于国际社会，可以通过主要国家的政治协商，将美元在"世元"中所占的比例提高到 60%，以照顾美国的短期利益。

二、短期利益和长期利益的协调

但是，关于"世元"产生带来的国际铸币税收益的再分配问题，对于目前最大的国际储备货币发行国美国还存在着短期利益和长期利益的权衡问题。

首先，一个国家的货币在国际货币中的地位最终取决于该国在世界经济中的地位，国际社会选择了美元作为主要的国际货币是因为美国经济处于主导地位。牙买加体系实际上是一个没有规则的体系，现在在各国政府的外汇储备中美元仍然占 60% 的比例是因为国际货币制度的惯性运行和美国经济还保持着领先的地位。但是，各国经济发展不平衡是绝对的，随着新兴市场国家经济的崛起，美国经济地位的相对下降是不可避免的，美元在外汇储备中比例的下降也是不可避免的。对于美国政府来说，与其抵制超主权国际货币的产生，不如顺应历史潮流，继续领导国际货币制度的变革。

其次，国际铸币税收益与国内铸币税收益不同，国内铸币税收益是不需要偿还的，而国际铸币税收益是可能要偿还的。对于一个国家来说，它的经济规模从长期来看是不断扩大的，它的货币需求从长期来看是不断增加的。因此，该国中央银行需要不断地投放货币，它所得到的国内铸币税收益不存在偿还的问题。但是，国际铸币税收益则不同，它是世界各国采用某个国家的货币作为国际货币并储备下来而产生的，它的本质是该国际货币发行国的债务。一旦世界各国减持某种国际储备货币，减持的部分将形成该国际储备货币发行国的商品或资产的需求，也就是该国际储备货币发行国要偿还国际铸币税收益。随着越来越多的货币成为国际储备货币，美元相对地位的下降是不可避免的。如果现在不推进国际货币制度的改革，以制度的形式规范国际铸币税收益，美元相对地位的下降有可能对美国经济形成冲击。由此可见，"世元"的构建有利于维护美国的长期利益。

应该指出，不论建立超主权货币存在多少障碍，美元地位的相对下降将是不可逆转的。随着科学技术的进步，随着各国经济的发展，一个国家在经济、贸易、金融处于绝对统治地位的时代已经逐渐结束，经济发展的多元化是世界经济发展的必然趋势。即使是国际经济的自发发展，也会有越来越多的国家的货币成为国际储备货币，国际社会的理性选择也是超主权国际货币，只是这个过程将更长，代价将更大。

第二节 超主权国际货币的国际贸易效应

一、超主权国际货币对国际贸易的影响

应该指出，"世元"的构建不可能解决牙买加体系的所有问题。但是从国际贸易的角度分析，以"世元"为本位的国际货币制度肯定优于现行的牙买加体系。

首先，"世元"的构建有助于维持国际大宗商品价格的稳定。目前，国际大宗商品的价格受到两个因素的影响：一个因素是计价货币美元的汇率变化，美元汇率贬值将导致国际大宗商品的价格上升，反之则导致国际大宗商品价格下降；另一个因素是市场需求与供给，供不应求时国际大宗商品价格上升，供过于求时国际大宗商品价格下降。因此，作为主要国际储备货币美元的汇率不稳定，是导致国际大宗商品价格波动的重要原因。

以美元汇率变化与石油价格变化的相互关系为例。表 5-1 表示美元指数的变化与迪拜石油现货的价格的关系。表中 2005—2012 年的数据都是年末数据，2013 年的数据是 2013 年 5 月 14 日的数据。如果将表 5-1 所表示的美元汇率和石油价格的变化用曲线表现出来，便得到图 5-1 的图像。从图中更能直观地看到，美元汇率贬值石油价格往往上升，美元汇率升值石油价格往往下降，两者表现出较好的负相关关系。

表 5-1　美元汇率与石油价格的关系　　　　　　石油单位：美元/桶

年　份	2005	2006	2007	2008	2009	2010	2011	2012	2013
美元指数	91.64	83.44	76.59	80.89	77.91	78.95	77.84	79.79	83.63
石油价格	53.52	56.63	66.73	36.40	77.95	88.51	103.90	107.75	100.20

注：1973 年的美元指数为 100。

资料来源：汇通网，美元指数图，http://www.fx678.com；国际石油网，国际原油价格走势，http://www.in-en.com/oil。

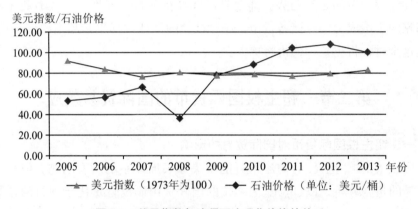

图 5-1　美元指数与迪拜石油现货价格的关系

"世元"的构建将明显地改变这种状况。"世元"按照五种成分货币定值，五种成分货币相互之间汇率变化将会在一定程度上相互抵消，从而保持"世元"价值稳定。"世元"产生以后，国际大宗商品将会按照"世元"计价，这样将排除以汇率不稳定的美元计价对国际大宗商品价格带来的不利影响，使国际大宗商品的价格更能反映市场需求与供给的变化。

其次，"世元"的构建有助于减少国际贸易的汇率风险。牙买加体系的浮动汇率制度使汇率的变化更加灵活，但是汇率频繁和剧烈地波动又产生了巨大的汇率风险。如果进出口商不利用金融衍生工具交易来减少汇率风险，有可能发生重大的汇兑损失；如果进出口商利用金融衍生工具来减少汇率风险，又产生额外的成本。因此，汇率波动不安给国际贸易带来了不利影响。

"世元"的构建同样能够改变这种状况。由于"世元"按照五种成分货币定值，"世元"的构建将为国际贸易提供一种价值稳定的计价和结算货币，从而有助于减少汇率风险。对于同时从事出口贸易和进口贸易的企业来说，它们出口收入"世元"，进口支出"世元"，汇率风险大幅度减少。对于单向从事出口贸易或进口贸易的企业来说，由于还涉及"世元"与本国货币的兑换，仍然存在汇率风险。但是，由于本国货币对"世元"包括的一篮子货币汇率的波动幅度一般小于对单一国际储备货币汇率的浮动幅度，汇率风险将会在一定程度减少。

二、超主权国际货币对国际贸易调节机制的影响

首先，"世元"的构建有助于缓和来自国际贸易的不利于国内经济的"传染"。牙买加体系下的国际货币是主权货币，其中主要是美元，而美元仅仅以美国政府的信用作为保证。由于美国政府在处理世界利益和美国利益的矛盾时总是优先考虑美国利益，造成了美元作为国际货币所应该具有的公平性的缺失，从而在某些情况下通过国际贸易给别的国家的国内经济带来不利影响。

例如，2010 年，美国经济正在缓慢复苏，但多个新兴市场经济国家已经发生了通货膨胀。但是，美国中央银行出于本国经济的考虑，实行了第二轮量化宽松的货币政策，大规模投放美元。随着美元供给增加，美元汇率趋向贬值，国际大宗商品的价格如原油的价格迅速作出反应而上升。由于多个新兴市场经济国家依赖于外国原油的进口，原油价格的上升使这些国家的通货膨胀更加恶化。

"世元"产生以后，包括原油在内的国际大宗商品将由"世元"计价，美国货币政策或者美元汇率的变化对国际大宗商品价格的影响将减少。虽然"世元"不会改变通过国际贸易实现的经济衰退或通货膨胀的传导机制，但它可以缓和由于某个主权货币汇率的变化导致的国际贸易变化对其他国家国内经济造成的不利影响。

其次，"世元"的构建能够提供比牙买加体系更好的国际贸易的调节机制。一个国家长期的贸易顺差和贸易逆差对该国内经济和国际经济都将产生不利影响，国际贸易的发展在客观上要求现行的国际货币制度能够为国际贸易的失衡提供代价较低和效率较高的调节机制。对于国际贸易失衡的调节来说，浮动汇率优于固定汇率。因此，相对合理的汇率制度是相对稳定的浮动汇率制度。

但是，在牙买加体系体系下，作为核心国际储备货币的美元的汇率本身就不稳定，再加上一旦某个国家出现国际贸易失衡，汇率将要发生调整时，国际资本就掀起外汇投机风潮，造成汇率大幅度波动，使浮动汇率难以发挥对国际贸易失衡的调节作用。"世元"的构建将提供一种稳定的国际货币，从而有助于改善国际贸易失衡调节机制。"世元"本身并不能抑制国际资本的外汇投机，但由于"世元"本身价值相对稳定，各国货币对"世元"汇率浮动将比牙买加体系更好地调节国际贸易的失衡。

第三节　超主权国际货币的国际金融效应

一、超主权国际货币对国际金融活动的影响

"世元"的构建将从下面各个方面对国际金融活动产生有利的影响：

第一，"世元"的构建能够提供一种稳定的资金融通的货币，从而减少了国际借贷的汇率风险。在牙买加体系的浮动汇率制度下，一个国家货币的汇率将随着这个国家国际收支的变化而变化。但是，国际储备货币本身的汇率就不稳定，因而造成了现行汇率体系波动不安。对于从事外汇业务的银行来说，为了防范由于汇率的变化给它们净买进或净卖出的外汇带来不利影响，必须每天对持有的外汇净头寸进行管理。对于从事国际借贷的金融机构，为了防范由于汇率的变化给它们以外币计价的债权或债务带来不利影响，必须利用外汇类的金融衍生工具进行套期保值。这一切都增加了资金融通的成本，阻碍了国际资金融通的发展。

在"世元"产生以后，以"世元"为本位的汇率制度仍然是浮动汇率制度，"世元"并不能消除汇率风险。但是，由于"世元"是一种价值稳定的国际货币，如果各国金融机构之间进行"世元"的借贷，它们所面临的汇率风险很小，基本上不需要为"世元"的债权或债务进行套期保值。如果各国金融机构之间进行非"世元"的借贷，它们仍然面临着汇率风险。但是，由于在这个汇率体系中核心国际货币"世元"价值稳定，它们所面临的汇率风险将减少。因此，"世元"的构建能够促进国家与国家之间资金融通的发展。

第二，"世元"的构建能够提供一个比较稳定的浮动汇率体系，从而减少了外汇投机发生的可能性。正如前面所指出的，牙买加体系下的汇率制度是不稳定的浮动汇率制度，人们从事国际贸易和国际金融活动存在着汇率风险，

因而不得不利用外汇类的金融衍生工具进行套期保值，结果促进了外汇类金融衍生工具如远期外汇交易、外汇互换交易、外汇期货交易、外汇期权交易的发展。外汇类金融衍生工具本身是为了规避汇率风险而产生的，但它们的出现又为外汇投机提供了杠杆率很高的金融工具。一旦某个国家货币的汇率出现变化，投机者就会利用外汇类的金融衍生工具进行投机，加剧了汇率体系的动荡。20 世纪 90 年代以来，类似的事件不断发生。例如，1997 年泰国的泰铢危机，就是投机者同时在即期外汇市场、远期外汇市场、外汇期货市场、外汇期权市场大规模抛售泰铢造成的。

在"世元"产生以后，将形成一个相对稳定的汇率体系。虽然"世元"不可能消除外汇投机，但是以"世元"为核心的汇率体系可以在一定程度上减少外汇投机发生的可能性。

二、超主权国际货币对政府金融活动的影响

第一，"世元"的构建为世界各国政府提供了一种具有更好信用保证的国际货币，使各国政府的国际储备资产更加安全。在牙买加体系下，主要的国际储备货币是美元，而美元是以美国政府的信用作为保证的。这样，各国政府的美元储备缺乏安全性和可靠性。

首先，即使在正常的国际政治环境下，如果美国经济出现某些问题而造成美国政府违约，如禁止外国政府和机构使用美元，那么各国政府的美元资产将会遭受沉重损失。另外，美国国会常常通过立法手段干预别的国家的事务，将美国的国内法凌驾于国际法之上。在这样的处事方式下，美国政府再以"三权分立"为由违约不是没有可能的。美国政府违约的事件不是没有发生过。在历史上，美国政府在 1971 年停止各国政府按照 35 美元兑换 1 盎司黄金的平价用美元向美国政府兑换黄金，就是一次重大的对世界各国政府的违约行为。

其次，在非正常的国际政治环境下，例如某个国家与美国发生某种形式的冲突，美国政府就会冻结该国政府或企业的美元资产。在历史上，美国政府就曾经冻结过多个国家的政府或企业的美元资产，如中国、古巴、伊朗、朝鲜、缅甸、叙利亚、利比亚等。在这里，且不论冲突发生的原因，也不论谁对谁错，美国政府凭借着美元是主要国际储备货币的地位，单方面地冻结外国政府在美国的金融资产，这本身就说明美元作为一种主权货币是不适宜作为国际货币的。

　　但是，"世元"的产生可以改变这种不合理的现状。"世元"由世界中央银行发行并且以五种成分货币作为保证，它的可靠性远远超过任何一种国际储备货币。美国政府可以冻结外国政府或机构在美国的美元资产，但它难以冻结外国政府和机构的"世元"资产。即使在极端的情况下，美国政府停止外国政府和机构使用美元购买美国商品和资产，外国政府的暂时损失也只是持有的"世元"中包含的美元部分。这样，"世元"的产生可以在一定程度上摆脱一个国家的政府可以左右世界国际储备货币的局面。

　　第二，"世元"的构建提供了一种稳定的国际储备资产，减少了各国货币当局外汇储备的风险。在牙买加体系下，外汇储备资产的风险主要包括购买力风险和汇兑风险。购买力风险是指持有某个国家的货币资产由于该国价格水平上升所带来的损失，这种风险即使采用"世元"也难以避免。汇兑风险是指由于持有的某种国际储备货币对别的国际储备货币汇率贬值或者对本国货币汇率贬值所带来的风险。因为一个国家货币当局的外汇储备往往是多种货币的储备，该国政府、机构或居民需要支出升值的国际储备货币的时候，很少先用本国货币兑换贬值的国际储备货币，再去兑换升值的国际储备货币，所以一种国际储备货币对别的国际储备货币汇率贬值给各国政府或机构带来的风险不大。但是，由于一个国家货币当局用本国货币购买外汇并储备下来以后，最终还是提供本国政府、机构或居民用本国货币购买，如果国际储备货币对本国货币汇率贬值，该国货币当局将遭受损失。

　　前面第二章表2-5的估算表明，2005年以来人民币对美元汇率一直趋向于升值，这样造成中国货币当局外汇储备巨额的账面汇兑损失。到2012年年末，中国货币当局的账面汇兑损失已经达到34 513亿元人民币。由于中国货币当局买进外汇以后并没有卖出外汇，这种汇兑损失仅仅是账面上的损失。如果在中国货币当局未来卖出外汇的时候人民币汇率大幅度贬值，中国货币当局还可以获得收益。但是，中国货币当局不可能长期地不断增持外汇储备，在人民币汇率趋向升值的客观形势下部分账面损失在未来会变成实际损失。可以设想，如果中国货币当局储的是"世元"，这样的损失将会大幅度减少。

本章小结

本章的分析表明，建立超主权国际货币将给目前最主要的国际储备货币发行国美国带来一定的国际铸币税损失。当然，为了国际经济的发展，可以参考现在美元的权重去调整单纯根据经济因素考虑的美元的权重，兼顾美国现有的国际铸币税的利益。除此之外，建立超主权国际货币将给国际社会带来巨大的好处，它对于国际大宗商品价格的稳定、国际贸易的发展、国际金融的发展、各国政府外汇储备价值的稳定，都会产生十分有利的影响。因此，新的国际货币制度是既兼顾现在的国际储备货币发行国的利益，又有助于国际经济发展的国际货币制度。

第 六 章

超主权国际货币运行的模拟分析

第一节　超主权国际货币定值方式的模拟分析

一、"世元"的定值规则

本章将采用模拟分析方法来描述超主权国际货币的运行情况。在这里，所谓模拟分析方法是指假定已经采用"世元"的条件下来分析近五年来"世元"的运行情况。本章模拟分析的步骤如下：首先分析"世元"相对价值的变化情况；其次分析"世元"汇率的稳定性；最后从节约交易成本和减少经济不确定性两个方面分析"世元"的绩效。

应该指出，采用模拟分析方法存在这样一个问题：假如现在已经采用"世元"，那么近五年来各种主要货币汇率以及各个经济变量的表现情况可能会有所不同。确实，这个问题在一定程度上存在。但是，按照前面第四章提出的超主权国际货币的构建方案，"世元"将与现行国际储备货币并存。由于国际货币制度的运行具有惯性，人们将习惯于采用现行国际储备货币来从事国际经济活动，"世元"取代现行国际储备货币将是一个长期的过程，模拟分析的情况将接近于现实情况。一旦"世元"被广泛采用，由于"世元"具有明显的优越性，"世元"运行情况将比模拟运行情况更好。因此，模拟分析方法是可行的。

根据在前面第四章提出的超主权国际货币的总体构建方案，未来的超主权货币"世元"是由美元、欧元、中元、英镑、日元组成，它的定值方式是取这五种成分货币汇率的加权平均数，它的相对价值可以用这五种成分货币中的任何一种货币表示。为了使"世元"更加全面地反映各成分货币发行国的经济、贸易、金融地位，它应该根据有关货币发行国国内生产总值、国际收支、国际储备三个因素来决定每种货币的权重。

二、"世元"的相对价值及其变化

根据"世元"的定值规则，下面将利用 2006—2010 年各国的有关经济指标对"世元"的价值进行模拟计算。关于"世元"价值的具体计算过程，需要说明下述问题：

第一，根据前面第四章第一节的分析，将国内生产总值、国际收支、国际储备三个指标分别赋予的权重为 0.4、0.4 和 0.2。具体计算方法如下：首先分别计算五种成分货币发行国的国内生产总值、国际收支、国际储备价值的总和；其次分别计算每个经济体国内生产总值、国际收支、国际储备价值在这五个经济体相应指标总价值中所占的比例；最后根据每个经济体国内生产总值、国际收支、国际储备所占的比例以及 0.4、0.4 和 0.2 的权重，得到各种成分货币在"世元"相对价值决定中的权重。

第二，考虑到难以得到英国和欧元区国际收支总额数据的实际情况，在下面的计算中用货物和服务贸易总额加上直接投资总额来代替国际收支总额。另外，根据前面第四章第一节的分析，采用德国、法国和意大利三大工业经济体的经济总量指标代替欧元区的经济总量指标。

第三，在如何选取计算权重的时间的问题上，参考特别提款权（SDRs）的权重的确定方法，即如果要计算 2006—2010 年的"世元"相对价值，应该根据有关经济体在 2001—2005 年期间国内生产总值、货物和服务贸易总额以及国际储备所占的比例来决定各种成分货币的权重。

在 2006—2010 年期间，"世元"相对价值变化情况具体的模拟计算过程如下：

第一步，根据世界银行数据库提供的相关数据计算出欧元区、美国、中国、日本、英国五个经济体各自的国内生产总值（GDP）、货物和服务贸易总额以及国际储备所占的比例，如表 6-1、表 6-2 和表 6-3 所示。

表 6-1　各经济体国内生产总值的权重(2001—2005 年)

年　份	2001	2002	2003	2004	2005	均　值
英国	0.068	0.072	0.075	0.081	0.081	0.075
美国	0.475	0.475	0.450	0.435	0.443	0.456
中国	0.062	0.065	0.067	0.071	0.080	0.069
日本	0.193	0.178	0.175	0.172	0.161	0.176
欧元区	0.202	0.210	0.233	0.241	0.236	0.224

资料来源：世界银行，统计数据，http://www.worldbank.org。

表 6-2　各经济体国际收支的权重(2001—2005 年)

年　份	2001	2002	2003	2004	2005	均　值
英国	0.133	0.121	0.142	0.145	0.193	0.147
美国	0.368	0.352	0.340	0.414	0.222	0.339
中国	0.073	0.088	0.096	0.094	0.115	0.093
日本	0.089	0.092	0.088	0.079	0.082	0.086
欧元区	0.337	0.347	0.334	0.267	0.388	0.335

资料来源：世界银行，统计数据，http://www.worldbank.org。

表 6-3　各经济体国际储备的权重(2001—2005 年)

年　份	2001	2002	2003	2004	2005	均　值
英　国	0.038 2	0.035 0	0.025 6	0.022 9	0.020 3	0.028 4
美　国	0.133 2	0.134 5	0.119 2	0.098 2	0.087 5	0.114 5
中　国	0.225 4	0.253 9	0.269 5	0.321 2	0.386 3	0.291 3
日　本	0.411 7	0.400 5	0.436 2	0.435 5	0.393 5	0.415 5
欧元区	0.191 5	0.176 1	0.149 5	0.122 2	0.112 4	0.150 3

资料来源：世界银行，统计数据，http://www.worldbank.org。

第二步，将三个因素的均值进行加权平均计算得到表 6-4。

表 6-4　五种成分货币在"世元"中所占的权重

基准年份	英　国	美　国	中　国	日　本	欧元区
2001—2005	0.095	0.341	0.123	0.188	0.254

第三步，考虑到美元是最重要的国际储备货币，将"世元"的初始价值设定为 1 美元。为计算 2006—2010 年的"世元"价值，参照特别提款权的定值方式，选取 2005 年 10 月至 12 月三个月美元与其他货币的平均汇率来计算每单位"世元"所应包含的各种货币数量，得到表 6-5。

表 6-5　1"世元"包含的成分货币的数量

货　币	权　重	对美元汇率	包含货币数量	对应美元价值
美元	0.341	1.000 0	0.341	0.340 8
欧元	0.254	0.841 4	0.213	0.253 6
日元	0.188	117.293 8	22.035	0.187 9
中元	0.123	8.074 8	0.994	0.123 2
英镑	0.095	0.572 0	0.054	0.094 6
合　计	1.000	—	—	1.000 0

这就是说，在 2006 年 1 月至 2010 年 12 月期间，1"世元"由 0.341 美元、0.213 欧元、22.035 日元、0.994 中元和 0.054 英镑组成。

第四步，根据"世元"包含的各种成分货币数量计算它们在 2006—2010 年相对价值的变化情况（月度数据），具体计算分下述步骤进行。

首先，计算其他四种成分货币对美元汇率（以其他货币为基础货币，即以每单位其他货币兑换美元的数量表示）的月度平均值，得到表 6-6。

表 6-6　其他四种货币对美元的汇率走势（2006—2010 年）

时　期	英　镑	日　元	中　元	欧　元
2006 年 1 月	1.767 8	0.008 7	0.124 0	1.212 3
2006 年 2 月	1.747 0	0.008 5	0.124 2	1.193 6
2006 年 3 月	1.743 5	0.008 5	0.124 5	1.202 4
2006 年 4 月	1.768 5	0.008 5	0.124 8	1.227 7
2006 年 5 月	1.870 2	0.009 0	0.124 8	1.277 6
2006 年 6 月	1.842 8	0.008 7	0.124 9	1.265 5
2006 年 7 月	1.844 7	0.008 6	0.125 2	1.268 7
2006 年 8 月	1.894 4	0.008 6	0.125 4	1.281 2

时　期	英　镑	日　元	中　元	欧　元
2006 年 9 月	1.884 7	0.008 5	0.126 1	1.272 4
2006 年 10 月	1.875 5	0.008 4	0.126 6	1.261 4
2006 年 11 月	1.911 9	0.008 5	0.127 2	1.288 7
2006 年 12 月	1.963 3	0.008 5	0.127 9	1.321 2
2007 年 1 月	1.958 7	0.008 3	0.128 4	1.298 9
2007 年 2 月	1.958 1	0.008 3	0.129 0	1.308 0
2007 年 3 月	1.947 1	0.008 5	0.129 2	1.324 2
2007 年 4 月	1.990 9	0.008 4	0.129 5	1.353 2
2007 年 5 月	1.983 6	0.008 3	0.130 3	1.351 5
2007 年 6 月	1.986 4	0.008 2	0.131 1	1.341 6
2007 年 7 月	2.033 8	0.008 2	0.132 0	1.372 1
2007 年 8 月	2.011 1	0.008 6	0.132 0	1.362 2
2007 年 9 月	2.018 5	0.008 7	0.133 0	1.390 6
2007 年 10 月	2.044 6	0.008 6	0.133 3	1.422 9
2007 年 11 月	2.070 1	0.009 0	0.134 8	1.467 6
2007 年 12 月	2.018 5	0.008 9	0.135 7	1.455 8
2008 年 1 月	1.969 8	0.009 3	0.138 1	1.471 9
2008 年 2 月	1.963 8	0.009 3	0.139 6	1.474 7
2008 年 3 月	2.003 2	0.009 9	0.141 4	1.553 3
2008 年 4 月	1.981 7	0.009 7	0.142 9	1.575 3
2008 年 5 月	1.964 1	0.009 6	0.143 4	1.554 7
2008 年 6 月	1.965 8	0.009 4	0.145 0	1.555 7
2008 年 7 月	1.988 0	0.009 4	0.146 3	1.575 8
2008 年 8 月	1.888 9	0.009 1	0.145 9	1.496 8
2008 年 9 月	1.798 6	0.009 4	0.146 3	1.434 9
2008 年 10 月	1.690 0	0.010 0	0.146 3	1.327 0
2008 年 11 月	1.533 8	0.010 3	0.146 5	1.273 4
2008 年 12 月	1.485 9	0.011 0	0.145 9	1.345 4

续表

时　　期	英　镑	日　元	中　元	欧　元
2009 年 1 月	1.445 2	0.011 1	0.146 3	1.322 8
2009 年 2 月	1.441 1	0.010 8	0.146 3	1.279 3
2009 年 3 月	1.417 4	0.010 2	0.146 3	1.303 8
2009 年 4 月	1.471 5	0.010 1	0.146 4	1.318 9
2009 年 5 月	1.542 9	0.010 4	0.146 6	1.365 4
2009 年 6 月	1.636 6	0.010 3	0.146 3	1.401 0
2009 年 7 月	1.636 6	0.010 6	0.146 4	1.408 1
2009 年 8 月	1.653 9	0.010 5	0.146 4	1.426 1
2009 年 9 月	1.632 8	0.010 9	0.146 5	1.456 5
2009 年 10 月	1.619 9	0.011 1	0.146 5	1.482 1
2009 年 11 月	1.659 7	0.011 2	0.146 5	1.491 6
2009 年 12 月	1.623 9	0.011 1	0.146 5	1.459 0
2010 年 1 月	1.616 2	0.011 0	0.146 5	1.426 7
2010 年 2 月	1.561 5	0.011 1	0.146 4	1.367 8
2010 年 3 月	1.505 3	0.011 0	0.146 5	1.357 0
2010 年 4 月	1.534 0	0.010 7	0.146 5	1.341 4
2010 年 5 月	1.462 7	0.010 9	0.146 5	1.251 4
2010 年 6 月	1.476 1	0.011 0	0.146 7	1.221 6
2010 年 7 月	1.529 9	0.011 4	0.147 6	1.279 1
2010 年 8 月	1.566 0	0.011 7	0.147 4	1.290 7
2010 年 9 月	1.557 8	0.011 8	0.148 3	1.308 7
2010 年 10 月	1.586 2	0.012 2	0.150 0	1.389 9
2010 年 11 月	1.596 1	0.012 1	0.150 3	1.363 7
2010 年 12 月	1.560 3	0.012 0	0.150 4	1.322 1

数据来源：Bank of England, Statistical Interactive Database-interest & Exchange Rates Data，http://www.bankofengland.co.uk。

其次，将每一个时期的每一种货币（包括美元）兑换美元的汇率与数量相乘，便得到 1"世元"中所含的各种成分货币数量的美元价值，如表 6-7 所示。

表 6-7　用美元表示的各成分货币在 1"世元"中的价值(2006—2010 年)

时　期	美　元	欧　元	日　元	中　元	英　镑
2006 年 1 月	0.340 8	0.258 6	0.191 7	0.123 3	0.095 7
2006 年 2 月	0.340 8	0.254 6	0.187 3	0.123 5	0.094 6
2006 年 3 月	0.340 8	0.256 5	0.187 3	0.123 8	0.094 4
2006 年 4 月	0.340 8	0.261 9	0.187 3	0.124 1	0.095 7
2006 年 5 月	0.340 8	0.272 6	0.198 3	0.124 1	0.101 2
2006 年 6 月	0.340 8	0.270 0	0.191 7	0.124 2	0.099 8
2006 年 7 月	0.340 8	0.270 7	0.189 5	0.124 5	0.099 9
2006 年 8 月	0.340 8	0.273 3	0.189 5	0.124 7	0.102 5
2006 年 9 月	0.340 8	0.271 5	0.187 3	0.125 4	0.102 0
2006 年 10 月	0.340 8	0.269 1	0.185 1	0.125 9	0.101 5
2006 年 11 月	0.340 8	0.274 9	0.187 3	0.126 5	0.103 5
2006 年 12 月	0.340 8	0.281 9	0.187 3	0.127 2	0.106 3
2007 年 1 月	0.340 8	0.277 1	0.182 9	0.127 7	0.106 0
2007 年 2 月	0.340 8	0.279 1	0.182 9	0.128 3	0.106 0
2007 年 3 月	0.340 8	0.282 5	0.187 3	0.128 5	0.105 4
2007 年 4 月	0.340 8	0.288 7	0.185 1	0.128 8	0.107 8
2007 年 5 月	0.340 8	0.288 3	0.182 9	0.129 6	0.107 4
2007 年 6 月	0.340 8	0.286 2	0.180 7	0.130 4	0.107 5
2007 年 7 月	0.340 8	0.292 7	0.180 7	0.131 3	0.110 1
2007 年 8 月	0.340 8	0.290 6	0.189 5	0.131 3	0.108 9
2007 年 9 月	0.340 8	0.296 7	0.191 7	0.132 3	0.109 3
2007 年 10 月	0.340 8	0.303 6	0.189 5	0.132 6	0.110 7
2007 年 11 月	0.340 8	0.313 1	0.198 3	0.134 1	0.112 1
2007 年 12 月	0.340 8	0.310 6	0.196 1	0.134 9	0.109 3
2008 年 1 月	0.340 8	0.314 0	0.204 9	0.137 3	0.106 6
2008 年 2 月	0.340 8	0.314 6	0.204 9	0.138 8	0.106 3
2008 年 3 月	0.340 8	0.331 4	0.218 1	0.140 6	0.108 4
2008 年 4 月	0.340 8	0.336 1	0.213 7	0.142 1	0.107 3

续表

时　期	美　元	欧　元	日　元	中　元	英　镑
2008 年 5 月	0. 340 8	0. 331 7	0. 211 5	0. 142 6	0. 106 3
2008 年 6 月	0. 340 8	0. 331 9	0. 207 1	0. 144 2	0. 106 4
2008 年 7 月	0. 340 8	0. 336 2	0. 207 1	0. 145 5	0. 107 6
2008 年 8 月	0. 340 8	0. 319 3	0. 200 5	0. 145 1	0. 102 2
2008 年 9 月	0. 340 8	0. 306 1	0. 207 1	0. 145 5	0. 097 4
2008 年 10 月	0. 340 8	0. 283 1	0. 220 3	0. 145 5	0. 091 5
2008 年 11 月	0. 340 8	0. 271 7	0. 227 0	0. 145 7	0. 083 0
2008 年 12 月	0. 340 8	0. 287 0	0. 242 4	0. 145 1	0. 080 4
2009 年 1 月	0. 340 8	0. 282 2	0. 244 6	0. 145 5	0. 078 2
2009 年 2 月	0. 340 8	0. 272 9	0. 238 0	0. 145 5	0. 078 0
2009 年 3 月	0. 340 8	0. 278 2	0. 224 8	0. 145 5	0. 076 7
2009 年 4 月	0. 340 8	0. 281 4	0. 222 5	0. 145 6	0. 079 7
2009 年 5 月	0. 340 8	0. 291 3	0. 229 2	0. 145 8	0. 083 5
2009 年 6 月	0. 340 8	0. 298 9	0. 227 0	0. 145 5	0. 088 6
2009 年 7 月	0. 340 8	0. 300 4	0. 233 6	0. 145 6	0. 088 6
2009 年 8 月	0. 340 8	0. 304 2	0. 231 4	0. 145 6	0. 089 5
2009 年 9 月	0. 340 8	0. 310 7	0. 240 2	0. 145 7	0. 088 4
2009 年 10 月	0. 340 8	0. 316 2	0. 244 6	0. 145 7	0. 087 7
2009 年 11 月	0. 340 8	0. 318 2	0. 246 8	0. 145 7	0. 089 8
2009 年 12 月	0. 340 8	0. 311 3	0. 244 6	0. 145 7	0. 087 9
2010 年 1 月	0. 340 8	0. 304 4	0. 242 4	0. 145 7	0. 087 5
2010 年 2 月	0. 340 8	0. 291 8	0. 244 6	0. 145 6	0. 084 5
2010 年 3 月	0. 340 8	0. 289 5	0. 242 4	0. 145 7	0. 081 5
2010 年 4 月	0. 340 8	0. 286 2	0. 235 8	0. 145 7	0. 083 0
2010 年 5 月	0. 340 8	0. 267 0	0. 240 2	0. 145 7	0. 079 2
2010 年 6 月	0. 340 8	0. 260 6	0. 242 4	0. 145 9	0. 079 9
2010 年 7 月	0. 340 8	0. 272 9	0. 251 2	0. 146 8	0. 082 8
2010 年 8 月	0. 340 8	0. 275 4	0. 257 8	0. 146 6	0. 084 8

续表

时　期	美　元	欧　元	日　元	中　元	英　镑
2010 年 9 月	0.340 8	0.279 2	0.260 0	0.147 5	0.084 3
2010 年 10 月	0.340 8	0.296 5	0.268 8	0.149 2	0.085 9
2010 年 11 月	0.340 8	0.290 9	0.266 6	0.149 5	0.086 4
2010 年 12 月	0.340 8	0.282 1	0.264 4	0.149 6	0.084 5

再次，将表 6-7 的每一行数据相加，便得到相应时期用美元表示的 1"世元"的相对价值，如表 6-8 所示。

表 6-8　2006—2010 年 1"世元"的美元价值模拟计算

月/年	"世元"	月/年	"世元"	月/年	"世元"	月/年	"世元"	月/年	"世元"
01/06	1.010 1	01/07	1.034 5	01/08	1.103 7	01/09	1.091 3	01/10	1.120 7
02/06	1.000 8	02/07	1.037 0	02/08	1.105 5	02/09	1.075 2	02/10	1.107 3
03/06	1.002 8	03/07	1.044 5	03/08	1.139 4	03/09	1.065 9	03/10	1.099 9
04/06	1.009 8	04/07	1.051 1	04/08	1.140 0	04/09	1.070 0	04/10	1.091 5
05/06	1.037 0	05/07	1.049 6	05/08	1.132 9	05/09	1.090 6	05/10	1.072 8
06/06	1.026 4	06/07	1.045 6	06/08	1.130 4	06/09	1.100 7	06/10	1.069 6
07/06	1.025 3	07/07	1.055 6	07/08	1.137 2	07/09	1.108 9	07/10	1.094 5
08/06	1.030 9	08/07	1.061 0	08/08	1.108 0	08/09	1.111 5	08/10	1.105 3
09/06	1.027 0	09/07	1.070 7	09/08	1.096 9	09/09	1.125 8	09/10	1.111 8
10/06	1.022 4	10/07	1.077 1	10/08	1.081 2	10/09	1.134 9	10/10	1.141 2
11/06	1.033 0	11/07	1.098 3	11/08	1.068 1	11/09	1.141 3	11/10	1.134 2
12/06	1.043 4	12/07	1.091 7	12/08	1.095 7	12/09	1.130 2	12/10	1.121 3

同理，可以计算出每单位"世元"用其他四种成分货币表示的价值。

三、"世元"价值的稳定性分析

分析一个变量是否稳定，通常使用该变量的方差或标准差来衡量。但是，当进行两个或多个变量变异程度的比较时，如果度量单位与平均数相同，可以直接利用标准差来比较；如果单位和(或)平均数不同时，比较其变异程度就不能采用标准差，而需采用标准差与平均数的比值(相对值)来比较。简单来说就是，在表示离散程度上，标准差并不是全能的。当度量单位或平均数不同时，只能用变异系数了。变异系数也是表示离散程度的，它是标准差和相应平均数的比值。标准差与平均数的比值称为变异系数，记为 C.V。变异系数可以消除单位和(或)平均数不同对两个或多个资料变异程度比较的影响。变异系数又称"标准差率"，是衡量资料中各观测值变异程度的一个统计指标。

下面将通过计算变异系数来分析"世元"价值的稳定性。需要说明的是，为了更好地说明"世元"价值的稳定性，除了将"世元"与各成分货币进行比较之外，还将"世元"与澳大利亚元(以下简称澳元)和巴西雷亚尔(以下简称雷亚尔)这两种非成分货币进行比较。

1. 各种成分货币汇率的年度变异系数的比较

根据变异系数的计算方法，计算各种成分货币汇率的变异系数的具体步骤如下：第一，分别计算 2006—2010 年以美元表示的各种成分货币汇率每年的均值和标准差；第二，用标准差除以均值，便得到各种成分货币汇率的变异系数，如表 6-9 和图 6-1 所示。

表 6-9　各种货币汇率的变异系数(2006—2010 年)

年份	美元/"世元"	美元/欧元	美元/日元	美元/中元	美元/英镑	美元/澳元	美元/雷亚尔
2006	0.012 8	0.029 5	0.017 7	0.009 4	0.037 0	0.021 0	0.017 4
2007	0.018 7	0.038 0	0.030 0	0.017 2	0.018 0	0.045 6	0.041 4
2008	0.020 8	0.068 1	0.052 7	0.019 3	0.095 5	0.130 6	0.076 7
2009	0.022 5	0.050 6	0.035 1	0.000 7	0.058 0	0.118 5	0.027 2
2010	0.019 1	0.042 9	0.044 2	0.010 4	0.028 9	0.049 8	0.017 1

根据表 6-9 和图 6-1 可以得到这样的结论：就美元表示的各种货币的汇率而言，在 2006—2010 年期间，英镑、日元、欧元、澳元以及雷亚尔的汇率变异系数均大于"世元"的变异系数，即在年度汇率变动方面，英镑、日元、欧元这三种成分货币和澳元、雷亚尔这两种非成分货币的变动程度大于"世元"。也就是说，与这五种货币相比，"世元"的美元价值更加稳定。

另外，通过比较还可以得到这样的结论：在 2006—2010 年期间，中元的变异系数总体小于"世元"的变异系数，即中元的美元价值比"世元"的美元价值更为稳定。之所以出现这样的结果，是因为中国在 2005 年 7 月以前以及

2008 年 7 月到 2010 年 6 月实行参考美元定价的汇率制度，在 2005 年 7 月到 2008 年 7 月以及 2010 年 6 月到 2010 年 12 月则实行参考一篮子货币定价的汇率制度，而美元在货币篮子中又占据比较大的比重。

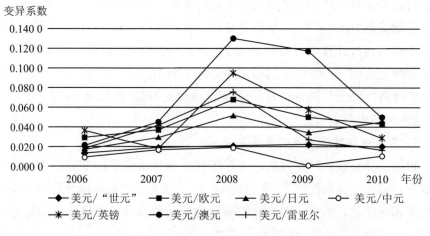

图 6-1　各种货币汇率的变异系数比较（2006—2010 年）

2. 各种成分货币月度汇率的波动程度的比较

与上述计算各种货币年度变异系数相似，可以计算各种货币月度汇率的波动幅度。具体计算步骤如下：

第一，根据 2006—2010 年期间英镑、日元、欧元、中元、"世元"、澳元以及雷亚尔对美元的月度汇率数据，分别计算各种货币在这五年的月度汇率平均值。

第二，用各种货币的每个月度汇率值减去其月度汇率平均值并取其绝对值，即可得到在 2006—2010 年期间各种货币月度汇率偏离其平均值的大小，最后再用该值除以汇率平均值，即可衡量每种货币月度汇率值偏离其平均值的程度，称之为"汇率偏离度"，即月度汇率偏离度＝∣月度值－平均值∣/平均值。结果如表 6-10 所示。

表 6-10　各种成分货币汇率的月度偏离度（2006—2010 年）

时　期	美元/ "世元"	美元/ 欧元	美元/ 日元	美元/ 中元	美元/ 英镑	美元/ 澳元	美元/ 雷亚尔
2006 年 1 月	0.065 3	0.110 7	0.110 1	0.108 1	0.003 5	0.097 3	0.007 5
2006 年 2 月	0.073 9	0.124 4	0.130 6	0.106 6	0.008 4	0.107 8	0.006 6
2006 年 3 月	0.072 1	0.118 0	0.130 6	0.104 5	0.010 3	0.126 1	0.004 3
2006 年 4 月	0.065 5	0.099 4	0.130 6	0.102 3	0.003 9	0.113 3	0.006 3
2006 年 5 月	0.040 4	0.062 8	0.079 4	0.102 3	0.061 6	0.080 7	0.014 9
2006 年 6 月	0.050 2	0.071 7	0.110 1	0.101 6	0.046 0	0.110 0	0.029 7
2006 年 7 月	0.051 2	0.069 4	0.120 4	0.099 5	0.047 1	0.094 4	0.039 1
2006 年 8 月	0.046 1	0.060 2	0.120 4	0.098 0	0.075 3	0.081 4	0.041 2
2006 年 9 月	0.049 7	0.066 6	0.130 6	0.093 0	0.069 8	0.091 1	0.031 6
2006 年 10 月	0.053 9	0.074 7	0.140 8	0.089 4	0.064 6	0.093 1	0.018 4
2006 年 11 月	0.044 1	0.054 7	0.130 6	0.085 1	0.085 2	0.070 5	0.004 4
2006 年 12 月	0.034 5	0.030 8	0.130 6	0.080 0	0.114 4	0.054 3	0.000 8
2007 年 1 月	0.042 7	0.047 2	0.151 0	0.076 4	0.111 8	0.058 1	0.007 8
2007 年 2 月	0.040 4	0.040 5	0.151 0	0.072 1	0.111 5	0.058 2	0.012 0
2007 年 3 月	0.033 5	0.028 6	0.130 6	0.070 7	0.105 2	0.045 9	0.017 5
2007 年 4 月	0.027 3	0.007 4	0.140 8	0.068 5	0.130 1	0.003 2	0.063 2
2007 年 5 月	0.029 3	0.008 6	0.151 0	0.062 8	0.125 9	0.006 8	0.096 9
2007 年 6 月	0.032 5	0.015 9	0.161 3	0.057 0	0.127 5	0.013 7	0.097 7
2007 年 7 月	0.023 2	0.006 5	0.161 3	0.050 5	0.154 4	0.043 5	0.105 3
2007 年 8 月	0.018 2	0.000 8	0.120 4	0.050 5	0.141 6	0.003 8	0.095 6
2007 年 9 月	0.009 2	0.020 1	0.110 1	0.043 3	0.145 9	0.018 0	0.108 6
2007 年 10 月	0.003 3	0.043 8	0.120 4	0.041 2	0.160 6	0.081 6	0.131 1
2007 年 11 月	0.016 3	0.076 5	0.079 4	0.030 4	0.175 0	0.076 9	0.132 1
2007 年 12 月	0.010 2	0.067 9	0.089 7	0.023 9	0.145 8	0.049 8	0.131 6
2008 年 1 月	0.021 3	0.079 7	0.048 8	0.006 7	0.118 1	0.060 7	0.134 8
2008 年 2 月	0.022 9	0.081 8	0.048 8	0.004 1	0.114 7	0.098 4	0.123 1
2008 年 3 月	0.054 3	0.139 4	0.012 6	0.017 1	0.137 1	0.112 2	0.108 7

续表

时 期	美元/"世元"	美元/欧元	美元/日元	美元/中元	美元/英镑	美元/澳元	美元/雷亚尔
2008 年 4 月	0.054 9	0.155 5	0.007 8	0.027 9	0.124 9	0.119 5	0.114 1
2008 年 5 月	0.048 4	0.140 4	0.018 1	0.031 5	0.114 9	0.141 9	0.058 4
2008 年 6 月	0.046 0	0.141 2	0.038 5	0.043 0	0.115 8	0.144 4	0.041 5
2008 年 7 月	0.052 3	0.155 9	0.038 5	0.052 3	0.128 4	0.157 7	0.041 5
2008 年 8 月	0.025 3	0.098 0	0.069 2	0.049 4	0.072 2	0.061 5	0.038 3
2008 年 9 月	0.015 0	0.052 6	0.038 5	0.052 3	0.020 9	0.015 8	0.020 4
2008 年 10 月	0.000 5	0.026 6	0.022 8	0.052 3	0.040 7	0.177 7	0.081 2
2008 年 11 月	0.011 6	0.065 9	0.053 5	0.053 8	0.129 4	0.209 2	0.087 8
2008 年 12 月	0.013 9	0.013 1	0.125 1	0.049 4	0.156 6	0.192 8	0.081 6
2009 年 1 月	0.009 8	0.029 7	0.135 4	0.052 3	0.179 7	0.189 2	0.085 5
2009 年 2 月	0.005 1	0.061 6	0.104 7	0.052 3	0.182 0	0.218 2	0.095 2
2009 年 3 月	0.013 7	0.043 6	0.043 3	0.052 3	0.195 4	0.199 1	0.128 7
2009 年 4 月	0.009 9	0.032 5	0.033 1	0.053 0	0.164 7	0.140 4	0.108 6
2009 年 5 月	0.009 1	0.001 6	0.063 8	0.054 5	0.124 2	0.079 0	0.080 9
2009 年 6 月	0.018 5	0.027 7	0.053 5	0.052 3	0.071 0	0.034 7	0.065 6
2009 年 7 月	0.026 2	0.032 9	0.084 2	0.053 0	0.071 0	0.031 9	0.078 9
2009 年 8 月	0.028 5	0.046 1	0.074 0	0.053 0	0.061 2	0.004 7	0.076 2
2009 年 9 月	0.041 7	0.068 4	0.114 9	0.053 8	0.073 2	0.036 9	0.077 7
2009 年 10 月	0.050 2	0.087 2	0.135 4	0.053 8	0.080 5	0.090 6	0.045 5
2009 年 11 月	0.056 1	0.094 2	0.145 6	0.053 8	0.057 9	0.106 8	0.042 7
2009 年 12 月	0.045 9	0.070 2	0.135 4	0.053 8	0.078 2	0.086 1	0.042 7
2010 年 1 月	0.037 1	0.046 5	0.125 1	0.053 8	0.082 6	0.099 2	0.029 3
2010 年 2 月	0.024 6	0.003 3	0.135 4	0.053 0	0.113 6	0.066 0	0.037 8
2010 年 3 月	0.017 7	0.004 6	0.125 1	0.053 8	0.145 5	0.097 9	0.020 0
2010 年 4 月	0.010 0	0.016 0	0.094 4	0.053 8	0.129 3	0.115 4	0.002 3
2010 年 5 月	0.007 3	0.082 0	0.114 9	0.053 8	0.169 7	0.043 0	0.028 4
2010 年 6 月	0.010 3	0.103 9	0.125 1	0.055 2	0.162 1	0.025 9	0.042 6

续表

时　期	美元/ "世元"	美元/ 欧元	美元/ 日元	美元/ 中元	美元/ 英镑	美元/ 澳元	美元/ 雷亚尔
2010 年 7 月	0.012 8	0.061 7	0.166 0	0.061 7	0.131 6	0.054 1	0.047 9
2010 年 8 月	0.022 8	0.053 2	0.196 7	0.060 2	0.111 1	0.082 7	0.042 3
2010 年 9 月	0.028 8	0.040 0	0.207 0	0.066 7	0.115 7	0.129 3	0.030 1
2010 年 10 月	0.056 0	0.019 6	0.247 9	0.078 9	0.099 6	0.181 2	0.003 6
2010 年 11 月	0.049 5	0.000 3	0.237 6	0.081 1	0.094 0	0.189 4	0.009 7
2010 年 12 月	0.037 6	0.030 2	0.227 4	0.081 8	0.114 3	0.194 7	0.012 2

根据表 6-10 的结果，可以通过"世元"价值与其他货币价值之间的比较来验证"世元"价值与单一货币价值相比是否更趋向于稳定。

（1）英镑与"世元"

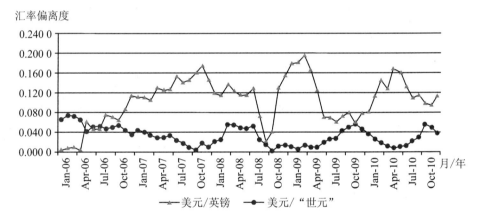

图 6-2　英镑与"世元"价值稳定性比较（2006—2010 年）

从图 6-2 可以看到，除了 2006 年 1 月至 2006 年 4 月之外，英镑汇率偏离其均值的幅度均大于"世元"，即"世元"的相对价值更为稳定。

（2）日元与"世元"

从图 6-3 可以看到，除 2008 年 3 月至 2008 年 7 月之外，日元汇率偏离其均值的幅度均大于"世元"，即"世元"的相对价值更为稳定。

汇率偏离度

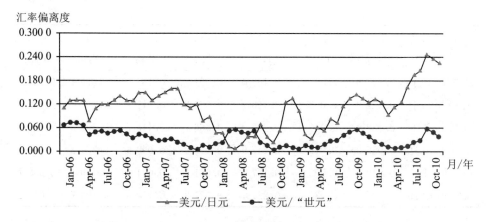

图6-3　日元与"世元"价值稳定性比较(2006—2010年)

(3)中元与"世元"

汇率偏离度

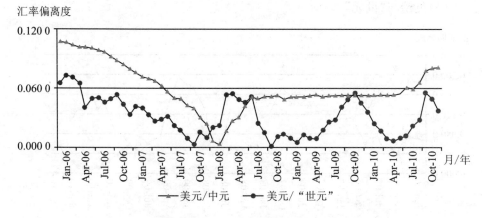

图6-4　中元与"世元"价值稳定性比较(2006—2010年)

　　从图6-4可以看到，除了2008年1月至2008年6月之外，中元汇率偏离其均值的幅度均大于"世元"，即"世元"的相对价值更为稳定。

　　(4)欧元与"世元"

　　从图6-5可以看到，除了2007年3月至2007年8月和2010年2月至3月以及10月至12月之外，欧元汇率偏离其均值的幅度均大于"世元"。总体而言，在2010年之前，欧元的波动趋势与"世元"的波动趋势较为一致。

汇率偏离度

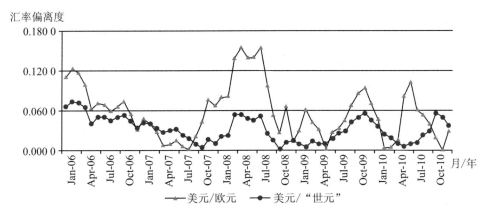

图 6-5　欧元与"世元"价值稳定性比较（2006—2010 年）

（5）澳元与"世元"

汇率偏离度

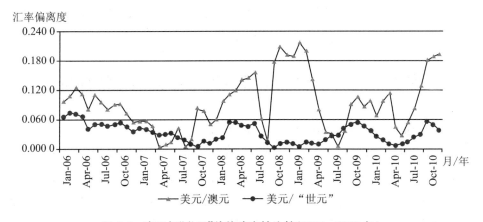

图 6-6　澳元与"世元"价值稳定性比较（2006—2010 年）

　　由图 6-6 可以得出，除了 2007 年 4 月至 6 月、8 月和 2009 年 8 月之外，澳元汇率偏离其均值的幅度均大于"世元"。总体而言，与澳元相比，"世元"的汇率波动更小而且波幅更稳定。

　　（6）雷亚尔与"世元"

　　由图 6-7 可以看出，在 2007 年 4 月之前和 2010 年 10 月之后，"世元"的汇率偏离度大于雷亚尔的汇率偏离度；在其他时间内，除少数几个月份两者比较接近外，雷亚尔汇率的偏离度均明显大于"世元"汇率的偏离度。

汇率偏离度

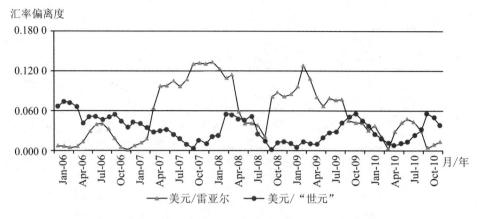

图 6-7　雷亚尔与"世元"价值稳定性比较（2006—2010 年）

综合上述分析可以得出，相对于其他货币而言，"世元"的相对价值更为稳定。特别是在 2008 年国际金融危机爆发前后，其他货币的汇率波动明显加剧，"世元"相对价值的稳定性优势更加凸显。

第二节　超主权国际货币汇率体系的模拟分析

一、"世元"与各种货币之间的汇率关系

"世元"构建以后，将形成比较稳定的汇率体系，从而有助于国际经济活动的发展。下面将以本章第一节的结果为基础，计算 2006—2010 年美元、欧元、中元、英镑、日元五种成分货币对"世元"的汇率走势。另外，为了更好地说明采用"世元"可以形成稳定的汇率体系，同样纳入澳元和雷亚尔两种非成分货币进行比较分析。

对于英镑、日元、欧元、中元、澳元以及雷亚尔而言，首先，统计它们与美元之间的月平均汇率以及对应的年度变异系数和汇率偏离度；其次，计算它们与"世元"之间月平均汇率以及对应的年度变异系数和汇率偏离度；最后，比较二者变异系数以及汇率偏离度的大小。如果各种货币与"世元"之间的变异系数和汇率偏离度小于各种货币与美元之间的变异系数和汇率偏离度，说明以"世元"为核心的国际货币汇率体系比以美元为核心的国际货币汇率体系更为稳定。

由于上面的比较是作为基础货币的美元和"世元"的比较，对于美元而言可以以欧元作为基础货币，即：首先，计算美元与欧元之间的汇率以及相应的变异系数和汇率偏离度；其次，计算美元与"世元"之间的汇率以及相应的变异系数和汇率偏离度；最后，比较二者变异系数和汇率偏离度的大小，同样证明以"世元"为核心的国际货币汇率体系比以美元为核心的国际货币汇率体系更为稳定。

关于"世元"与各种货币之间的汇率的具体计算步骤如下：

第一，计算英镑、日元、中元、欧元、澳元以及雷亚尔与美元之间的月平均汇率。在这里，汇率的表示方法是以美元为基础货币，即其他货币/美元。

第二，利用第一节"世元"用美元表示的价值计算方法，同样可以计算出"世元"与其他货币的汇率，即其他货币/"世元"。计算结果如表 6-11 所示。

表 6-11　其他六种货币与"世元"之间的汇率(2006—2010 年)

时　期	欧元/ "世元"	日元/ "世元"	中元/ "世元"	英镑/ "世元"	澳元/ "世元"	雷亚尔/ "世元"
2006 年 1 月	0.833 2	116.107 5	8.146 3	0.571 4	1.346 6	44.667 7
2006 年 2 月	0.838 5	117.742 6	8.058 1	0.572 9	1.349 9	44.295 2
2006 年 3 月	0.834 0	117.976 2	8.054 6	0.575 2	1.380 9	44.488 0
2006 年 4 月	0.822 6	118.805 6	8.091 7	0.571 0	1.370 5	45.275 9
2006 年 5 月	0.811 7	115.223 9	8.309 4	0.554 5	1.357 3	46.901 2
2006 年 6 月	0.811 1	117.981 6	8.218 1	0.557 0	1.387 8	47.128 5
2006 年 7 月	0.808 2	119.223 3	8.189 5	0.555 8	1.362 4	47.541 6
2006 年 8 月	0.804 6	119.869 4	8.220 7	0.544 2	1.350 4	47.903 7
2006 年 9 月	0.807 1	120.819 6	8.144 1	0.544 9	1.359 6	47.247 5
2006 年 10 月	0.810 5	121.716 1	8.076 0	0.545 1	1.356 6	46.403 5
2006 年 11 月	0.801 6	121.530 6	8.121 2	0.540 3	1.337 3	46.226 1
2006 年 12 月	0.789 8	122.755 6	8.158 2	0.531 5	1.327 7	46.448 3
2007 年 1 月	0.796 4	124.639 3	8.056 9	0.528 2	1.321 6	45.733 8
2007 年 2 月	0.792 8	124.941 2	8.038 9	0.529 6	1.325 0	45.652 7

续表

时　　期	欧元/ "世元"	日元/ "世元"	中元/ "世元"	英镑/ "世元"	澳元/ "世元"	雷亚尔/ "世元"
2007 年 3 月	0.788 8	122.879 8	8.084 2	0.536 4	1.317 3	45.736 2
2007 年 4 月	0.776 8	125.134 7	8.116 8	0.528 0	1.268 9	44.045 4
2007 年 5 月	0.776 1	126.381 4	8.050 4	0.528 8	1.270 9	42.605 2
2007 年 6 月	0.779 4	127.511 8	7.975 6	0.526 4	1.241 2	42.437 3
2007 年 7 月	0.769 3	128.727 4	7.996 7	0.519 0	1.217 3	42.548 3
2007 年 8 月	0.778 9	123.376 5	8.038 2	0.527 6	1.281 6	43.149 0
2007 年 9 月	0.770 0	123.068 4	8.050 3	0.530 4	1.265 6	43.030 7
2007 年 10 月	0.757 0	125.243 5	8.080 2	0.526 8	1.198 3	42.423 9
2007 年 11 月	0.748 4	122.035 1	8.147 7	0.530 6	1.227 3	43.224 2
2007 年 12 月	0.749 9	122.662 6	8.044 9	0.540 8	1.251 3	42.980 7
2008 年 1 月	0.749 8	118.677 0	7.992 0	0.560 3	1.252 1	43.333 1
2008 年 2 月	0.749 6	118.866 7	7.918 8	0.562 9	1.211 0	43.854 2
2008 年 3 月	0.733 5	115.088 1	8.057 8	0.568 8	1.232 7	45.784 2
2008 年 4 月	0.723 7	117.524 4	7.977 5	0.575 3	1.225 4	45.589 7
2008 年 5 月	0.728 7	118.013 9	7.900 5	0.576 8	1.193 9	47.69 6
2008 年 06 月	0.726 6	120.257 8	7.796 0	0.575 0	1.188 6	48.355 4
2008 年 7 月	0.721 7	120.979 3	7.773 1	0.572 0	1.182 0	48.647 7
2008 年 8 月	0.740 2	121.755 9	7.594 1	0.586 6	1.256 0	47.544 9
2008 年 9 月	0.764 4	116.690 8	7.497 6	0.609 9	1.341 2	49.886 2
2008 年 10 月	0.814 8	108.121 6	7.390 4	0.639 8	1.582 1	52.430 7
2008 年 11 月	0.838 8	103.702 4	7.291 0	0.696 4	1.625 3	52.168 6
2008 年 12 月	0.814 4	99.611 8	7.510 1	0.737 4	1.633 5	53.153 1
2009 年 1 月	0.825 0	98.315 9	7.459 4	0.755 1	1.619 7	53.166 1
2009 年 2 月	0.840 5	99.554 9	7.349 2	0.746 1	1.654 8	52.940 7
2009 年 3 月	0.817 5	104.501 6	7.285 8	0.752 0	1.601 5	54.503 5
2009 年 4 月	0.811 3	105.936 9	7.308 5	0.727 1	1.497 8	53.475 7
2009 年 5 月	0.798 7	104.861 3	7.439 0	0.706 8	1.424 9	52.861 6

续表

时　期	欧元/"世元"	日元/"世元"	中元/"世元"	英镑/"世元"	澳元/"世元"	雷亚尔/"世元"
2009 年 6 月	0.785 7	106.866 3	7.523 7	0.672 6	1.372 2	52.485 8
2009 年 7 月	0.787 5	104.617 7	7.574 8	0.677 6	1.378 4	53.636 7
2009 年 8 月	0.779 4	105.859 1	7.592 4	0.672 1	1.331 3	53.605 6
2009 年 9 月	0.772 9	103.282 3	7.684 5	0.689 5	1.306 5	54.383 1
2009 年 10 月	0.765 8	102.247 5	7.747 1	0.700 6	1.252 5	52.974 2
2009 年 11 月	0.765 2	101.904 6	7.790 7	0.687 7	1.240 9	53.117 4
2009 年 12 月	0.774 7	101.823 0	7.714 9	0.696 0	1.252 2	52.601 4
2010 年 01 月	0.785 5	101.884 0	7.650 0	0.693 4	1.226 9	51.439 3
2010 年 02 月	0.809 5	99.756 9	7.563 5	0.709 1	1.249 9	51.271 7
2010 年 03 月	0.810 5	99.986 5	7.507 5	0.730 7	1.205 4	50.004 1
2010 年 04 月	0.813 7	102.006 2	7.450 3	0.711 5	1.177 5	48.516 1
2010 年 05 月	0.857 3	98.423 2	7.323 0	0.733 4	1.237 3	49.195 0
2010 年 06 月	0.875 6	97.234 8	7.291 0	0.724 6	1.254 6	49.772 2
2010 年 07 月	0.855 7	96.006 2	7.415 1	0.715 4	1.249 4	51.214 2
2010 年 08 月	0.856 4	94.471 1	7.498 7	0.705 8	1.228 4	51.422 3
2010 年 09 月	0.849 6	94.220 9	7.497 0	0.713 7	1.184 7	51.071 9
2010 年 10 月	0.821 0	93.538 6	7.607 8	0.719 4	1.162 5	50.659 6
2010 年 11 月	0.831 7	93.736 6	7.546 3	0.710 6	1.147 5	51.026 9
2010 年 12 月	0.848 1	93.441 3	7.455 4	0.718 6	1.129 4	50.573 2

二、"世元"汇率体系稳定性分析

稳定的汇率体系即意味着核心货币与其他货币之间的汇率保持稳定,下面将分别对其他六种货币与美元之间的汇率稳定性和其他六种货币与"世元"之间的汇率稳定性进行比较。

1. 英镑/美元和英镑/"世元"的比较

第一,分别计算英镑/美元和英镑/"世元"的汇率偏离度,结果如图 6-8 所示。

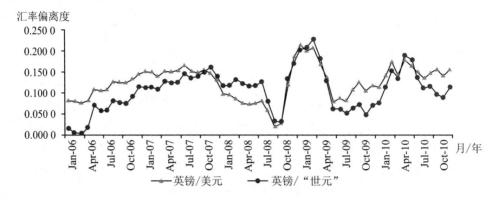

图6-8 英镑/"世元"与英镑/美元的汇率偏离度比较(2006—2010年)

第二，分别计算英镑/美元和英镑/"世元"的年度变异系数，结果如图6-9所示。

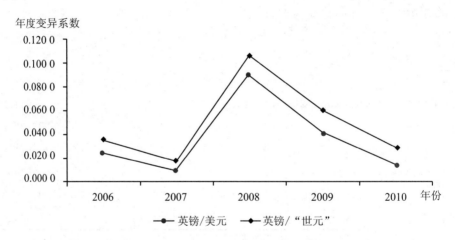

图6-9 英镑/"世元"与英镑/美元的年度变异系数比较(2006—2010年)

从图6-8和图6-9可以看到，与英镑和美元之间的汇率相比，英镑和"世元"之间的汇率偏离度偏大一点，但趋势基本一致。而就年度变异系数而言，英镑/"世元"明显优于英镑/美元。总体而言，英镑/"世元"的汇率稳定性明显优于英镑/美元。

2. 日元/美元和日元/"世元"的比较

第一，分别计算日元/美元和日元/"世元"的汇率偏离度，结果如图6-10所示。

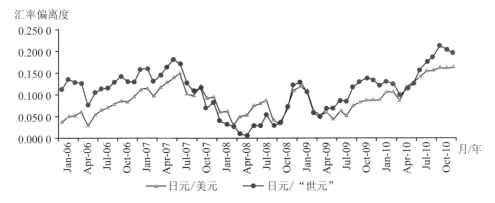

图 6-10　日元/美元和日元/"世元"汇率偏离度比较(2006—2010 年)

第二,分别计算日元/美元和日元/"世元"的年度变异系数,结果如图 6-11所示。

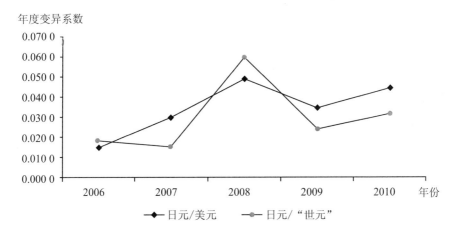

图 6-11　日元/美元和日元/"世元"年度变异系数比较(2006—2010 年)

从图 6-10 和图 6-11 可以得出,就汇率偏离度而言,除 2007 年 11 月至 2008 年 9 月日元/美元略小于日元/"世元"外,其他时间内日元/"世元"均小于日元/美元;就年度变异系数而言,除 2006 年和 2008 年外,日元/"世元"均小于日元/美元。综合而言,日元/"世元"汇率的波动程度小于日元/美元,即日元/"世元"的汇率更为稳定,但优势并不明显。

3. 中元/美元和中元/"世元"的比较

第一，分别计算中元/美元和中元/"世元"的汇率偏离度，结果如图 6-12 所示。

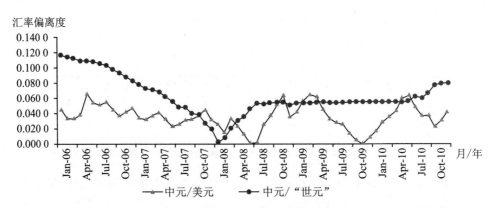

图 6-12 中元/美元和中元/"世元"的汇率偏离度(2006—2010 年)

第二，分别计算中元/美元和中元/"世元"的年度变异系数，结果如图 6-13所示。

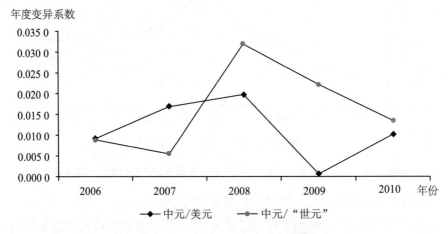

图 6-13 中元/美元和中元/"世元"的年度变异系数(2006—2010 年)

从图 6-12 和图 6-13 可以看出，总的来说，中元/"世元"汇率的波动性较为明显，而中元/美元的汇率处于不断下降状态，这是因为中国在这段时期实行了参考美元定价和参考一篮子货币定价汇率制度，而在后一种汇率制度中美元在货币篮子中占有较大的比重。在这样的汇率制度下，由于中元对日元、欧元和英镑都保持相对浮动的汇率，中元/"世元"的汇率的波动性必然会大于中元/美元汇率的波动性。随着中元逐步转向单独浮动汇率制度以后，以"世元"为核心的国际汇率体系的稳定性将会进一步显现。

4. 欧元/美元和欧元/"世元"的比较

第一，分别计算欧元/美元和欧元/"世元"的汇率偏离度，结果如图 6-14 所示。

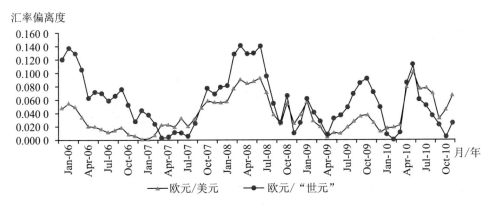

图 6-14　欧元/美元和欧元/"世元"的汇率偏离度（2006—2010 年）

第二，分别计算欧元/美元和欧元/"世元"的年度变异系数，结果如图 6-15 所示。

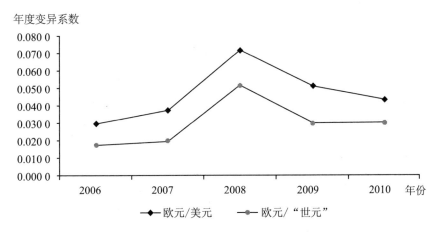

图 6-15　欧元/美元和欧元/"世元"的年度变异系数（2006—2010 年）

根据图 6-14 和图 6-15 可以得出，就汇率偏离度而言，除 2007 年 4 月至 9 月和 2010 年 2 月至 4 月外，欧元/"世元"汇率的波动性明显小于欧元/美元；就年度变异系数而言，2006—2010 年，欧元/美元汇率的年度变异系数明显大于欧元/"世元"汇率的年度变异系数。

5. 澳元/美元和澳元/"世元"的比较

第一，分别计算澳元/美元和澳元/"世元"的汇率偏离度，结果如图 6-16 所示。

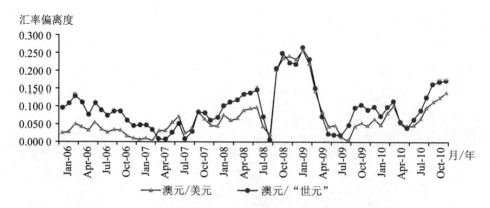

图 6-16 澳元/美元和澳元/"世元"的汇率偏离度（2006—2010 年）

第二，分别计算澳元/美元和澳元/"世元"的年度变异系数，结果如图 6-17 所示。

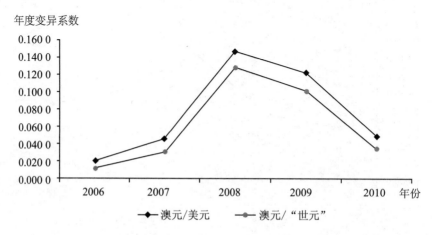

图 6-17 澳元/美元和澳元/"世元"的年度变异系数（2006—2010 年）

通过图 6-16 和图 6-17 可以看出，就汇率偏离度而言，除了 2007 年 4 月至 8 月和 2009 年 5 月至 7 月几个月之外，澳元/"世元"的汇率稳定性要略好于澳元/美元，但二者的走势总体趋于一致；就年度变异系数而言，澳元/"世元"的汇率波动明显小于澳元/美元。

6. 雷亚尔/美元和雷亚尔/"世元"的比较

第一，分别计算雷亚尔/美元和雷亚尔/"世元"的汇率偏离度，比较结果如图 6-18 所示。

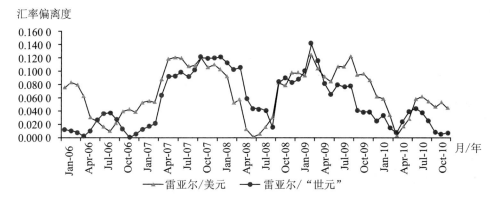

图 6-18 雷亚尔/美元和雷亚尔/"世元"的汇率偏离度(2006—2010 年)

第二，分别计算雷亚尔/美元和雷亚尔/"世元"的年度变异系数，比较结果如图 6-19 所示。

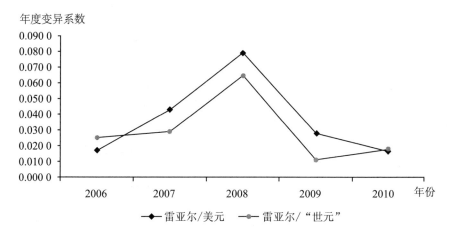

图 6-19 雷亚尔/美元和雷亚尔/"世元"的年度变异系数(2006—2010 年)

通过图 6-18 和图 6-19 可以得出，就汇率偏离度而言，雷亚尔/美元和雷亚尔/"世元"交错上升，但差距总体较小，两者汇率的稳定性总体较为一致；就年度变异系数而言，除 2006 年外，雷亚尔/美元汇率的波动性大于雷亚尔/"世元"汇率的波动性。因此，总体而言，相比雷亚尔/美元的汇率变化而言，雷亚尔/"世元"的汇率走势更为稳定。

7. 美元/欧元和美元/"世元"的比较

第一，分别计算美元/欧元和美元/"世元"的汇率偏离度，结果如图 6-20 所示。

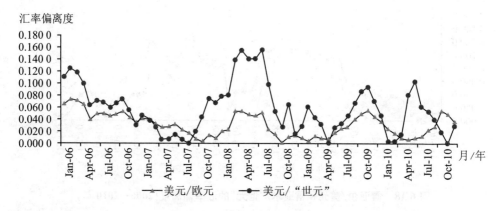

图 6-20　美元/欧元和美元/"世元"的汇率偏离度比较（2006—2010 年）

第二，分别计算美元/欧元和美元/"世元"的年度变异系数，结果如图 6-21 所示。

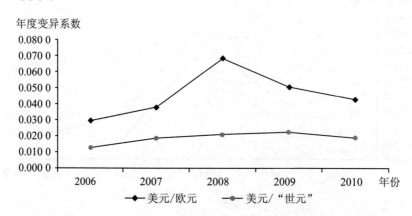

图 6-21　美元/欧元和美元/"世元"的年度变异系数比较（2006—2010 年）

从图 6-20 和图 6-21 可以看到，美元/"世元"的汇率波动性同样小于美元/欧元的汇率波动性。就汇率偏离度而言，2007 年 3 月至 8 月和 2010 年 2 月至 3 月以及 10 月至 12 月期间，美元/"世元"汇率的波动性大于美元/欧元，除此之外，美元/"世元"汇率的稳定性均好于美元/欧元；就年度变异系数而言，每一年美元/欧元汇率的变异系数均大于美元/"世元"，说明每一年内美元/欧元的汇率波动程度均比美元/"世元"的汇率波动程度剧烈。

上面的分析表明，英镑、欧元、澳元、雷亚尔以及美元与"世元"之间的汇率稳定性明显高于它们与美元（或欧元）之间的汇率稳定性；日元、中元与"世元"之间汇率的稳定性优势并不明显。对于中元而言，造成这种结果的主要原因是中元的汇率制度，这个问题在前面已经进行了分析。对日元而言，由于日本一直保持贸易顺差，日元处于不断升值的状态，日本货币当局为了维持日本的贸易利益，不断对日元汇率进行干预，试图遏制日元的过快升值，从而导致了日元/美元的汇率波动性相对较小。"世元"与其他货币之间稳定的汇率关系证明了以"世元"为核心的国际货币汇率体系的优越性。

第三节　超主权国际货币运行绩效的模拟检验

一、"世元"与国际经济活动成本的节约

1. 分析的思路

根据制度经济学的基本原理，制度具有下述基本功能：降低交易费用、减少不确定性、为合作创造条件、抑制投机行为。因此，国际货币制度应该具有下述基本功能：减少国际经济活动的交易成本，降低国际经济活动的不确定性，为了国际经济合作创造合适的环境，抑制外汇市场上的外汇投机。从国际货币制度的角度分析，所谓的交易成本是指为了从事国际经济活动在货币汇兑方面所付出的代价。

从这个角度出发，下面将从两个方面对超主权国际货币运行的绩效进行考察：第一，估算"世元"的实行可以在多大程度上减少国际经济活动的交易成本；第二，估算"世元"的实行可以在多大程度上稳定国际大宗商品价格。显然，如果证明了以"世元"为核心的汇率体系是一个稳定的汇率体系，可以节约为防范汇率风险而支付的交易成本，也就证明了它可以为国际经济合作

创造合适的环境，并且可以在一定程度上抑制对"世元"的投机。

要从事国际经济活动，就要进行货币的兑换。而要进行货币的兑换，就要面临汇率风险。所谓汇率风险就是汇率的变化给国际市场参与者带来损失的可能性。在目前以美元为核心的国际货币制度下，美元与其他国际货币之间汇率的波动不安带来了很大的汇率风险。人们为了防范汇率风险，不得不进行如外汇互换、外汇期货和外汇期权等外汇类金融衍生工具的交易，因而要格外支付表现为佣金以及保证金利息的交易成本。

要考察"世元"的运行是否可以导致交易成本的节约，可以分三个步骤进行：第一，考察美元汇率变化与外汇类金融衍生工具交易之间的关系。也就是说，利用数据进行计量分析，以分析外汇类金融衍生工具的交易量受到美元汇率变化所带来的汇率风险影响的程度。第二，考察"世元"汇率变化与外汇类金融衍生工具交易之间的关系。也就是说，以第一个步骤分析得到的结论为基础，估算假如采用"世元"以后由于汇率风险下降而导致的外汇类金融衍生工具交易量减少的程度。第三，根据金融市场的实际情况，假设外汇类金融衍生工具的交易量的佣金和保证金利息是交易额的 0.5%，然后计算出采用"世元"以后节约了多少为防范汇率风险而支付的交易成本。

外汇类金融衍生工具包括远期外汇、外汇互换、外汇期货和外汇期权。严格说来，某个时期外汇类金融衍生工具的交易量应该等于这四种外汇工具交易量之和。但基于数据可获得性的考虑，这里分析的外汇类金融衍生工具只包括外汇期货和外汇期权两种工具，交易规模用每季度以美元计价的交易总额衡量，数据来源于国际清算银行每季度发布的报告①，取值范围为 2000年第 1 季度至 2012 年第 1 季度。在美元汇率方面，由于美元和欧元是国际经济交易的两大主要货币，因此可以用美元与欧元之间的汇率变动来衡量美元的汇率变动，美元/欧元汇率为季度平均汇率，数据来源于英格兰银行统计数据库。

根据图 6-22 可以看到，从 2000 年第 1 季度至 2012 年第 1 季度，随着美元/欧元汇率的不断上升，即美元汇率贬值，外汇期货和外汇期权的交易规模

---

① BIS, *Quarterly Review：International Banking and Financial Market Developments*，http://www.bis.org，2000-2012.

不断扩大，其中外汇期货的交易量远远大于外汇期权的交易量；随着美元/欧元汇率下降，即美元汇率升值，外汇类金融衍生工具的交易规模下降；二者变化趋势在时间上呈现出较强的一致性。

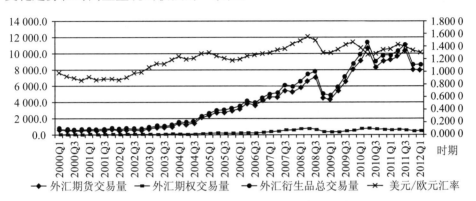

图 6-22   外汇类金融衍生工具的交易量与美元/欧元汇率变化趋势(2000—2012 年)

值得注意的是，从 2008 年第 3 季度起，美国金融危机激化，一方面，世界去杠杆化趋势以及国际贸易规模下降导致国际经济活动参与者的外汇风险头寸降低，导致外汇期货和外汇期权的交易规模急剧下降；另一方面，新兴经济体和欧元区经济形势开始恶化，国际资本迅速撤出新兴经济体市场和欧元区市场，在美国经济形势相对好转以及金融动荡的前提下更多的国际参与者选择以美元形式持有流动性，因而导致美元汇率升值。

2009 年第 1 季度之后，世界主要经济体纷纷实行超宽松的货币政策，世界金融形势趋向稳定，世界经济逐步从衰退走向复苏。但超宽松货币政策引发的资产泡沫风险和通货膨胀风险不断增大以及欧美经济相对形势的不断变化，导致国际市场参与者的汇率风险增加。2009 年第 2 季度至 2010 年第 2 季度，外汇期货和外汇期权的交易规模止跌回升，随后呈现出震荡的局势。

2. 模型的设定

一般而言，期货或期权的交易主要受到预期价格的影响。也就是说，外汇期货和外汇期权的交易规模的大小主要取决于国际市场参与者对美元汇率的预期值。因此，可以引入自适应预期模型(adaptive expectation)来解释美元/欧元汇率与外汇期货和外汇期权交易规模之间的关系。模型初始形式为：

$$\ln y s p_t = b_0 + b_1 \ln u s d_{t+1}^* + u_t \tag{1}$$

其中：$\ln y s p_t$ 为 t 时期外汇类金融衍生工具交易量的对数；$\ln u s d_{t+1}^*$ 为 $t+1$ 时期美元/欧元汇率的预期值的对数；b_1 则表示外汇期货和外汇期权交易量与美元/欧元汇率之间的弹性。

根据自适应预期模型的假定，经济活动主体会根据自己过去预测偏差来修正以后每一期的预期，即：

$$\ln u s d_{t+1}^* = \ln u s d_t^* + \gamma(\ln u s d_t - \ln u s d_t^*) \tag{2}$$

将式（2）代入式（1）整理得：

$$\ln y s p_t = b_0 + \gamma b_1 \ln u s d_t + (1-\gamma) b_1 \ln u s d_t^* + u_t \tag{3}$$

将式（1）滞后一期并在方程两端同乘$(1-\gamma)$得：

$$(1-\gamma)\ln y s p_{t-1} = (1-\gamma)b_0 + (1-\gamma)b_1 \ln u s d_t^* + (1-\gamma)u_{t-1} \tag{4}$$

将式（3）减式（4）整理得：

$$\ln y s p_t = \gamma b_0 + \gamma b_1 \ln u s d_t + (1-\gamma)\ln y s p_{t-1} + u_t - (1-\gamma)u_{t-1} \tag{5}$$

令 $c_0 = \gamma b_0$，$c_1 = \gamma b_1$，$c_2 = (1-\gamma)$，$u_t^* = u_t - (1-\gamma)u_{t-1}$，代入式（5）得：

$$\ln y s p_t = c_0 + c_1 \ln u s d_t + c_2 \ln y s p_{t-1} + u_t^* \tag{6}$$

式（6）即为自适应模型，可通过对式（6）的估计来验证美元/欧元汇率与外汇期货和外汇期权的交易规模之间的关系，c_1 则表示外汇期货和外汇期权交易量与美元/欧元汇率之间的弹性。

3. 实证的检验

在对模型进行估计之前，需要首先对时间序列 $\ln y s p_t$ 和 $\ln u s d_t$ 进行平稳性和协整检验，检验结果显示 $\ln y s p_t$ 和 $\ln u s d_t$ 是一阶协整的，即 $\ln y s p_t$，$\ln u s d_t \sim CI(1,1)$。另外，通过格兰杰因果关系检验得出，$\ln u s d$ 均是 $\ln y s p$ 的格兰杰原因。由此通过估计得到以下线性回归模型：

$$\ln y s p = 1.156\,8 + 1.003 \times \ln u s d + 0.836\,8 \times \ln y s p(-1)$$

$$t = (4.354\,917)(4.382\,397)(21.956\,64)$$

$$p = (0.000\,1)(0.000\,1)(0.000\,0)$$

$$Adjusted\ R^2 = 0.984\,603 \quad F = 1\,503.771 \quad DW = 2.063\,427$$

回归结果显示，模型各解释变量的系数均显著，不存在自相关，且模型调整后的决定系数达到 0.984 603，拟合优度非常好。另外，采用软件对模型的残差时间序列进行单位根检验，该模型的残差时间序列是平稳的，因此该模型不存在伪回归问题。另外，通过对 $\ln ysp(-1)$ 与残差序列之间的相关关系检验得知，二者不具备相关性，说明模型不存在内生性。

就模型的经济含义而言，$\ln usd$ 的系数为 1.003，说明美元/欧元汇率上升(美元汇率贬值)1 个百分点，则外汇期货和外汇期权交易量上升 1.003 个百分点；美元/欧元汇率下降(美元汇率升值)1 个百分点，则外汇期货和外汇期权交易量下降 1.003 个百分点。回归结果与图 6-22 的图示结果大体一致。$\ln ysp(-1)$ 的系数为 0.836 8，说明当前期外汇期货和外汇期权交易量上升 1 个百分点时，本期的外汇期货和外汇期权交易量上升 0.836 8 个百分点；当前期外汇期货和外汇期权交易量下降 1 个百分点时，本期的外汇期货和外汇期权交易量下降 0.836 8 个百分点；即前期交易对本期交易具有正向作用，这可能是由于交易惯性所致。

4. 交易成本的节约

根据上述实证结论，可以得到美元汇率变化与外汇期货和外汇期权的交易规模的关系。这样，可以通过比较美元/欧元汇率变化与美元/"世元"汇率变化，进而比较由于二者各自的汇率变化引起的外汇期货和外汇期权的交易规模变化。

表 6-12 说明了美元/欧元和美元/"世元"季度平均汇率的环比变化率，美元/"世元"季度汇率数据根据本章第一节的月度数据进行季度平均计算得到。表中第二列为美元/欧元汇率季度环比变化率；第三列为美元/欧元汇率变化引起的外汇期货和外汇期权交易季度环比变化率，计算方法为：外汇期货和外汇期权季度环比变化率＝美元/欧元汇率季度环比变化率×1.003；第四列为美元/"世元"汇率季度环比变化率；第五列为美元/"世元"汇率变化引起的外汇期货和外汇期权交易季度环比变化率，计算方法同样为：外汇期货和外汇期权交易季度环比变化率＝美元/"世元"汇率季度环比变化率×1.003。结果显示，如果引入"世元"之后，外汇期货和外汇期权交易规模的变化幅度减小了。

表 6-12　季度平均汇率环比变化率与外汇期货和外汇期权

交易规模季度变化(2007Q1—2010Q4)　　　　　　单位：%

季　　度	美元/欧元	外汇衍生品交易*	美元/"世元"	外汇衍生品交易**
2007Q1	1.55	1.55	0.55	0.56
2007Q2	2.93	2.94	0.95	0.96
2007Q3	1.94	1.95	1.32	1.33
2007Q4	5.37	5.38	2.50	2.51
2008Q1	3.53	3.54	2.49	2.50
2008Q2	4.13	4.14	1.64	1.64
2008Q3	−3.80	−3.81	−1.80	−1.81
2008Q4	−12.46	−12.50	−2.90	−2.91
2009Q1	−1.01	−1.01	−0.39	−0.39
2009Q2	4.59	4.61	0.89	0.89
2009Q3	5.03	5.04	2.61	2.61
2009Q4	3.31	3.32	1.80	1.81
2010Q1	−6.34	−6.36	−2.31	−2.32
2010Q2	−8.12	−8.15	−2.83	−2.83
2010Q3	1.68	1.69	2.40	2.41
2010Q4	5.08	5.10	2.57	2.58

注：* 表示美元/欧元汇率变化引起的外汇期货和外汇期权交易规模变化；

　　** 表示美元/"世元"汇率变化引起的外汇期货和外汇期权交易规模变化。

　　2007Q1 表示 2007 年第 1 季度，依此类推。

　　"世元"的引入能够节约多少国际经济活动的交易成本呢？计算方法如下：第一，根据国际清算银行(BIS)公布的《季度评论》(*Quarterly Review*)，2006年第 4 季度的外汇期货和外汇期权的交易量总和为 46 090 亿美元，以此为基期分别计算由于美元/欧元汇率变化和美元/"世元"汇率变化引起的 2007 年第1 季度至 2010 年第 4 季度的交易总规模；第二，假设交易佣金和保证金利息为交易额的 0.5%，计算各季度各自的佣金和保证金利息数额；第三，将二者进行比较，得出引入"世元"后节约的佣金和保证金利息数额。计算结果如表 6-13所示。

表 6-13　外汇期货和外汇期权交易额及佣金统计(2007Q1—2010Q4)　　　　单位：亿美元

季　度	外汇期货期权交易额*	佣　金	外汇期货期权交易额**	佣　金
2007Q1	468 04.4	234.0	46 345.8	231.7
2007Q2	48 180.4	240.9	46 788.8	233.9
2007Q3	49 120.0	245.6	47 409.5	237.0
2007Q4	51 762.6	258.8	48 600.2	243.0
2008Q1	53 595.0	268.0	49 815.0	249.1
2008Q2	55 813.8	279.1	50 632.9	253.2
2008Q3	53 687.3	268.4	49 718.7	248.6
2008Q4	46 976.4	234.9	48 271.4	241.4
2009Q1	46 502.0	232.5	48 082.5	240.4
2009Q2	48 645.7	243.2	48 512.5	242.6
2009Q3	51 097.4	255.5	49 780.8	248.9
2009Q4	52 793.9	264.0	50 680.1	253.4
2010Q1	49 436.2	247.2	49 506.6	247.5
2010Q2	45 407.1	227.0	48 103.9	240.5
2010Q3	46 174.5	230.9	49 263.5	246.3
2010Q4	48 529.4	242.6	50 533.1	252.7
合　计	794 526.3	3 972.6	46 345.8	3 910.2

注：* 表示美元/欧元汇率变化引起的各季度外汇期货和外汇期权交易规模；

　　** 表示美元/"世元"汇率变化引起的各季度外汇期货和外汇期权交易规模。

　　2007Q1 表示 2007 年第 1 季度，依此类推。

　　通过表 6-13 可以得出，如果不采用"世元"计价和结算，2007 年第 1 季度至 2010 年第 4 季度因为交易而付出的佣金和保证金利息数额为 3 972.6 亿美元；而采用"世元"计价之后，2007 年第 1 季度至 2010 年第 4 季度因为外汇期货和外汇期权交易而付出的佣金和保证金利息数额则减少为 3 910.2 亿美元。因此，"世元"的运行可以减少外汇期货和外汇期权交易规模，进而减少国际经济活动的交易成本。

　　当然，外汇类金融衍生工具交易的目的并不是都是套期保值，也有投机。但是，根据前面的模型进行计算反映汇率波动的减小带来的外汇期货和外汇期权交易量的减少，因而可以理解为防范汇率风险带来的外汇期货和外汇期权交易量的减少。由此可见，2007 年第 1 季度至 2010 年第 4 季度，"世元"的运行节约的外汇期货和外汇期权交易成本为 62.4 亿美元。

应该指出，上面的估算仅仅是对外汇期货和外汇期权而言，而外汇期货和外汇期权的交易量在外汇类金融衍生工具的交易量中只占一个很小的比例。据国际清算银行的统计，在 2010 年 4 月，各种外汇类金融衍生工具的平均日交易量如下：远期外汇交易 4 750 亿美元，外汇互换交易 17 650 亿美元，外汇期货和外汇期权交易 2 070 亿美元。[1] 这就是说，外汇期货和外汇期权交易只占外汇类金融衍生工具的交易量 8.46%。如果将这个比例应用到前面关于外汇期货和外汇期权交易减少所导致的交易成本的节约，那么从 2007 年第 1 季度至 2010 年第 4 季度，"世元"的运行导致外汇类金融衍生工具的交易成本的节约达到 737.59 亿美元，平均每年约 184.4 亿美元。

还应该指出，在实际的国际经济活动中，部分货币兑换者由于各种原因没有采取套期保值措施，他们往往会遭受汇兑损失。如果采用"世元"计价和结算，由于"世元"价值很稳定，这部分汇兑损失也将减少。据国际清算银行的统计，在 2010 年 4 月，世界即期外汇交易日平均交易量为 14 900 亿美元。[2] 由于世界外汇市场是一天 24 小时运转的，世界即期外汇交易年平均交易量可达到 5 438 500 亿美元。由此可见，"世元"的采用在减少汇率风险方面将会产生很大的效益。

当然，上面的估算仅是一种粗略的估算，它的意义在于给予人们一个直观的感觉。但是，从逻辑上可以判断，由于"世元"价值稳定，人们采用"世元"从事国际经济活动的汇率风险将会减少，人们为防范汇率风险所付出的代价也会减少。

二、"世元"与国际大宗商品价格的稳定

1. 分析的思路

目前，国际大宗商品交易基本上都是以美元计价的，美元汇率的不断贬

---

[1]　BIS，*Triennial Central Bank Survey Report on Global Foreign Exchange Market Activity in* 2010，BIS，p.7.

[2]　同上。

值成为推动国际大宗商品价格不断上升的原因之一。大量经验研究证明，美元作为国际大宗商品的计价货币，它的汇率变化将引导国际大宗商品价格朝着相反的方向变化。例如，汉克（Steve Hanke）利用反事实（counter-factual）分析法证明：假定 2008 年 7 月份美元兑换欧元的汇率仍然保持在 2001 年年底的水平（真实情况是美元相对欧元贬值了 44%），则在 2008 年 7 月中旬，美元汇率贬值因素对大多数农产品价格的贡献率在 55% 以上，其中对原糖价格的贡献甚至高达 93%，但对部分食品饮料价格的贡献率则是负值。另外，对黄金和原油价格的贡献率分别为 62% 和 51%。① 国际大宗商品大部分是原材料，它们价格的波动无疑增加了世界经济发展的不确定性。

　　下面就以石油作为国际大宗商品的代表，来分析"世元"的引入是否有助于石油价格的稳定。分析的具体步骤是：首先分析在历史上美元汇率的波动如何导致大宗商品价格的波动；其次说明采用"世元"计价以后如何导致国际大宗商品价格波动幅度的减少。

　　关于美元汇率和石油价格的关系，国内外学者进行了比较充分的研究。归纳起来，关于美元汇率对石油价格影响的机制的看法主要有下面两种：

　　第一，石油价格上涨是由于需求方的价格机制所致。美元汇率的波动使得国际原油市场处于不均衡的状态，对于非美元国家和地区的消费者而言，美元汇率贬值使得石油价格相对于本国货币表示的价格降低，这就刺激了石油的需求，最终导致用美元标价的石油价格上升。② 另外，从需求角度分析的还有这样的看法，美元汇率贬值使得包括石油生产国在内的钉住美元汇率制度的国家有必要实行宽松的货币政策，从而刺激了石油的需求，推高了石油价格。③

　　第二，石油价格的上涨是由于供给方的购买力机制所致。对于石油出口国而言，它拥有巨额的石油美元，极易受到美元汇率的影响。当美元汇率存在贬值倾向时，石油出口国为了稳定以美元表示的石油出口收入的购买力，

① Steve Hanke，The Greenback and Commodity Prices，*Globe Asia*，September 2008.

② Ole Gunnar Austvik，Oil Prices and the Dollar Dilemma，*OPEC Review*，No. 4，December 1987.

③ K. C. Cheng，Dollar Depreciation and Commodity Prices，in IMF（Ed），*World Economic Outlook*，International Monetary Fund，Washington DC，2008，pp. 72-75.

就有可能提高石油的出口价格，以抵消石油美元的损失。

除上述观点之外，还有一些既非从需求也非从供给的角度来分析的看法。例如，有的观点认为，美元汇率和商品价格没有必然的和直接的因果关系，有可能是由于受同一因素的影响而导致只是在时间上呈现出一定的同步性。例如，美国实施宽松的货币政策一方面导致美元汇率贬值，另一方面导致世界通货膨胀压力增加，石油价格上升。另外，还有的观点认为，石油价格受到实体经济发展和通货膨胀压力的影响，而美元汇率贬值或升值会进一步扩大这种影响。

然而，不管美元汇率影响石油价格的机制如何，通过历史统计数据的分析，美元汇率变化与石油价格的反向变化在时间上确实呈现出一定的同步性，即：美元汇率贬值，石油价格上涨；美元汇率升值，石油价格下降，如图 6-23 所示。

图 6-23 布伦特原油价格与美元/欧元汇率走势图(2000—2010 年)

注：2000M01 表示 2000 年 1 月，依此类推。

从图 6-23 可以看出，布伦特原油价格与美元汇率走势具有很强的同步关系，即：美元/欧元汇率上升(美元汇率贬值)，布伦特原油价格上升；美元/欧元汇率下降(美元汇率升值)，布伦特原油价格下降。另外，从图 6-23 得出，2007 年年初至 2008 年年底布伦特原油价格的波动幅度大于美元/欧元汇率变动幅度，这主要是由于在 2008 年之前世界经济总体处于过热状态，通货膨胀压力持续上升，从而拉动石油价格快速上涨。2008 以后，美国金融危机不断蔓延，世界经济开始衰退，世界各国对石油需求大幅下降，导致石油价格急剧下降。

2. 实证的检验

期货市场一方面具有规避风险的功能，另一方面具有发现价格的功能。随着石油期货市场交易市场的不断扩大，下一期石油价格的形成在很大程度取决于当期石油期货的交易价格，而石油期货的价格则是受美元预期汇率的影响。因此，同样采用自适应模型来实证检验二者的关系，模型的推导过程与式(1)—式(6)相似，推导所得模型设定如下：

$$\ln p_t = b_0 + b_1 \ln usd_t + b_2 \ln p_{t-1} + u$$

其中：$\ln p$ 表示布伦特原油月平均价格的对数，取值区间为 2000 年 1 月至 2010 年 12 月，数据来源为 EPS 全球统计数据/分析平台；$\ln usd_t$ 为美元/欧元月平均汇率的对数值，数据来源为英格兰银行。

在模型建立之前，首先对 $\ln p$ 和 $\ln hl$ 的时间序列分别进行了单位根检验，检验发现经过一阶差分后的统计量大于的显著性水平的临界值。因此，$\ln p \sim I(1)$ 和 $\ln usd \sim I(1)$，这说明美元/欧元汇率的对数和布伦特原油价格的对数的线性组合是协整的。估计方法采用广义差分法，估计的模型结果如下：

$$\ln p = 0.520\,9 + 0.427\,1 \ln usd + 0.847\,6 \ln p(-1) + 0.236\,7 AR(1)$$

$$t = (3.266\,863)(3.252\,500)(18.139\,27)(2.317\,889)$$

$$p = (0.001\,5)(0.001\,4)(0.000\,0)(0.022\,1)$$

$$Adjusted\ R^2 = 0.966\,895 \quad DW = 2.024\,243 \quad F = 1\,256.896$$

回归结果显示，模型各解释变量的系数均显著，不存在自相关，且模型调整后的决定系数达到 0.966 95，拟合优度非常好。另外，采用软件对模型的残差时间序列进行单位根检验，该模型的残差时间序列是平稳的，因此，该模型不存在伪回归问题。另外，通过对 $\ln usd(-1)$ 与残差序列之间的相关关系检验得知，二者不具备相关性，说明模型不存在内生性。

就模型的经济含义而言，$\ln usd$ 的系数为 0.427 1，说明美元/欧元汇率上升(美元汇率贬值)1 个百分点，则石油价格上涨 0.427 1 个百分点；美元/欧元汇率下降(美元汇率升值)1 个百分点，则石油价格下降 0.427 1 个百分点。

$\ln p(-1)$的系数为 0.847 6，说明当前期石油价格上升 1 个百分点时，本期的石油价格上升 0.847 6 个百分点；当前期石油价格下降 1 个百分点时，本期的石油价格下降 0.847 6 个百分点；即前期交易对本期交易具有正向作用，这可能是由于价格黏性所致。

3. 经济不确定性的减小

结合上述分析结论，可以引入 2006—2010 年美元/欧元汇率和美元/"世元"汇率的变异系数，来比较二者的汇率风险程度。分析变异系数的含义可知，年度变异系数可以衡量一年之内汇率整体波动幅度的大小：变异系数大说明该汇率一年内波动的幅度大，汇率风险大；反之亦相反。

表 6-14 变异系数比较

年 份	美元/欧元汇率变异系数	美元/"世元"汇率变异系数	汇率风险之比*（%）
2006	0.029 5	0.012 8	43.30
2007	0.038 0	0.018 7	49.25
2008	0.068 1	0.020 8	30.58
2009	0.050 6	0.022 5	44.45
2010	0.042 9	0.019 1	44.45

注：* 汇率风险之比＝（美元/"世元"汇率变异系数）/（美元/欧元汇率变异系数）。

从表 6-14 可以看到，2006—2010 年，美元/欧元的汇率波动幅度分别为 2.95%、3.8%、6.8%、5.06% 和 4.29%；而美元/"世元"的汇率波动幅度则为 1.28%、1.87%、2.08%、2.25% 和 1.91%。因此，2006—2010 年，后者的汇率风险仅仅为前者的 43.30%、49.25%、30.58%、44.45% 和 44.45%。根据美元/欧元汇率的波动幅度，可以模拟计算出，2006—2010 年由于美元/欧元汇率波动导致石油价格的波动幅度分别为 1.26%、1.62%、2.91%、2.16% 和 1.83%；而如果"世元"引入作为国际货币，由于美元/"世元"汇率波动幅度减小，则 2006—2010 年，由于美元/"世元"汇率变动引起的石油价格的波动幅度可以分别减小为 0.55%、0.80%、0.89%、0.96% 和 0.81%。由此可见，"世元"的引入可以减缓石油价格的波动幅度，从而减小世界经济发展的不确定性。

本章小结

　　本章的分析属于模拟计量分析，即假如在 2006 年采用"世元"，2006 年以来"世元"的表现将怎样。分析结果表明：第一，如果采用了"世元"，"世元"的相对价值将比任何一种主要的国际储备货币的相对价值都要稳定。由于中元实行参考美元以及一篮子货币定价的汇率制度，"世元"相对价值的稳定性略小于中元的相对价值。但是，一旦中元实行单独浮动的汇率制度，"世元"相对价值的稳定性将进一步增强。第二，由于"世元"具有稳定的相对价值，以"世元"为中心的汇率体系是一个比较稳定的汇率体系。第三，由于以"世元"为中心的汇率体系是稳定的汇率体系，汇率风险将会减少，为防范汇率风险而产生的交易成本将会减少。第四，如果国际大宗商品以"世元"计价和结算，国际大宗商品价格的稳定性将会增强，世界经济发展的不确定性将会减小。

第　七　章

创立超主权国际货币的路径

第一节　选择过渡形态的可行性

一、区域货币合作进展情况的分析

我国经济学界一直有这样一种看法：建立超主权国际货币是一件很遥远的事情，作为建立超主权国际货币的过渡形态应该是建立稳定的区域性汇率体系。

2001 年在上海召开的亚洲和太平洋地区经济合作组织（APEC）会议期间，美国经济学者蒙代尔在发表对未来世界货币格局变化的看法时曾经指出，未来 10 年，世界将出现三大货币区，即欧元区、美元区和亚洲货币区（亚元区）。① 确实，目前在世界范围内主要的经济区域是欧洲、北美、亚洲。欧洲已经建成了欧元区，而且欧元区还在不断地扩大。北美涉及美国、加拿大和墨西哥三个国家，美国经济处于主导的地位，美元在这个区域内具有代表性。然而，亚洲国家的货币合作没有取得实质性进展。

亚洲经济的重心在东亚，东亚又主要以日本、中国、韩国经济为中心。因此，人们认为，应该加强东亚货币合作，建立日元、中元和韩元稳定的汇率体系。如果在世界各主要经济区域内通过货币合作建立起稳定的汇率体系，

---

① 于潇：《亚元的可能性》，《中国贸易报》2009 年 11 月 12 日。

就可以再通过这些区域的货币合作建立超主权国际货币。

自从 20 世纪 90 年代以来，东亚货币合作一直是东亚国家政府和学者关注的问题。从理论研究的角度来看，关于东亚货币合作已经出版了大量的著作和发表了大量的论文，对货币合作的障碍、方式和前景进行了深入的分析。从具体实践的角度来说，关于东亚货币合作也迈出了步伐，取得了一定的进展。

1997 年 9 月，在亚洲金融危机爆发期间，日本政府倡议由日本、中国、韩国和东盟国家组成亚洲货币基金组织（AMF），筹集 1 000 亿美元的资金，向爆发货币危机的国家提供援助。该组织的运行方式主要是：第一，采取类似于国际货币基金组织的机制，由成员方向组织提供一定的份额，然后向需要支持的成员方提供资金；第二，从国际资本市场筹集资金，提供给需要支持的成员方；第三，对成员方的借款提供担保。但是，建立亚洲货币基金组织有在国际货币基金组织之外另立组织的嫌疑，遭到美国政府的反对。

1998 年 10 月，日本政府调整了建立亚洲货币基金组织的计划，以大藏大臣宫泽喜一的名义提出了"新宫泽喜一构想"，倡议建立总额为 300 亿美元的亚洲基金，其中 150 亿美元用于满足发生货币危机国家中长期资金需求，150 亿美元用于满足发生货币危机国家短期资金需求。对于这个构想，发生金融危机的亚洲国家表示欢迎，国际货币基金组织和美国政府也表示支持。2000 年 2 月 2 日，日本政府按照"新宫泽喜一构想"为印度尼西亚、韩国、马来西亚和菲律宾提供了 210 亿美元资金，其中 135 亿美元为中长期贷款，75 亿美元为短期贷款。另外，还为马来西亚、菲律宾和泰国提供了 22.6 亿美元的贷款担保。

2000 年 5 月，东盟"10＋3"国家财政部长在泰国清迈达成了旨在加强东盟"10＋3"国家之间金融合作的《清迈协议》（Chiang Mai Initiative），这是亚洲货币合作最重要的制度性成果。《清迈协议》主要内容包括：第一，充分利用东盟"10＋3"国家组织框架，加强有关资本流动的数据及信息交换；第二，扩大东盟货币互换协议，并且在东盟与三国（中国、日本、韩国）之间构筑两国间的货币互换交易网和债券交易网；第三，力争将各国外汇储备的一部分用于相互之间的金融合作，增强亚洲金融市场的稳定性；第四，通过完善亚洲各国货币之间外汇市场和资金结算体系，扩大亚洲货币之间的交易规模。

在《清迈协议》签订以后，在《清迈协议》的框架内取得了一系列的进展，其中比较重要进展主要有以下几方面：

第一，建立了外汇储备库。2008 年 5 月，东盟"10＋3"财政部长会议决定出资 800 亿美元建立共同外汇储备基金，用于维持亚洲地区货币稳定。2009 年 3 月，东盟"10＋3"财政部长会议计划将共同外汇储备基金的规模由 800 亿美元增加至 1 200 亿美元，并筹建独立的监管机构来分配资金的使用。2009 年 5 月，东盟"10＋3"财政部长会议将外汇储备基金改称为区域外汇储备库（regional foreign-exchange reserve pool），并就外汇储备库的出资份额、借款方式和监督机制等方面的内容达成共识。2010 年 3 月 24 日，外汇储备库正式建成，东盟十国和东亚三国共出资 1 200 亿美元建立外汇储备库。中国和日本均出资 384 亿美元，分别占总金额 32％；韩国出资 192 亿美元，占 16％；东盟十国出资 240 亿美元，占总金额 20％。外汇储备库的建立旨在通过货币互换交易向面临国际收支和短期流动性困难的《清迈协议》多边参与方提供资金支持，增强东亚各国对世界性经济风暴的抵抗能力。

第二，相互之间的货币互换。货币互换是指两笔金额相同、期限相同，但货币不同的资金之间的交换。在互换开始的时候，双方按照即期汇率实现不同货币的交换。在互换结束的时候，双方按照原来的汇率交换回各自的货币。在《清迈协议》的框架内的货币互换可以帮助亚洲国家抵御货币危机。例如，当某个国家需要用美元干预外汇市场的时候，它就可以按照货币互换协议用本国货币与别的国家交换美元。

到 2004 年，东盟"10＋3"国家共签署了 16 个双边货币互换协议，总额为 440 亿美元。到 2008 年，东盟"10＋3"国家签署的双边货币互换协议已经突破 800 亿美元。中国与日本、韩国、泰国、菲律宾、马来西亚、印度尼西亚 6 个国家签订了 6 份总额为 235 亿美元的双边货币互换协议，其中中国承诺出资 165 亿美元。

除了在《清迈协议》的框架内的货币合作以外，亚洲货币合作另一个新的迹象就是亚洲货币单位的筹建。2005 年下半年，时任亚洲开发银行行长特别顾问、区域合作部主任的河合正弘宣布，亚洲开发银行将在 2006 年 6 月推出亚洲货币单位（ACU）。2006 年年初，亚洲开发银行也宣布，将以中、日、韩和东盟国家等 15 种货币加权平均数为基础，于 6 月推出"亚洲货币单位"。但是，时间已经过去多年了，亚洲货币单位仍然没有建立起来。

显然，即使建立了亚洲货币单位，它也仅仅是亚洲国家货币汇率的加权平均数。还需要推进以亚洲货币单位计价从事国际贸易、发行亚洲债券等经济活动，亚洲货币单位才能发挥它的作用。

2012 年 6 月，中国和日本同时启动中元与日元直接兑换，两种货币开始直接形成汇率。这是中元和日元合作的进展，有助于减少亚洲国家过于依赖美元的情况，但也只是亚洲货币合作一个小小的步伐。

从上面的分析可以看到，到目前为止，亚洲国家的货币合作仅仅停留在货币救助的初级阶段。另外，如果从 1997 年提出建立亚洲货币基金组织算起，前后已经 16 年，亚洲的货币合作没有取得突破性进展。如果期待在亚洲建立稳定的汇率体系，将是遥遥无期的。

二、区域汇率体系不是必经的过渡阶段

笔者不否认推动亚洲货币合作有助于亚洲经济一体化的进程，有助于增强亚洲国家防范货币危机的能力。但是，不论是区域货币合作还是区域汇率体系的建立，既不是构建超主权国际货币的必由之路，也不是构建超主权国际货币的过渡阶段。根据笔者在第四章提出的构建超主权国际货币的方案，从国际货币基金组织过渡到世界中央银行，以五种货币资产为保证构建"世元"，以及建立"世元"的发行和回收机制，从逻辑上或实践上看与欧洲、北美和亚洲三大区域内的货币合作和汇率体系不存在先后或因果的关系。

亚洲货币合作与超主权国际货币的构建是并行的两件事情。在推进亚洲货币合作的同时可以推进超主权国际货币的构建，在推进超主权国际货币构建的同时也可以推进亚洲货币合作。仅仅在下面的意义上，亚洲货币合作将推动超主权国际货币的构建：亚洲国家摆脱了对美元的依赖，在区域内的国际经济活动中大量使用区域内货币来计价和结算，甚至出现亚洲货币单位乃至"亚元"，美元的地位大幅度下降，从而减少来自美国的对建立超主权国际货币的阻力。

但是，笔者认为，基于下述三个原因，在亚洲建立稳定的汇率体系可能比建立超主权国际货币更加遥远：

第一，亚洲国家对外经济发展状况还没有产生建立稳定汇率体系的迫切需要。亚洲货币合作的现状实际上是与亚洲国家对外经济活动的现状相适应的。目前，亚洲国家对外经济活动主要以美元计价和结算。美元汇率变化给它们带来的风险远远大于日元、中元和韩元汇率变化给它们带来风险。因此，它们更关心的是美元汇率的变化，而不是日元、中元和韩元汇率的变化。在这种情况下，亚洲国家没有内在动力去推动在日元、中元和韩元之间建立稳定的汇率体系。显然，只有在亚洲国家大量使用日元、中元和韩元计价和结算的时候，亚洲国家更高形式的货币合作——汇率合作才有可能提到议事日程。

另外，目前亚洲国家面临的主要问题是国内外金融市场的动荡给它们的金融体系带来的威胁以及国际投机性资本流动给它们的货币汇率带来的冲击。一旦出现这样的威胁和冲击，亚洲国家遇到的最大困难是缺少外汇储备。因此，亚洲国家最需要的是在亚洲内建立外汇信贷机制和货币互换机制，以增强它们抵御金融风险的能力。正因为这样，才出现了《清迈协议》和《清迈协议》框架内的货币合作。

因此，从亚洲国家的现实经济情况来看，改革现行国际货币制度和建立超主权国际货币比稳定亚洲国家货币的汇率和建立"亚元"更加迫切。

第二，第二次世界大战的经历使亚洲国家难以接受日元的主导地位。亚洲货币合作最积极的倡导者和推动者是日本，而日本倡导和推动亚洲货币合作是有自身的战略考虑的。日本2010年以前一直是世界第二大经济体，可是日元在国际货币领域的地位则远没有日本的经济地位高。日本要提高日元的国际地位，就必须要使日元成为更多国家对外经济活动的计价和结算货币，而最有可能实现这个突破的地区就是亚洲。日本是亚洲经济发展水平最高的国家，日元在亚洲国家的货币合作中可以理所当然地成为主导货币。亚洲又是世界经济最活跃的地区，日元通过在亚洲货币合作中的主导地位将提高它在国际货币领域的地位。

日本从本国利益出发推动亚洲货币合作无可非议，问题在于亚洲货币合作是否也对其他亚洲国家有利。但是，由于历史等方面的原因，亚洲国家特别是中国和韩国对日本存在着强烈的提防心理。日本和德国同为第二次世界大战的罪魁祸首，对亚洲国家和欧洲国家犯下了滔天罪行。但是，这两个国家对待战争罪行的态度却存在很大的差异。德国认真地反省战争的罪行，诚恳地向欧洲国家人民道歉。虽然日本也在反省，但却不断地出现修改历史教科书、参拜战争罪犯灵牌、否认侵略战争等事端，反映出日本社会在一定范围内存在的狭隘和偏执的民族主义心理。另外，日本与中国以及日本与韩国还存在领土争端。在这样的情况下，中国和韩国等亚洲国家宁愿接受美元的主导地位，也不愿接受日元的主导地位。

第三，亚洲国家经济的差异性造成难以实现更高程度的货币合作。欧洲是货币合作程度最高的地区，但是欧洲也是经济一体化程度最高的地区。欧洲国家从建立欧洲货币单位，到建立欧洲货币体系，再到建立欧元，都具有经济一体化这个坚实基础。一个地区经济一体化发展到一定程度，势必要求货币的一体化。由于欧洲国家经济一体化程度很高，经济的差异性较小，货币一体化比较容易实现。

但是，亚洲国家经济差异性较大，经济一体化程度较低，尚不具备较高程度的货币合作的基础。日本、中国、韩国形成的东亚地区是亚洲经济的中心，但是日本、中国、韩国经济却存在很大的差异。从经济发展水平来说，日本是发达国家，韩国是准发达国家，而中国是发展中国家。在日本、中国、韩国经济不同步发展的情况下，建立日元、中元和韩元之间稳定的汇率体系将造成这三个国家不能用汇率机制调节对外经济活动，只能用宏观经济政策调节对外经济活动，从而有可能对国内经济产生不利影响。

考虑到亚洲国家经济一体化程度低的因素，要实现建立亚洲稳定的汇率体系或者进一步建立亚元的设想还很遥远。从 2001 年到现在已经十多年了，实践已经证明蒙代尔的预言是错误的。如果国际货币制度没有发生重大的变化，再过二十年也不大可能出现以稳定的汇率体系为特征的亚洲货币区，再过五十年也不大可能出现以亚元为特征的亚洲货币区。

第二节　推进超主权国际货币建立的方法

一、考虑既得利益者的利益

在人类社会发展的现阶段，任何国家的政府在处理国际经济事务的时候都会考虑本国的经济利益，寄希望于某个国家以世界经济利益为重只能是一种幻想。到现在为止，人类社会所有的国际经济制度都是大国之间博弈的结果，只是博弈的方式不同罢了。以前更多的是依靠以经济实力为基础的武力，现在更多的是依靠以经济实力为基础的磋商。从《关税及贸易总协定》到世界贸易组织所建立起来的国际贸易制度是如此，从布雷顿森林体系到牙买加体系建立起来的国际货币制度也是如此。因此，在构建超主权国际货币的时候，必须要考虑既得利益者的利益。

在现行的牙买加体系下，最大的既得利益者是美国。如果说在布雷顿森林体系下美国在获得它的经济利益的同时还承担美元兑换黄金的责任，那么在现行的牙买加体系下美国在获得它的经济利益的同时几乎不需要承担什么责任。在这样的情况下，美国是不会放弃它的既得利益的。正因为如此，我们就可以理解，为什么当中国人民银行行长周小川发出建立超主权国际货币的呼吁时，美国总统奥巴马这么迅速地作出这么强烈的反应。

另外我们也应该清楚地看到，美国仍然是世界上最大的经济大国、贸易大国和金融大国，美元仍然是世界上最重要的国际储备货币。虽然世界各国在承受着主权货币美元充当国际储备货币之害，但是国际货币体系还要依靠美元来运转。在这种情况下，如果美国政府说"不"，国际货币制度的改革是难以推进的。因此，在构建超主权国际货币的时候，必须要考虑美国的利益。

正是基于这样的考虑，笔者在第四章提出超主权国际货币的构建方案时，充分考虑到美国的既得利益。首先，在决定"世元"价值的五种成分货币权重的计算方法中，主要考虑国内生产总值、国际收支和国际储备等因素，而美国在前两个因素中都居于主要地位。因此，在决定"世元"价值的五种成分货币中，美元仍然是最重要的货币。另外，由于世界各国需要用这五种成分货币兑换"世元"，世界各国对美元仍然存在巨大的需求。其次，在"世元"建立以后，它是靠市场推进的，而不是靠强制实施的，"世元"不论在交换媒介还是在价值储藏职能上都将与现行的国际储备货币并存。考虑到国际结算方式具有很强的惯性，美元将长期保持它现在的地位。

在笔者提出的超主权国际货币的新的构建方案中，五种成分货币权重的计算方法主要考虑经济指标而没有考虑政治等其他因素。因此，在主要国家之间的磋商中，关于权重的具体计算方法还可以有很大的磋商余地。

二、加强双边和多边的磋商

创建超主权国际货币和改革现行国际货币制度既符合世界各国的利益，也符合我国的利益。经过三十多年的改革开放，我国经济已经崛起。尽管我国的经济发展水平还不高，但是我国的经济总量在世界经济中已经举足轻重。我国应该逐步改变仅仅是国际经济制度的接受者的角色，为我国争取更多的经济利益，也为发展中国家争取更多的经济利益。创建超主权国际货币和改革现行国际货币制度是提高中元在国际货币领域的地位、维护和争取我国经济利益的重要机遇。因此，创建超主权国际货币应该成为我国处理国际经济事务的重要战略。

首先，我国政府应该明确提出创建超主权国际货币和改革现行国际货币制度的主张。在2009年中国人民银行行长周小川发表了《关于改革国际货币体系的思考》的文章以后，国内存在一种非议，认为这样的主张过于锋芒毕露，不符合我国韬光养晦的策略。笔者认为，现在应该是提出这样主张的时候了。

我国是最大的美元储备国，我国有理由提出保障我国外汇储备资产的安全的诉求。我国是世界第一大出口国和第二大贸易国，我国有理由提出建立稳定的国际货币秩序的要求。另外，提出创建超主权国际货币的主张并不是要向美国发出挑战，也不是要与美国发生正面冲突，而是要与包括美国在内的世界各主要国家的政府磋商和合作，探讨建立一种更有利于国际经济发展的国际货币制度。

周小川《关于改革国际货币体系的思考》的文章发表以后，在世界范围内引起如此广泛和热烈的讨论，本身就说明改革现行国际制度已经成为了大多数国家的共识。美国政府作出反对的反应，主要是担心美国的经济利益受到影响。某些欧洲国家附和美国的反应，主要是从政治角度考虑。如果经过人类社会的努力，寻找到一种可以既照顾美国的经济利益又符合世界大多数国家的经济利益的创建超主权国际货币的方案，那么既可以打消美国的顾虑又可以造福于人类社会。

其次，我国政府应该利用各种适当的机会与美国政府磋商，探讨创建超主权国际货币的问题。应该让美国政府认识到，创建超主权国际货币并不是要剥夺美国现有的经济利益，不是要与美国对抗和冲突，而是与美国等主要国家一起建立可以促进国际经济活动进一步发展的新的国际货币制度。这既符合美国长期的经济利益，也符合世界各国的经济利益。

最后，我国政府应该利用各种经济组织和多边磋商机制，探讨创建超主权国际货币的问题。例如，国际货币基金组织会议、"二十国集团"会议、亚太经济合作组织会议等，都是表达我国政府建议的场所。实际上，包括发达国家在内的世界各国的官员和学者都很清楚，现行的国际货币制度必须改革了，问题是如何进行改革。笔者提出的方案只是一种供国际经济学界讨论的方案，一种供我国政府参考的方案。不论这个方案如何，现在是发挥人类社会的智慧，来推进国际货币制度改革的时候了。

三、增加在国际货币基金组织的话语权

国际货币基金组织是维持国际货币制度运转最重要的国际经济组织。虽然国际货币基金组织目前仍然被美国所控制，但仍然应该利用国际货币基金组织这个平台来推动国际货币制度的改革。实际上，国际货币基金组织许多官员以及大多数成员方都是主张对现行的国际货币制度进行改革的。但考虑到没有合适可行的改革方案，或者要保持与美国良好的国家关系，或者本国未必能够从改革中得到更多的经济利益，许多国家采取了沉默的态度。但显然，国际货币制度改革的国际社会基础是广泛存在的。

要使国际货币基金组织在国际货币制度改革中发挥更加积极的作用，就要增加国际经济新兴力量在国际货币基金组织的话语权。而要增加国际经济新兴力量的话语权，就要持续地对国际货币基金组织的基金份额缴纳制度进行调整。随着新兴市场经济国家和发展中国家经济的发展，少数几个发达国家轻而易举就可以在世界上占据很大比例的经济总量的时代已经过去了。我国政府应该积极联合新兴市场经济国家的政府，要求按照公正公平的原则以及实际经济实力的变化来调整新兴市场经济国家的基金份额，以增加新兴市场经济国家在国际货币基金组织的话语权，从而推进国际货币制度的改革。

在 2012 年 6 月召开的"二十国集团"首脑会议上，胡锦涛同志明确提出在国际经济事务中责任和权利应该相互平衡，发出了一个经济大国的呼声。随着新兴市场经济国家和发展中国家在国际货币基金组织话语权的增强，就可以利用国际货币基金组织这个平台来推动国际货币制度的具体改革方案的磋商，创建超主权国际货币就将变得越来越现实。

四、形成适度的改革压力

美元在国际货币领域的地位是依靠世界各国政府和现行的国际货币制度维持的。实际上，作为主要国际储备货币的美元现在已经存在很大的风险，

如果让这种风险长久积聚下去，国际货币制度出现危机甚至崩溃绝不是危言耸听。

2010 年以来，欧洲国家不断爆发政府债务危机。但令人感到忧虑的是，美国政府的债务情况比这些欧洲国家好不了多少。从表 7-1 可以看到，美国的政府债务对国内生产总值的比例在 2011 年已经超过 100%，实际上比许多欧洲国家的政府债务情况还要糟糕。

表 7-1　美国所欠外国政府的债务比例(2011—2012 年)

年　份	美国的公共债务 （亿美元）	公共债务/国内 生产总值(%)	所欠外国政府 债务(%)
2011	152 229.40	100.98	31.37
2012	164 327.30	104.77	29.52

资料来源：U. S. Department of Treasury，*Debt Position and Activity Report*，http://www.treasurydirect.gov.

多个欧洲国家爆发政府债务危机而美国没有爆发政府债务危机，一个重要原因在于美元是主要的国际储备货币。世界各国通过出口商品等方式得到美元以后，需要以购买美国国债的形式储备下来，使美国政府获得了别的国家政府所没有的资金来源。从表 7-1 可以看到，美国政府债务接近 1/3 依靠外国货币当局筹措。如果加上外国金融机构和厂商购买的政府债务凭证，美国政府债务来自于外国资金来源的比例就更大了。但是，这样的资金来源不是无限供给的，一旦美国政府债务过重又不能融通到资金，美元这种信用货币就会发生危机。

我国货币当局是美国政府最大的债权人，我国巨额的外汇储备主要是美元储备，这意味着一方面我国货币当局的美元储备存在较大的风险，另一方面我国货币当局实际上又在维护着美元的地位。为了使美国政府不要过于高枕无忧，进而体会到国际货币制度改革的必要性，我国货币当局应该适当减持美国国债和美元储备，调整外汇储备的币种结构以及国际储备的资产结构。

另外，我国政府应该支持国际储备货币的多元化。目前国际储备货币主要是发达国家的货币，我国政府应该支持更多的货币如新兴市场经济国家的货币成为国际储备货币。一方面，为了摆脱我国在国际货币领域完全受制于人的从属地位，我国政府应该更加积极地推进中元的国际化，使中元能够逐渐成为国际储备货币；另一方面，我国政府也可以通过相互持有一些经济发展水平较高、汇率保持稳定的发展中国家的货币作为储备货币，开设中元与这些货币的直接兑换市场，在国际贸易中更多采用这些货币作为计价和结算货币，推动更多的货币在不同程度上成为国际储备货币。越多的货币成为国际储备货币，就越有可能建立超主权国际货币。

世界各国政府在支持着美元，美国政府却满足于继续享受既得利益而不思进取，这种情况不能再长期持续下去了。美元一旦发生危机，最支持美元的国家遭受的伤害将最大。因此，不论从本国自身利益考虑还是从世界各国利益考虑，都应该积极推进国际储备货币的多元化。

第三节　创立超主权国际货币可能产生的风险

一、超主权国际货币的创立对美元的影响

建立超国家的世界中央银行以及建立超主权国际货币都涉及这样一个问题：由于世界各国不再像现在那样需要美元作为国际储备货币，美元汇率是否会大幅度贬值。

在 2009 年中国人民银行行长周小川发表了《关于改革国际货币体系的思考》的文章以后，香港经济学者张五常在他的博客中指出，如果周小川的建议成功推出，美元很有可能大跌。① 这可能是包括美国政府官员和经济学者在内的很多国家的官员和学者的反应。这种反应的言下之意是现在各国将美元作为主要的国际储备货币，如果用超主权国际货币替代美元，美元的需求将大幅度减少，美元的汇率将大幅度下降。

如果采用以超主权国际货币取代美元的方案，美元汇率下跌的风险从理论上是存在的。但与此同时，还应该考虑下述三个问题：第一，美元相对价值是以它对美国商品和资产的购买力为基础的，从目前的情况来看，美元在国际贸易、国际金融和直接投资中没有出现估值明显过高的现象，因而美元

---

① 张五常：《汤姆逊的金融灾难分析》，http://blog. sina. com. cn/zhangwuchang，2009 年 4 月 3 日。

汇率未必会大幅度下跌。第二，如果以超主权国际货币取代美元，还存在着如何取代美元的问题。如果超主权国际货币本身也包含较大比例的美元，美元汇率不会大幅度下跌。第三，即使创立超主权国际货币，也将是一个渐进的过程，超主权国际货币将长期与美元共存，美元汇率不会大幅度下跌。

实际上，超主权国际货币的产生并不意味着与美元彻底告别。按照笔者在第四章中提出的超主权国际货币构建的新方案，美元仍然是"世元"最重要的核心货币，"世元"仍然长期包括美元在内的各种国际储备货币共存。超主权国际货币产生以后，美元不但不会崩溃，而且还被纳入了制度化的理性运行轨道。因此，超主权国际货币的构建不但没有损害美国根本的经济利益，而且还符合美国长期的经济利益。显然，现行国际货币制度存在严重缺陷，如果还任其延续下去而不思改革，一旦世界经济发生重大事件，一旦美国经济出现问题，在世界范围内有可能出现抛售美元的风潮，这样对世界经济和对美国经济的损害将更大。

当然，在世界各国政府的外汇储备中，美元储备现在约占 61%。在超主权国际货币产生以后，美元储备所占的比例会出现一定程度的减少，似乎对美国的经济利益产生一定的不利影响。应该指出，即使使用美元的相对比例下降，但是随着国际经济活动的发展，使用美元的绝对数量未必下降。另外，美元现在在外汇储备中所占的比例也不是一成不变的。随着欧元区的扩展和中元的崛起，随着美国相对经济地位的下降，美元在各国政府外汇储备中所占份额的下降是必然的。与其被动地等待美元地位的相对下降，不如主动地以制度的方式进行理性的调整，这样对美国经济和对世界经济都有利。

二、特大事件的爆发对超主权国际货币的影响

建立超国家的世界中央银行以及创立超主权国际货币还涉及另外一个问题：如果发生世界大战这样的特大事件，超主权国际货币可能无法正常运行，是否会给世界各国政府、机构和居民造成重大损失？

如果发生世界大战这样的特大事件，任何国际货币制度都存在着失效风险。到那时，国家与国家之间只能使用彼此信任的货币，或者最终使用黄金和白银来完成交易。因此，要考察建立超主权国际货币具有多大的失效风险，应该以现行国际货币制度作为参照体系。也就是说，一旦发生这样的极端事件，超主权国际货币是否比现行国际储备货币具有更大的风险。

　　如果发生世界大战这样的特大事件，以美元为中心、多种货币并存的国际储备货币制度同样存在风险。由于现行的国际储备货币既是主权货币又是信用货币，它们只能以对相关国家商品和资产的购买力作为保证。一旦国际储备货币的发行国拒绝外国政府、机构和居民用该国货币购买该国商品或资产，储备该国货币的外国政府、机构和居民将遭受重大损失。

　　建立超主权国际货币是否具有更大的失效风险，关键在于采用什么方案来建立超主权国际货币。如果采用拓展特别提款权的功能来建立超主权国际货币方案，将存在着更大的失效风险。特别提款权仅仅是国际货币基金组织的账面资产，它依赖于成员方政府的承诺而没有任何实际资产作为保证。如果出现世界大战的征兆，各国政府将拒绝使用特别提款权结算。一旦发生世界大战，国际货币基金组织的正常运行肯定受到破坏，特别提款权将会失效。当世界大战结束的时候，世界经济和政治格局已经发生重大的变化，特别提款权的负债国是否认可这个负债以及如何处理这个负债，将是一个非常复杂和难以解决的问题。这样，通过国际贸易、国际金融和直接投资活动积累起来的特别提款权的债权国将受到重大损失。如果一个国家政府持有美元和欧元这样的国际储备货币，它还保留着对这些国家商品和资产的追索权。如果一个国家政府保留着特别提款权这样的债权，它又向谁追索呢？

　　但是，如果采用笔者在第四章中提出的超主权国际货币构建的方案，则不存在更大的失效风险。由于"世元"是以等值的货币资产作为保证，并且具有严格的发行和回收机制。在出现世界大战征兆的情况下，各国政府、机构和居民可以利用"世元"的回收机制兑换回等值的五种货币资产，在可能的情况下还可以将这五种货币资产转换为商品或实际资产。即使各国政府、机构和居民来不及利用"世元"的回收机制兑换回等值的五种货币资产，由于世界中央银行对"世元"还保留着等值的五种货币资产，他们仍然具有对五种货币资产的追索权。即使在世界大战爆发前不能将五种货币资产转换为商品或实际资产，或者在世界大战爆发后仍然保留着"世元"，都同样具有对五个国家商品和资产的追索权。因此，即使发生世界大战这样的重大事件，笔者提出的超主权国际货币构建的新方案的失效风险并不比现行的国际货币制度更大。

本章小结

本章分析表明，区域货币合作不是建立超主权国际货币的必要条件。要顺利地构建超主权国际货币，走向新的国际货币制度，需要兼顾现有的国际储备货币发行国特别是美国的利益，需要加强双边和多边的磋商，需要发挥国际货币基金组织的作用，使构建超主权国际货币成为国际社会的共识。但是，考虑到美国政府满足于既得利益而不思进取，同时应该适当地增加改革的压力，如适当减少对美元地位实际上的维护，推动更多的货币特别是中元成为国际储备货币等。本章还证明：从现行的主权国际货币过渡到超主权国际货币，不会出现美元崩溃等风险。一旦发生世界大战等特大事件，超主权国际货币失效的风险并不比现行的国际货币制度更大。

第　八　章

加快中元国际化的进程

第一节　中元国际化的历史机遇

一、国际货币形成的基础和条件

1. 影响货币国际化的因素

从构建超主权国际货币和改革现行国际货币制度的角度分析，推动中元的国际化具有重要意义。首先，由于美国获得了美元作为主要国际储备货币所带来的巨大利益，它在美元发生新的危机前不会关注国际货币制度的改革，甚至会阻碍国际货币制度的改革。因此，必须有包括中元在内的一批货币崛起并成为国际储备货币，国际货币制度的改革才能有效地推进。其次，我国是世界上第二大经济体，也是第一大贸易国，中元应该在国际货币制度中发挥更大的作用。因此，我国政府必须推进中元国际化，以不失时机地争取中元在新的国际货币制度中的地位。

所谓国际货币是指被世界各国广泛地用于国与国之间商品贸易、资金融通和直接投资的货币，也就是能够在国际流通领域执行计价单位、交换媒介、支付手段、价值储藏等职能的货币。所谓的货币国际化是指一个国家的货币不仅在国内流通领域执行货币的职能，而且在国际流通领域执行货币的职能。

一种货币从国内走向国际，不是这个国家政府的主观意志决定的，而是由这个国家的经济发展水平和经济发展规模决定的。也就是说，一种货币的国际化主要是由国际市场驱动的。然而，尽管政府在货币国际化的进程中不是发挥基础性的作用，但是它能够对货币国际化的进程产生重大影响。因此，一种货币的国际化是市场和政府相互推动的结果。

另外，还有许多因素会影响到货币国际化的进程，如经济发展的前景、货币自由兑换的程度、货币币值的稳定程度、货币汇率的稳定程度、金融体系的发展程度等。但是，值得注意的是，制度因素将对一种货币国际化的程度起到重要作用。

改革开放以来，我国经济迅速发展，创造了经济增长的奇迹，我国在经济总量上已经成为一个举足轻重的经济大国。我国中元已经基本具备国际化的基础，而且在事实上也已经开始了区域化和国际化的进程。因此，我国政府在推动建立以超主权国际货币为核心的新的国际货币制度的改革的同时，应该加快中元国际化的进程，为中元在未来新的国际货币制度中发挥更大的作用和扮演更重要的角色奠定基础。

要推动中元国际化的进程，认真研究英镑、美元和日元的国际化是很有必要的。回顾英镑、美元、日元国际化的进程，没有一个国家货币的国际化不是由这些国家雄厚的经济实力决定的。但是，在不同国家货币国际化的进程中，又有着各自不同的特点。

2. 英镑国际化的进程

自从人类社会形成国家并在国家之间发生经济活动以来，持续时间最长的国际货币是超主权货币——黄金。当黄金在各个国家的国内将其他商品排除出货币流通领域而承担货币的职能以后，它在国际经济活动中也成了货币。在人类历史上，第一种成为国际货币的主权货币是英镑。但是，英镑也是凭借着可兑换黄金而成为国际货币的。

在欧洲，在经济上首先崛起的国家不是英国。葡萄牙、西班牙、荷兰的经济发展都先于英国。葡萄牙和西班牙经济的崛起主要是依靠海上贸易和海外扩张实现的。到 16 世纪初期，葡萄牙控制了从大西洋到印度洋的五十多个港口地区，垄断了半个地球的商船运输航线，成为当时世界海上贸易第一强国。而西班牙则通过对美洲的掠夺，获得了大量的黄金和白银。据统计，从 1502—1660 年，西班牙从美洲得到 18 600 吨注册白银和 200 吨注册黄金。到 16 世纪末，西班牙的黄金和白银产量已经占到世界总产量的 83%。

荷兰经济的崛起方式有所不同，它是依靠捕鱼业、商业和海外贸易发展起来的。荷兰人充分地发挥了经纪商、加工商和销售商的角色，迅速地积累起社会财富。到 17 世纪中叶，荷兰东印度公司已经拥有 15 000 个分支机构，贸易额占到世界总贸易额的 50%。悬挂着荷兰三色旗的 10 000 多艘商船游弋在世界的五大洋上。1609 年，世界上第一家股票交易所阿姆斯特丹证券交易所正式建立。同年，世界第一家中央银行阿姆斯特丹银行正式成立。在 17 世纪，阿姆斯特丹成为世界金融业最发达的地区。

荷兰盾本来是最有可能成为世界上第一种充当国际货币的主权货币。但是，根据历史学家的看法，公元 1500 年前后是人类历史的一个重要的界限。在这之前，人类生活在相互隔绝的陆地上，彼此之间很少往来。从那以后，不同地区的人类联系才开始增加，人类历史才称得上是真正意义上的世界史。但是，即使向后延续一百年，世界经济体系仍然没有形成，国际货币还没有产生的必要。而英国经济正好在合适的历史时机崛起了。

首先，英国依靠战争的方式摆脱了欧洲强国对它的束缚。1588 年，英国发动海上战争并战胜了西班牙。1652 年、1664 年和 1672 年，英国三次对荷兰作战，终结了世界上最强大的荷兰帝国的地位。接着，17 世纪，英国发生了资产阶级革命，推翻了封建专制制度，建立了以资产阶级和土地贵族联盟为基础的君主立宪制度，从而成为世界上第一个确立资产阶级政治统治的国家。英国通过海外贸易和殖民统治迅速积累财富，实现了资本的原始积累。但是，最终奠定英国经济无与伦比地位的是英国的工业革命。

从 18 世纪 60 年代开始，英国发生了工业革命。蒸汽机的发明和采用使英国建立起强大的工业体系，人类社会也由此开始从农业文明走向工业文明。英国依靠它所建立的工业体系成为了"世界工厂"，有力地推动了英国经济的发展。随着英国经济的发展，资金融通成为必要，英国的金融业迅速发展，伦敦演变成国内金融中心。由于英国在工业制品的生产中具有明显的优势，英国政府努力推动自由贸易。英国从世界各国进口原材料，向世界各国出口工业制品，获取了巨大的贸易利益。为了取得更大的贸易利益，英国企业大规模向海外直接投资，以控制外国的原材料供给和工业制品的市场。这样，英国成为了不可比拟的经济大国、贸易大国、金融大国、投资大国。在这样的情况下，英国的主权货币英镑变成了国际货币。

英国很早就采用黄金作为货币进行商品的交换。1694 年，英格兰银行在阿姆斯特丹银行建立 85 年以后正式成立。英格兰银行很快就开始发行英镑。但是，当时英镑只是黄金的符号，它的作用是代替黄金在市面上流通。1717年，担任英国皇家铸币局局长的著名科学家牛顿（Isaac Newton）将黄金价格确定为每盎司黄金等于 3 英镑 17 先令 10 又 1/2 便士。从此，英镑建立了与黄金的平价，金本位制度的雏形开始形成。

1816 年，英国通过了"金本位制度法案"，以法律的形式确立了金本位制度。1821 年，英国正式启动金本位制度，英镑成为英国的标准货币单位，每英镑含 7.322 38 克纯金。英国最早的金本位制度是金币本位制度，该制度的特点是以法律形式规定政府发行的纸币的含金量，人们可以将持有的纸币按照含金量兑换为金币；人们可以自由地将黄金铸造成金币，或者将金币熔化为黄金；黄金可以自由地输出或输入本国。

到了 19 世纪，世界各国的经济联系已经开始变得越来越密切。随着各个国家相继采用了金本位制度，各国货币就根据各自的含金量建立起相互之间的汇兑比率即汇率。在各国货币可以兑换黄金的条件下，人们在国际贸易等国际经济活动中不仅可以直接用黄金进行交易，也可以用大家普遍认可的主权货币来进行交易。

由于当时英国是世界上经济上最强大的国家，基于对英国经济的信任，基于对英镑兑换黄金的信任，各国都愿意持有英镑并使用英镑来结算。显然，如果各国持有黄金并用于国际结算，不仅要支付黄金的保管费用，而且还要支付较高的结算成本。但是，如果各国在伦敦开设英镑账户并通过伦敦的银行进行国际结算，不仅可以得到利息收益，而且只需要支付较低的结算成本。这样，英镑这种主权货币就成为了国际货币。据统计，在 20 世纪初期，在国际贸易中大多数商品都以英镑计价，在国际结算中 90％的结算都使用英镑。

应该指出，当时的国际货币制度是金本位条件下的固定汇率制度。这个制度不是通过各国政府之间的合作而采用的制度，而是在各国实行金本位制度的条件下自发形成的制度。由于英镑是以等量的黄金为保证的，在英国政府严格以黄金为基础发行英镑以及保证英镑兑换黄金的条件下，各国采用英镑作为国际货币并没有给英国政府带来"国际铸币税"收益。当然，各国采用英镑从事国际结算是通过英国的金融机构进行的，英镑成为国际货币给英国的金融业带来巨大的商业利益。正因为英镑成为了国际货币，各国要进行英镑的结算和借贷，作为英国国内金融中心的伦敦就演变为国际金融中心。

上述分析表明，英镑成为主要的国际货币主要是两个因素造成的：第一个因素是英国具有世界第一的经济实力；第二个因素是英国具有世界最完善的金融体系。前一个因素是根本性因素，后一个因素是技术性因素。虽然英镑是凭借着可兑换黄金而成为国际货币的，但是即使假设金本位制早一百年解体，英镑作为主权货币仍然会成为国际货币。进入 20 世纪以后，虽然英国经济被美国经济超越，但是国际货币的惯性运行使英镑在四十年的时间里保持着国际货币的地位。

3. 美元国际化的进程

美国也是凭借着强大的经济实力使美元成为国际货币的。但是，在美国经济总量已经居世界第一以后很长的时间里，美元并没有成为被人们普遍接受的国际货币。

美国经济是从 19 世纪迅速崛起的。据美国经济学家库兹涅茨（Simon Kuznets）估算，英国从 1801—1831 年每 10 年的产值增长率是 32.1%，从 1931—1861 年每 10 年的产值增长率是 23.8%，从 1861—1891 年每 10 年的产值增长率是 38.6%。但是，美国从 1800—1840 年每 10 年的产值增长率是 52.3%，从 1839—1859 年每 10 年的产值增长率是 59.1%，从 1869—1889 年以及从 1878—1898 年每 10 年的产值增长率是 50.0%。① 由此可见，在 19 世纪，美国产值的增长率远高于英国的产值增长率。经济史学家一般认为，到 1894 年前后，美国的总产值已经超过英国。

虽然美国的总产值在 19 世纪末超越了英国，但是美国的人均产值在 20 世纪初才超越英国。据荷兰经济史学家麦迪森（Angus Maddison）分析，1870 年，美国人均国内生产总值（GDP）相当于英国人均 GDP 的 75.3%，1900 年相当于英国人均 GDP 的 89.2%。但是，到 1913 年，美国人均 GDP 已超过英国人均 GDP5.5 个百分点。② 美国已经成为世界第一的经济大国。

---

① Simon Kuznets, *Economic Growth of Nations*, Cambridge, Massachusetts, Harvard University Press, pp. 39-40.

② ［荷］安格斯·麦迪森：《世界经济千年史》，伍晓鹰等译，北京大学出版社 2003 年版。

但是，一个国家的经济实力只是这个国家货币国际化的基础。当时，英国的对外贸易、对外借贷和对外直接投资在世界上还占有较大比例，英国伦敦已经形成了国际金融中心，各国在国际经济活动中习惯用英镑来进行计价和结算。另外，英国于 1821 年正式实行金本位制，美国也于 1879 年正式实行金本位制，英镑和美元都以黄金作保证，各国持有英镑和美元没有本质的区别。因此，进入 20 世纪以后，尽管美元的相对地位在上升，英镑的相对地位在下降，但直到 20 世纪 40 年代中期，仍有 40％的国际贸易是用英镑结算的。

从上述分析可以看到，强大的经济实力只是货币国际化的必要条件而不是充分条件。一个国家的货币要成为国际货币，除了要有雄厚的经济基础以外，还要深度参与国际经济活动，有相当比例的国际经济活动是用这个国家的货币计价和结算的；还要拥有比较完善的银行体系，使各国用这个国家货币进行结算比较方便、快捷和安全。

1944 年在美国布雷顿森林市举行的国际金融会议是美元国际化的划时代事件。到了 20 世纪 40 年代中期，英国和美国的经济地位已经不可同日而语了。英国在第二次世界大战中遭受了严重的创伤，消费品产量只有战前的 50％，出口不到战前的 33％，黄金储备只有 100 万美元，对外债务高达 120 亿美元。美国则在第二次世界大战中发展壮大，工业产量占世界工业产量的 50％，对外贸易占世界贸易 33％以上，黄金储备占世界黄金储备的 59％。[①] 在这样的情况下，按照美国政府建议建立的布雷顿森林体系，以制度的形式确立了美元至高无上的地位：美元钉住黄金，各国货币钉住美元。美元成为了等同于黄金的唯一的主权货币。

但是，正如前面的分析所指出的，在布雷顿森林体系的运行机制中，除了存在难以克服的"特里芬难题"以外，美元钉住黄金也是不可能长期维持的。美元是一种信用货币，它的实际购买力在美国价格水平不断上升的条件下不断下降。但是，黄金是一种贵金属，它的价值是很稳定的，这意味着黄金的美元价格将不断上升。因此，美国政府是不可能维持 1 盎司黄金等于 35 美元的汇兑平价的，金汇兑本位注定是要解体的。

---

① 陈彪如：《国际金融概论》，华东师范大学出版社 1988 年版，第 16 页。

1971 年，美国政府终于违反了它对世界各国政府作出的用 35 美元兑换
1 盎司黄金的承诺，布雷顿森林体系的金汇兑本位崩溃。1973 年，随着各国
货币对美元汇率浮动，布雷顿森林体系的钉住汇率制度解体。但是，在布雷
顿森林体系下，几乎所有的大宗商品都用美元计价，几乎所有的国际经济活
动都用美元结算，这种格局在布雷顿森林体系解体以后仍然延续下来。另外，
即使美国经济的相对地位下降了，但是美国仍然是世界上第一大的经济大国、
贸易大国和金融大国，美元在 1976 年以后形成的牙买加体系中仍然是最重要
的国际货币。

上述分析表明，美元成为主要的国际货币主要是两个因素造成的：第一
个因素是美国具有世界第一的经济实力；第二个因素是布雷顿森林体系的制
度安排。显然，即使布雷顿森林体系没有建立，美元也会越来越多地被各国
所采用，美元也会而且实际上也在走向国际化。但是，通过布雷顿森林体系
的制度安排，美元迅速成为国际货币并取得了至高无上的地位。

4. 日元国际化的进程

日本是第二次世界大战的战败国，穷兵黩武使日本经济到达崩溃的边缘。
但是，日本在第二次世界大战以前已经是一个工业强国。尽管日本经济受到
了重创，但日本的工业基础还存在，日本的工业技术还存在。随着战后日本
经济的重建，人民群众的生活水平逐渐恢复，日本的内部需求迅速增加。另
外，美国在 20 世纪 50 年代和 60 年代分别参与了朝鲜战争和越南战争，它所
需要的战争物资就近从日本采购，从而有力地促进了日本的外部需求。在这
一系列因素的推动下，日本在 20 世纪 50 年代和 60 年代创造了经济增长的奇
迹，从 1955—1973 年，日本国民生产总值平均增长率达到 9.8%。日本经济
在 1955 年已经超过战前水平，到 1968 年已经超越英国、法国、德国而跃居
世界第二位。

1973 年，布雷顿森林体系解体，美元等同于黄金的地位不复存在，美元
几乎作为唯一的国际货币的格局也被打破。1976 年，牙买加体系的形成使除
了美元以外别的货币有可能成为国际货币。在日本经济实力不断增强、对外
贸易不断发展的情况下，从 20 世纪 70 年代开始，以日元计价的日本出口贸
易所占的比例不断增大，从 1970 年的 0% 提高到 1980 年的约 30%。但是，

以日元计价的日本进口贸易所占的比例到 1980 年仍不到 5%。①

到了 20 世纪 70 年代末期和 80 年代初期，日本经济的地位继续提高。以 1980 年为例，当时东德、西德尚未合并，缺少德国整体的数据。如果将日本与美、法、英相比，日本的国内生产总值是 10 593 亿美元，大约是美国 27 715 亿美元国内生产总值的 38%，但是已经是法国 6 821 亿美元国内生产总值的 155%，是英国 5 357 亿美元国内生产总值的 198%。另外，日本的进出口总额是 2 717 亿美元，大约是美国 5 926 亿美元进出口总额的 46%，但已经是法国 2 509 亿美元进出口总额的 108%，是英国 2 257 亿美元进出口总额的 120%。②

从 20 世纪 80 年代开始，日本政府开始推进日元的国际化。1980 年 12 月，日本修订《外汇法》，颁布了《外汇及外国贸易管理法》，实现了日元资本与金融项目的基本可自由兑换。日本《外汇法》的修订，是日元国际化的一个标志性的事件。1984 年 5 月，日本大藏省提交了题为《金融自由化及日元国际化的现状与展望》的报告，提出将日元交易的重点从经常交易转变为资本交易，具体包括制定以日元计价的外债发行规则，实行欧洲日元借贷的自由化，放松对外国人发行债券的限制等。

1985 年 3 月，日本大藏省一个称为"外国外汇等审议会"的私人咨询机构发表了题为《关于日元国际化的答辩》的报告，提出了包括金融自由化、欧洲日元交易自由化、东京金融市场国际化的三大日元国际化方略。其中金融自由化是包括为非居民提供以日元计价的资产，进一步扩大利率自由化的程度；欧洲日元交易自由化是指推动境外日元兑换和借贷的自由化；东京金融市场国际化是指将东京建成国际金融中心。"外国外汇等审议会"由大藏省官员、学者、银行家、企业家组成，对日本政府的决策具有重要影响。在这以后，日本政府在东京建立离岸金融市场，宣布开放境外金融市场，取消对外资流出的限制，提高对外资流入的限额，对外国人在日本发行日元债券和发放日元贷款、非居民之间欧洲日元交易实行自由化，有力地推动了日元的国际化。1990 年，在世界各国官方外汇储备中，日元所占的比例为 8.0%，低于美国

---

① ［日］菊地悠二：《日元国际化》，陈建译，中国人民大学出版社 2002 年版，第 183 页。

② 朱之鑫：《国际统计年鉴》，中国统计出版社 2001 年版，第 79 页、第 481—482 页。

的 50.6%，也低于德国马克的 16.8%，但超过了英镑 3.0%的 1 倍以上。

1998 年 4 月，日本再次修订《外汇法》，颁布了《外汇及外国贸易法》，实现了国内外资本可以没有限制地自由流动。1999 年 4 月，"外国外汇等审议会"再次发表了题为《面向 21 世纪的日元国际化》的报告，提出要提高国际融资交易和海外商品交易中日元的使用比例，提高外国投资者持有的以日元计价的资产的比例，也就是提高日元在国际货币制度中的作用以及日元在经常交易、资本交易、外汇储备中的地位。为了达到这个目标，该报告提出了五项措施：第一，实现日本经济的稳定增长并重建日本金融体系。第二，稳定日元的汇率。第三，发挥日元在亚洲各国汇率制度中的作用，即更多地使日元成为亚洲各国汇率制度的定价货币。同时，让日本商品市场和金融市场更高程度地对亚洲开放。第四，改善日元国际化的环境，如改善资本市场、结算系统、贸易交易、资本交易等。第五，积极推进日元的使用。

尽管日元在市场驱动和政府推动下走向国际化，但日元国际化程度并不高，日元远没有取得与日本经济相应的地位。到 20 世纪 90 年代末，以日元计价的日本出口贸易所占的比例约为 36%，以日元计价的日本进口贸易所占的比例约为 25%，以日元计价的国际债券发行量所占的比例为 4.5%，日本银行以日元计价的贷款所占的比例不到 20%。[①] 就以最有代表性的世界各国官方外汇储备的构成来说，20 世纪 70 年代以来，日元储备在世界各国外汇储备中所占的比例从相对数来说仅次于美元和德国马克居世界第三，但从绝对数来看只有 8%左右。进入 21 世纪以后，日元的地位还趋向下降。到 2011 年，在世界各国的官方外汇储备中，美元占 62.2%，欧元占 25.0%，英镑占 3.8%，日元只占 3.5%。这就是说，日元在世界各国官方外汇储备所占的比例还不如国内生产总值只有日本 50%的英国的英镑。[②]

从上面的分析可以看到，日元国际化的基础仍然是日本雄厚的经济实力。另外，随着牙买加体系取代布雷顿森林体系，除了美元以外其他货币也有可

---

① ［日］菊地悠二：《日元国际化》，陈建译，中国人民大学出版社 2002 年版，第 182—183 页。

② IMF：*Annual Reports of the Executive Board*，Appendix I，2013，http://www.imf.org.

能成为国际货币，给日元国际化提供了机会。但是，在国际货币体系惯性运行的条件下，世界大宗商品的贸易都以美元计价，世界主要的贸易、借贷和投资都使用美元，日元受到了挤压，日元的国际化是不充分的，也是不成功的。

二、中元国际化的重要时机

1. 中元国际化的前景

上述分析表明，英镑和美元的国际化具有相似的特点，英镑和美元都是以英国和美国具有世界第一的经济实力、压倒性的对外经济规模而成为了不同的时期的主要的国际货币。英镑和美元的国际化有所不同的是，英国通过建立完善的金融体系和提供良好的金融服务加快了英镑国际化的进程，而美国则通过建立以美元为核心的国际货币制度加快了美元国际化的进程。

尽管英镑和美元的国际化有很多地方可供我国借鉴，但是中元国际化与英镑或美元国际化的道路是不同的。即使我国的国内生产总值在 20 年后超越美国而成为世界第一，也仅仅是物品和服务的产值世界第一，我国的科学技术水平和经济发展水平不可能达到世界第一，我国的相对经济实力不可能达到 19 世纪英国的相对水平和 20 世纪美国的相对水平。因此，按照英镑和美元国际化的方式发展，中元的国际化遥遥无期。

日元是以日本当时具有世界第二的经济实力和借助于布雷顿森林体系的解体而走上国际化道路的。虽然目前我国的经济发展水平尚未达到世界第二，但是我国的国内生产总值已经是世界第二，进出口贸易总值已经是世界第一，现行的牙买加体系仍然为任何一种货币成为国际货币提供机会。另外，日本 20 世纪 70 年代的经济情况与我国目前的经济情况具有很多相似之处。因此，日元的国际化进程对我国具有更多的参考价值和借鉴意义。

在日元国际化的进程中，值得进一步研究的是，日本的总体经济实力不能说不强，日本的对外经济规模不能说不大，日本政府不能说不努力，但是为什么日元的国际化程度仍然不高？在直接回答这个问题以前，有必要分析一下自从 20 世纪 70 年代日元走向国际化以来日本经济出现的各种事件产生的影响。

第一，日元汇率升值。在 1970 年，日元汇率约为 340 日元兑换 1 美元。在四十多年后的 2013 年 3 月，日元汇率已经升值到 86 日元兑换 1 美元。在日元汇率趋向升值的情况下，出口商愿意以日元计价和结算，进口商不愿意以日元计价和结算；贷款者愿意购买以日元计价的债务工具，借款者不愿意发行以日元计价的债务工具，各国政府则愿意储备更多的趋向汇率升值的外汇。尽管日元汇率升值对于日元作为国际贸易货币和国际借贷货币具有不确定的影响，但是对于日元作为国际储备货币具有有利影响。

第二，日本经济停滞。在 20 世纪 80 年代后半期，也就是在日本政府推进日元国际化不久，日本出现了严重的泡沫经济。随着 90 年代初期泡沫经济的破裂，日本爆发金融危机，接着陷入长达 13 年的经济停滞，形成了日本所谓"失落的十年"。在主权货币充当国际货币的牙买加体系下，一个国家的经济发展前景对这个国家货币的信用具有重要的影响。因此，日本经济停滞对日元国际化形成十分不利的影响。

第三，日本开放程度。在历史上，日本民族是一个善于向外民族学习的民族，同时又是一个对外民族具有强烈的戒备心理的民族，日本经济的开放程度一直不高。在第二次世界大战以后，日本是在美国的外部压力下逐渐开放它的商品市场和金融市场。另外，日本的市场经济体制是政府主导的市场经济体制，尽管日本的贸易和金融一直在走向自由化，但是政府对经济的管制在不同程度上还存在。因此，与欧美发达国家相比，日本经济的开放程度是比较低的。经济开放是一种货币国际化的前提，日本经济开放程度不高给日元国际化带来不利的影响。

第四，日本经济结构。日本和英国一样都是岛国，日本的土地面积是 37.8 万平方公里，英国的土地面积是 24.5 万平方公里，日本比英国大 54%。日本人口为 1.28 亿，英国人口为 0.6 亿，日本比英国多 113%。但不同的是，英国拥有北海油田等自然资源，而日本则是一个自然资源十分缺乏的国家。日本的原油、铁矿石、铝矾土、磷矿石、橡胶、棉花、羊毛等几乎 100% 依赖进口。因此，日本形成了以加工工业为主的经济结构，通过将进口原材料加工为工业制品再销往国际市场来实现经济的发展。在正常的情况下，日本经济可以顺利运转。但是一旦遇到发生战争等特殊情况，日本经济结构就变得十分脆弱。日本的这种经济结构也制约着日元的国际化程度。

从货币国际化的角度分析，我国经济与日本经济相比存在着某些相似之处，但更多的是不同之处。

第一，中元汇率升值。与日本相似，我国在经济发展中发生了国际收支顺差和货币汇率升值的过程。2005 年以来，中元对美元名义汇率已经升值了约 25%。虽然从短期来看人民币汇率是波动的，但是从长期来看中元汇率仍然可能趋向于升值。中元汇率的长期升值趋势对中元作为国际贸易货币和国际金融货币的影响很难确定，但是对于中元作为国际储备货币的影响是有利的。

第二，中国经济体制。从运行机制来看，我国的经济体制与日本相似，也是以政府为主导的市场经济体制。从经济制度来看，我国经济体制是社会主义条件下的市场经济体制，政府对经济的影响能力要强于日本。另外，我国还是一个发展中国家，经济发展水平不高，我国政府不可能为中元国际化而国际化，我国政府需要权衡利弊来推进中元国际化。因此，在相当长的时间里我国很难实现像西方发达国家那样的经济开放程度。这些因素将对中元的国际化产生不利的影响。

第三，经济发展水平。我国的外汇储备超越日本位居世界第一，国内生产总值超越日本位居世界第二，进出口贸易总额超越美国位居世界第一。从经济总量上看，我国与日元走上国际化道路时的日本是相似的。但是，我国的设计、技术、工艺、管理等方面的相对水平不如日元走上国际化时的日本，绝对水平还远不如现在的日本。我国经济发展水平不高也会对中元的国际化产生不利影响。

第四，经济发展潜力。我国有 960 万平方公里的辽阔的土地面积，有 13 亿勤劳的人民，有丰富的自然资源，这意味着我国具有日本不可比拟的巨大的经济发展潜力。我国改革开放 35 年的历程已经向世界证明了我国的经济发展能力，没有人会怀疑我国将成为数一数二的经济大国。我国经济发展水平逐渐接近于日本，我国经济总量成倍地超越日本是迟早的事情，这是日元国际化所不可比拟的中元国际化进程中的最坚实的基础。

但是，我们应该清楚地认识到，美国还是世界上最大的经济大国、金融大国、投资大国，布雷顿森林体系确定的美元地位将在很长的时间里按照惯性延续下去。如果牙买加体系没有发生变化，中元国际化的进程将与日元相似。

2. 中元国际化的机遇

在国际货币制度没有发生变化的情况下，中元国际化的前景是不乐观的。但是，在布雷顿森林体系运行了 32 年解体以后，牙买加体系又运行了 38 年了。正如前面的分析所表明的那样，牙买加体系的弱点和矛盾不断地凸现出来，国际货币制度改革的呼声越来越高。

在这样的情况下，我国政府应该积极主张和参与国际货币制度的改革，并力争在未来的超主权国际货币的构建中体现中元因素。借助于国际货币制度的安排，可以加速中元国际化的进程，使中元的地位与我国经济的地位相适应。

因此，超主权国际货币的构建是中元国际化的重要机遇。我国政府应该结合国际货币制度改革的进程来实施中元国际化的发展战略，使中元国际化的进程与国际货币制度改革的进程相适应。如果超主权国际货币的构建已经提上议事日程，而中元还不具备成为超主权国际货币的成分货币的条件，我国将失去利用中元国际化提高我国经济地位的历史机遇。

从我国经济发展的现状和前景来看，我国在经济总量上已经是一个举足轻重的经济大国，在超主权国际货币的构建中没有任何国家可以忽略中国因素。

首先，2012 年，我国的国内生产总值居世界第二位。根据国际货币基金组织的统计资料，如果用汇率的方法计算，2012 年美国的国内生产总值是 156 847.50 亿美元，我国的国内生产总值是 82 270.37 亿美元，日本的国内生产总值是 59 639.69 亿美元，这三个国家的国内生产总值占世界国内生产总值的比重分别是 20.16％、10.57％、7.67％。如果用购买力平价的方法计算，2012 年美国的国内生产总值是 156 847.50 亿美元，我国的国内生产总值是 124 056.70 亿美元，日本的国内生产总值是 46 278.91 亿美元。这三个国家分别占世界国内生产总值的比重 18.87％，14.92％，5.56％。①

其次，据联合国贸易和发展委员会的统计资料，如果以现行价格计算并且以汇率折算，2012 年我国的出口货物贸易总额是 20 487 亿美元，居世界第一位，超过居世界第二位的美国 15 457 亿美元出口贸易总额 32.54％，超过居世界第三位的德国 14 072 亿美元出口贸易总额 45.59％。同年，我国的进口货物贸易总额是 18 184 亿美元，居世界第二位，低于居世界第一位的美国

---

① IMF，*World Economic Outlook Databases*，April 16，2013，http：//www.imf.org.

23 355 亿美元进口贸易总额 22.14%，超过居世界第三位的德国 11 672 亿美元进口贸易总额 55.79%。① 但是，在 2013 年，我国的进出口贸易已经超越美国而居世界第一位。

再次，据联合国贸易和发展委员会的统计资料，如果以现行价格计算并且以汇率折算，2012 年我国接受外国直接投资 1 210.80 亿美元，仅次于美国居世界第二位。美国接受外国直接投资的数额是 1 676.20 亿美元。同年，我国对外直接投资也达到 842 亿美元。②

最后，到 2013 年 6 月，我国的外汇储备已经达到 34 966 亿美元，居世界第一位③，远高于居世界第二位日本 13 048 亿美元的外汇储备。

正因为我国的总体经济和对外经济的规模不断扩大，我国在世界银行和国际货币基金组织的投票权不断增加，现在仅次于美国和日本居世界第三位。当然，我国经济发展水平与发达国家还有很大的差距，我国的人均经济量还很低，我国还是一个典型的发展中国家。但是，决定一种货币国际化的基础性因素不是这个国家的人均经济量而是这个国家的经济总量，在超主权国际货币的构建中将如此庞大经济体的货币中元排除在外是不可思议的。

但是，中元要成为一种国际货币，成为超主权国际货币候选的成分货币，在基本条件上还存在着下述不足之处：首先，虽然中元已经实现了经常项目下可兑换，但是还没有实现在资本与金融项目下可兑换。一种不可自由兑换的货币是不可能成为国际货币的。其次，中元的利率还没有市场化，基本利率的高低要还受着中央银行的直接影响，这也会影响中元成为国际货币。最后，中元汇率在 2005 年以前主要参考美元定价，在 2005 年以后主要参考一篮子货币定价，这种参考别的货币定价的汇率形成机制同样影响到中元成为国际货币。正因为如此，中元还不是特别提款权的定价货币。如果这种情况不改变，中元也不可能成为超主权国际货币的候选成分货币。因此，如果我国政府将超主权国际货币的建立和国际货币制度的改革作为努力方向，那么推进中元的国际化就应该提到议事议程。

---

① UNCTAD, *International Trade*，Statistics，http://unctad.org.
② UNCTAD, *Foreign Direct Investment*，Statistics，http://unctad.org.
③ 中国人民银行：《2013 年货币统计概览》，http://www.pbc.gov.cn。

第二节　中元国际化的基础

一、中元国际化的现状

1. 中元的跨境流动

从 20 世纪 90 年代初期到 21 世纪 10 年代中期，是中元走向国际化的初级阶段。这个阶段的基本特征是：中元在市场的驱动下开始跨境流动，我国政府开始着手解决中元跨境流动所带来的问题，但还没有积极采取措施去推进中元的国际化。在这里，中元跨境流动是指中元跨越了中元货币区的区境，或者说跨越了中国海关的关境，走向了周边的国家和地区。

在 2000 年前后，随着我国边境贸易和边境旅游的发展，中元在周边国家或地区的使用范围不断扩大。按程度划分，周边国家或地区对中元的使用有三种类型。

第一种类型是泰国、马来西亚、新加坡、韩国等国家。在这些国家里，中元的使用主要是伴随着旅游业的发展而发生的。由于大批我国旅游者到这些国家观光旅游，在这些国家出现了可以用中元兑换本国货币的兑换店，同时在部分商店也出现了允许用中元购买商品的现象。在这种类型的国家里，中元只在旅游消费这个狭小的范围内发挥交换媒介的职能。另外，这些国家之所以对中元产生需求，是因为它们的旅游者也到我国观光旅游，它们的中小企业在我国开设有企业。这样，流出的中元通常很快回流到我国，中元在这些国家作为价值储藏的功能不强，停留在这些国家的中元数量不大。

第二种类型是中蒙、中俄、中朝、中越、中缅、中老等边境地区。在这些地区里，中元的使用是同时伴随着边境旅游和边境贸易的发展而发生的。在硬通货不足和以货易货阻碍贸易发展的情况下，中元被这些国家所接受并用于边境贸易。另外，随着到边境地区旅游的我国旅游者人数的增加，与旅游有关的行业也广泛接受中元。由于中元币值稳定，使用范围又比较广，在这些地区中不仅出现在边境旅游和边境贸易中使用中元，而且在该地区居民之间的商品交换中也出现使用中元的趋势。在这种类型的国家里，中元不仅在较广的范围内发挥交换媒介的职能，而且也具有较强的价值储藏的职能，停留在这些地区的中元数量较大。

第三种类型是我国的香港和澳门地区。由于内地和港澳地区之间存在着密切的经济联系，每年探亲旅游者众多，中元的兑换和使用相当普遍。例如，在香港有200多家货币兑换店和近20家银行开办了中元兑换业务，不少商店报出中元与港币的汇率并公开表示接受中元。由于港币可以随时兑换美元，中元通过港币这个中介实际上可以随时兑换美元。

1993年，我国与越南、蒙古、老挝、尼泊尔、俄罗斯、吉尔吉斯斯坦、朝鲜和哈萨克斯坦8个国家的中央银行签署了边境贸易本币结算协定。但是我国银行没有办理中元的汇兑业务，中元在我国的周边国家或地区基本上是以现钞的形式流动。

中元流出的途径主要有：第一，出境旅游。按照规定，中国公民出境可携带6 000元中元现钞。旅游者携带的中元现钞出境形成中元的流出。第二，边境贸易。我国与周边国家进行贸易时以中元来结算，形成了中元的流出。第三，贷款和投资。我国政府曾经向周边国家提供中元的无偿援助和优惠贷款，我国的中小民营企业也有携款出境到周边国家进行投资，这一切都构成中元的流出。

相应地，周边国家或地区的居民入境旅游消费、用中元进口我国商品、携带中元入境支付他们所经营的企业的工人工资和原材料费用等，形成了中元的流入。除了上述合法的中元流动外，还存在地下的中元汇兑，如：在境外支付当地货币，到境内领取中元；或在境内支付中元，在境外领取当地货币。另外，也存在从海上或陆地偷运中元，以及利用货物运输夹带中元等途径。①

2. 中元回流机制的建立

但是，中元在周边国家或地区流通一直存在两个问题：一是中元的回流问题。如果人民币没有畅通的渠道回流到我国，中元在周边国家或地区的使用将受到限制。二是中元的汇款和境外中元的存款问题。如果还停留在中元现钞流动的方式，中元在周边国家或地区的使用范围和使用规模难以扩大。

我国货币当局从2003年起开始朝着推动中元区域化的方向迈出积极的步伐。2003年9月，国家外汇管理局颁布了《边境贸易外汇管理办法》，允许在

---

① 李翀：《论人民币的区域化》，《河北学刊》2002年第5期。

边境贸易中用中元计价和结算，允许境外贸易机构在我国边境地区的银行开立结算专用账户办理边境贸易的收付，鼓励我国边境地区银行与外国边境地区银行建立代理行的关系以通过银行进行边境贸易结算。这项规定对中元区域化具有积极的影响。

2003 年 11 月，中国人民银行发布公告，宣布为在我国香港地区办理中元存款、兑换、汇款和银行卡业务的银行提供清算服务。具体安排如下：第一，中国人民银行与香港金融管理局选择一家香港银行作为清算行，为办理中元业务的其他香港银行提供清算服务。第二，中国人民银行深圳支行为香港清算行开立清算账户，接受香港清算行的存款并支付利息。但是，香港清算行的存款限于办理中元业务的香港银行吸收的香港居民个人的中元存款，香港银行对中元存款支付的利率自行决定。第三，香港清算行可作为中国外汇交易中心的会员，从事中元与港元的兑换业务。第四，内地居民可以使用内地银行发行的中元银行卡到我国香港地区用于消费支付和在自动取款机上提取港元现钞，香港居民也可以使用香港银行发行的中元银行卡到内地用于消费支出和在自动取款机上提取中元现钞。第五，内地银行可以接受经由香港清算行汇入的香港居民个人中元汇款，但是收款人必须是汇款人，没有提取的中元汇款可以汇回香港。

但是，我国货币当局的上述规定只是迈出尝试性的一步，对中元的跨境流动和汇兑还有严格的限制：首先，我国货币当局为香港银行所提供的清算服务，仅限于两地居民在经常项目下所产生的个人中元存款和汇兑，这与内地仍然实行对资本项目管制的现状是相适应的；其次，我国货币当局为香港银行所提供的清算服务，仅限于香港持有居民身份证的个人，目前不鼓励香港银行为其他人士提供存款业务；最后，使用中元清算渠道的香港银行所吸收的中元存款不能进行同业拆借，也不能用于发放贷款。

在中元国际化的这个初级阶段里，具有重要意义的事件是 1996 年 12 月我国正式接受《国际货币基金组织协定》第八条款，实现中元经常项目的可兑换。

二、中元国际化的进展

1. 走向国际贸易货币

从 21 世纪头 10 年中期开始，是中元走向国际化的第二阶段。这个阶段的基本特征是：我国政府开始推动在我国的对外普通贸易中使用中元计价和结算，并尝试性地发行以中元为面值的国际债务工具。

2009 年 7 月，中国人民银行等政府部门联合发出《跨境贸易人民币结算试点管理办法》，鼓励我国企业在对外普通贸易中以中元计价和结算，支持我国商业银行为企业提供跨境贸易中元结算服务。2010 年 3 月，中国人民银行与白俄罗斯国家银行签署《中白双边本币结算协议》，这是我国与第一个非接壤国家签订的普通贸易本币结算协议。

2010 年 8 月，国家外汇管理局发出《关于在部分地区开展出口收入存放境外政策试点的通知》，在北京、广东、山东、江苏四个地区开展出口收入存放境外政策试点，企业出口收入的外汇可以不汇回国内。这是中国外汇管理政策开放的一个重大突破，对于跨境贸易收支比较频繁的企业，有助于减少外汇资金跨境划转费用及汇兑成本；对于参与国际市场程度较高的企业，可以提高资金使用效率，降低境外融资成本，增强国际竞争力。

短短几年来，以中元计价和结算的对外贸易额不断增加。2013 年，我国以中元结算的跨境货币贸易、服务贸易和其他经常项目交易发生额为 46 300 亿中元。①

2. 走向国际金融货币

我国政府除了推进在普通国际贸易中使用中元以外，也开始尝试在国际借贷中使用中元。

2004 年年底，中国人民银行动用 2.22 亿美元的储备资产，认购了第二期亚洲债券基金，并以该债权投资中国债券市场，相当于外国中央银行间接发行中元债券。

2005 年 2 月，中国人民银行等政府部门发布了《国际开发机构人民币债券发行管理暂行办法》。后来，2010 年 9 月，中国人民银行等政府部门又对该办法进行修订并重新公布。经过修订以后的管理办法允许从事开发性贷款和投资的多边、双边以及地区国际开发性金融机构在中国境内发行在一定期限内还本付息的以中元计价的债券。

2009 年 9 月，我国中央政府在我国香港地区发行 60 亿元中元政府债券，

---

①　中国人民银行：《2013 年金融统计数据报告》，http://www.pbc.gov.cn。

成为我国首次在内地以外地区发行中元计价的主权债券。2009 年 8 月，中国
人民银行与国际货币基金组织签署了历史上第一份债券购买协议，中国人民
银行以中元购买总额相当于 500 亿美元的以特别提款权计价的国际货币基金
组织债券。无论国际货币基金组织是将筹集到的中元向中国购买美元，然后
提供给受援助的国家，还是直接将筹集到的中元提供给受援助的国家，都有
助于促进中元的国际化。

2010 年 8 月，中国人民银行发布《关于境外人民币清算行等三类机构运用
人民币投资银行间债券市场试点有关事宜的通知》，允许境外中央银行或货币
当局、港澳中元清算行、跨境贸易中元结算境外参加行等三类金融机构通过
直接或间接的方式投资银行间债券市场。据香港金融管理局公布的数据显示，
到 2013 年 12 月，香港银行中元存款总额达到 8 605 亿元，对为境外中元提供
境内债券市场的投资场所具有重要意义。①

2011 年 4 月 11 日，汇贤产业信托正式在香港的股票市场上发行中元股
票。这是中国内地关境以外第一种以中元计价的股票，也是全球首只以中元
计价的房地产投资信托基金。

2012 年 4 月 18 日，汇丰银行主要针对英国及欧洲大陆国家的投资者在伦
敦发行了第一种中元债券，总规模为 10 亿中元。

2012 年 12 月 16 日，证券监督管理委员会、中国人民银行和国家外汇管
理局联合发布了《基金管理公司、证券公司人民币合格境外机构投资者境内证
券投资试点办法》，允许境外机构投资者用境外人民币投资国内证券。到 2013
年 12 月，共有 53 家机构成为人民币合格境外机构投资者（RQFII），投资额度
为 1 643.00 亿中元。②

根据国际清算银行的统计资料，到 2013 年 4 月，在外汇市场上中元的日
交易量达到 1 200 亿美元，在外汇交易中所占的比例达到 2.2%，成为世界第
九大交易最活跃的货币。③ 目前全球外汇交易市场中交易最为活跃的十种货

---

① HKMA: *Monetary Statistics for December 2013*, Press Releases, http://www.
hkma. gov. hk.

② 国家外汇管理局：《人民币合格境外投资者（RQFII）投资额度审批情况》，http://
www. safe. gov. cn.

③ BIS, *Triennial Central Bank Survey*, September 2013, http://www. bis. org.

币分别是：美元、欧元、日元、英镑、澳元、瑞士法郎、加拿大元、墨西哥比索、中元和新西兰元。尽管中元还不是可兑换货币，但是中元在外汇市场中的地位迅速提高。表 8-1 显示了在全球外汇市场上中元交易量的地位。

表 8-1   中元交易量在世界外汇交易量中的地位（2001—2013 年）

年　份	2001	2004	2007	2010	2013
世界排名	35	29	20	17	9

资料来源：BIS, *Triennial Central Bank Survey*，September 2013, http://www.bis.org.

3. 走向直接投资货币

2011 年 10 月 13 日，商务部日前正式印发《关于跨境人民币直接投资有关问题的通知》（以下简称《通知》）。《通知》规定，境外投资者（含港澳台投资者）可以用合法获得的境外中元依法开展直接投资活动。境外中元主要包括：通过跨境贸易中元结算取得的中元；汇出境外的中元利润和转股、减资、清算、先行回收投资所得中元；在境外通过发行中元债券、中元股票以及其他合法渠道取得的中元。

2013 年，外商直接投资和我国对外直接投资中元结算额已经达到 431 亿元。[①]

虽然中元还不是可自由兑换货币，但是外国政府开始将中元作为官方储备货币。2010 年 9 月，马来西亚中央银行将买入的以中元计价债券作为本国政府的外汇储备，成为第一个将中元作为国际储备货币的国家。另外，2009 年 4 月，哈萨克斯坦财政部长博拉特·扎米舍夫表示，在中元实现自由兑换以后将中元作为国际储备货币。2009 年 10 月，俄罗斯副总理兼财政部长阿列塞·库德林表示，拟将中元作为新的国际储备货币。

虽然时间并不长，但是中元的国际化有了很大的进展。从目前的情况来看，在区域上，中元沿着周边化、区域化、国际化的方向发展；在功能上，中元则沿着贸易货币、借贷货币、投资货币、储备货币的方向发展。这都是在市场的驱动下和政府的引导下的正常的发展。中元国际化的第三个阶段，将从中元实现在资本与金融项目下自由兑换开始。

---

① 中国人民银行：《2013 年金融统计数据报告》，http://www.pbc.gov.cn。

第三节　中元国际化的步骤

一、实现中元在资本与金融项目下可兑换

1. 在资本与金融项目下可兑换的含义

在资本与金融项目下可兑换是货币国际化的基本条件。要推进中元的国际化，在近期需要迈出的一个较大的步伐是实现中元在资本与金融项目下基本可兑换。

国际货币基金组织关于国际收支的定义也发生过多次变化，按照国际货币基金组织在 2009 年发布的《国际收支与国际投资头寸手册》(第六版)的最新的定义，国际收支分为三大项目：经常项目、资本项目、金融项目。经常项目反映一个国家的居民与非居民进行物品、劳务和收益的交易所带来的外汇收支的变化。资本项目反映一个国家的居民与非居民之间非金融资产的交易和资本类的转移支付所带来的外汇收支的变化。非金融资产交易包括土地等自然资源、特许权等技术资产、品牌等营销资产的交易。资本类的转移支付是指赔款、罚没、债务豁免等。金融项目则反映一个国家对外金融资产和债务的变化，主要包括直接投资、证券投资、国际借贷、政府储备资产的变化等。[①]

国际货币基金组织是一个以维护国际货币制度正常运转为宗旨的国际经济组织，实现本国货币在经常项目下可兑换是国际货币基金组织成员方的基本义务。目前，绝大多数国际货币基金组织成员方都接受《国际货币基金组织协定》第八条款的义务，实现本国货币在经常项目下可兑换。但是，国际货币基金组织不要求成员方的货币在资本项目或金融项目下可兑换。

世界贸易组织作为一个以推进贸易以及与贸易有关的投资自由化为宗旨的国际经济组织，实行与国际货币基金组织相似的原则。它要求成员方不能用限制汇兑的方式来限制贸易以及与贸易有关的投资，但不要求成员方的货币在资本项目或金融项目下可兑换。

---

① IMF, *Balance of Payments and International Investment Position Manual*, Sixth Edition (BPM6), p. 9, p. 14, http//www.imf.org.

目前，要求成员方承诺逐步取消对资本交易管制的国际经济组织只有主要由发达国家组成的经济合作与发展组织。该组织制定了《资本流动自由化通则》，其中第二条规定各成员方逐步取消对资本流动的限制，以实现相互间有效的经济合作。

虽然本国货币在资本与金融项目下可兑换不是全球性的经济组织的要求，但却是一种货币走向国际化的基本要求。不难设想，如果一种货币在资本与金融交易中都不能可兑换，它如何能够被各国接受为贸易货币、借贷货币、投资货币和储备货币？

但与此同时，也应该指出，世界上没有一个国家已经完全实现本国货币在资本与金融项目下的全部交易都可以自由兑换。由于各个国家对金融交易实行不同程度的限制，它们的货币在这些交易中实际上是不可兑换的。因此，一种货币在资本与金融项目下可兑换只是一个相对的概念，也就是关于程度的概念。

按照国际货币基金组织的分类，对非居民参与的资本与金融交易的管制主要包括下述类型：第一，资本市场和货币市场金融工具的交易，如商业票据、国库券、债券、股票等金融工具的交易；第二，国际信贷业务，如本国银行向境外贷款或从境外借款的业务；第三，金融衍生工具和其他金融工具的交易，如互换、金融期货、金融期权以及前面没有提及的金融工具的交易；第四，外国直接投资和对外直接投资，即双向的直接投资导致的资本流动；第五，外国直接投资和对外直接投资的清算，即已经形成的直接投资的资本金的转移；第六，个人资本转移，包括个人的财产或赠予的跨国转移；第七，不动产交易，即与直接投资无关的如自用或投资的不动产的交易；第八，商业银行和其他信贷机构的交易，如这些金融机构所从事的除了信贷以外的外汇等金融资产的交易；第九，其他机构投资者的交易，如共同基金、养老基金、保险公司从事金融资产的交易。根据国际货币基金组织的统计，在发达的高收入国家中，直到 2006 年实行上述九类管制的比例仍然分别达到 46.4%、14.3%、17.9%、67.9%、3.6%、7.1%、429%、57.1%、57.1%。①

---

① IMF，*Review of Exchange Arrangements*，*Restrictions*，*and Controls*，Prepared by Monetary and Capital Markets Department，November 27，2007，p. 35.

由此可见，按照国际货币基金组织的看法，一种货币在经常项目下可兑换和在资本与金融项目下可兑换的含义是不同的。一种货币在经常项目下可兑换主要是指本国货币在经常项目下是否可以兑换为外国货币，而不管经常项目的交易是否受到限制。例如，一个国家实行进口限额制度，但在限额内本国货币可以兑换为外国货币，仍然可以看作是本国货币可兑换。但是，一种货币是否实现在资本与金融项目下可兑换则还要考虑该国的跨国资本或金融交易是否受到限制。

国际货币基金组织的这种看法是可行的。在世界各国的努力下，现在国际贸易的障碍已经大大减少，对国际贸易的管制已经逐渐被取消。但是，对跨国资本或金融类交易的严格管制还普遍存在。如果不结合对跨国资本或金融交易的管制来考虑一种货币在金融项目下的可兑换，那么任何国家都实现了本国货币在资本与金融项目下的可兑换，所谓在资本与金融项目下可兑换这句话就失去意义了。

2. 中元在资本和金融项目下可兑换的现状

因此，要实现中元在资本与金融项目下的可兑换应该从两个方面去理解：一个方面是程度问题。在资本与金融项目下的可兑换并不是指在全部项目下可兑换，而是指资本与金融项目下主要的或重要的项目可兑换。另一个方面是内容问题。在资本与金融项目下的可兑换并不是指被批准的金融交易可兑换，而是指对主要的或重要的资本和金融交易没有限制。

如果按照国际货币基金组织的分类，在 2000 年以前，我国对九种资本与金融交易在不同程度上都实行了管制：

第一，在资本市场和货币市场金融工具交易方面，我国只允许非居民在境内投资 B 股，不允许非居民在境内购买 A 股、债券和货币市场工具。另外，居民到境外发行和交易资本市场和货币市场工具必须要经过批准。

第二，在国际信贷业务方面，境内金融机构按照外汇资产负债比例管理规定可以对外贷款，但境内企业不能对外贷款。境内金融机构或企业向外借款均需要经过批准，并且还受到借款指标的限制。

第三，在金融衍生工具和其他金融工具的交易方面，我国不允许非居民参与境内金融衍生工具的交易，居民参与境外金融衍生工具的交易要经过批准。

第四，在外国直接投资和对外直接投资方面，我国对外国直接投资基本没有管制，只要符合我国的产业政策，外商都可以对我国进行直接投资。但是，我国金融机构对外直接投资需要经过批准。

第五，在外国直接投资的清算方面，我国对外商直接投资以后的撤资、转股等交易需要经过外汇管理部门的核准。只要属实，基本上不加以限制。

第六，在个人资本转移方面，我国对居民退休金和财产的汇出只需办理核准手续，基本上没有限制，但对个人资金的汇出有数量上的限制。

第七，在不动产交易方面，外商在我国进行与直接投资有关的不动产的交易不受限制，但非居民在我国进行住房的交易受到数量的限制。居民到外国进行不动产的交易需要经过外汇管理部门的批准。

第八，在商业银行和其他信贷机构的交易方面，外国商业银行在我国设置的分支机构可以从事经过批准的商业银行业务，可以参与我国外汇市场的交易，但是不能参与我国资本市场或货币市场金融工具的交易。

第九，在其他机构投资者的交易方面，外国的投资银行、共同基金、保险公司等机构投资者在我国设置的分支机构可以从事经过批准的金融业务，但不能参与我国资本市场或货币市场金融工具的交易。

由此可见，在上述九项资本与金融交易中，我国在对第四项、第五项、第七项交易项目的管制比较宽松，在对其他交易项目的管制比较严格。但是，2000 年以后，我国在放宽对资本与金融交易限制方面已经迈出了重要的步伐。

2002 年，我国开始实施合格境外机构投资者（QFII）制度，允许符合条件的境外机构投资者投资境内证券市场。到 2013 年 12 月，我国政府共批准 228 家 QFII 机构，投资额度达到 507.58 亿美元。①

2006 年，我国开始实施合格境内机构投资者（QDII）制度，允许符合条件的境内金融机构投资于境外证券市场。到 2013 年 12 月，我国政府共批准 116 家 QDII 机构，境外投资额度达到 850.43 亿美元。②

---

①　国家外汇管理局：《合格境外机构投资者（QFII）投资额度审批情况》，http://www.safe.gov.cn。

②　同上。

从 2006 年起，我国政府逐步取消对境外直接投资购买外汇额度的限制，在全国范围内实现了境外直接投资按照需要提供外汇。2009 年，我国政府在行政手续上把境外直接投资外汇资金来源审查和资金汇出核准两项行政审批改为事后登记，方便了对境外直接投资。

2009 年，我国政府允许符合条件的各类企业经批准在一定限额内使用自有外汇和人民币购汇等多种方式进行境外放款。境外放款专用外汇账户的开立、资金的境内划转以及购买外汇等事宜均由外汇指定银行直接办理。

这意味着中元在对外直接投资方面已经基本实现了可兑换，在非居民对我国证券投资方面在 QFII 制度下实现了可兑换，在居民对外国证券投资方面在 QDII 制度下实现了可兑换，在对外贷款方面实现了可兑换。

3. 实现中元在资本与金融项目下可兑换的方法

从近几年的情况来看，实现中元在资本与金融项目下可兑换已经提到了政府的议事日程。2010 年 10 月 20 日，国家外汇管理局官方网站发表了题为《国家外汇管理局深入学习贯彻十七届五中全会精神》的报道稿，提出在"十二五"时期要稳妥有序地推进人民币资本与金融项目可兑换。2011 年 2 月 1 日，国家外汇管理局官方网站以转载《金融时报》报道的方式发表了题为《构建跨境资本双向流动机制 有序推进资本项目可兑换》的文章，提出依照统筹规划、循序渐进、先易后难、分步进行的原则稳步推进资本与金融项目可兑换。显然，这样的原则是全面和正确的。

在考虑如何推进中元在资本与金融项目下可兑换的时候，必须要考虑到可能由此产生的金融风险。人们列举了中元在资本与金融项目下可兑换的风险，如可能导致中元汇率剧烈的波动，使货币政策的独立性和汇率的稳定性发生冲突，增加国内经济和金融的不稳定性，使保持国际收支平衡的难度增大。① 笔者认为，在各种可能产生的金融风险中，国际资本的投机性冲击是最主要的风险。

在中元实现资本与金融项目可兑换的条件下，国际资本流动将更加方便。资本的本质是追求利润，一旦我国内部或外部经济出现某些问题，国际资本就会在我国金融市场上掀起投机浪潮。20 世纪 90 年代以来的许多国家的经历

---

① 王雅范等：《走向人民币可兑换》，经济科学出版社 2002 年版，第 292—293 页。

表明，最容易受到国际资本冲击的市场是外汇市场、股票市场和房产市场。在国际资本的投机性冲击下，被冲击国的货币汇率、股票价格、房产价格将发生剧烈波动，并有可能爆发金融危机。

因此，从开放项目的角度看，应该首先开放金融风险比较小的项目，其次开放金融风险比较大的项目。在开放重要的资本和金融项目的时候，必须充分考虑到可能产生的影响以及如何去减少这种影响。也就是说，实行国家外汇管理局提出的统筹规划、循序渐进、先易后难、分步进行的原则。

在国际货币基金组织提出的九项资本与金融交易中，在次序上可以先考虑外国直接投资和对外国直接投资及其清算、不动产交易的开放，其次考虑信贷业务、商业银行和其他信贷机构交易、个人资本转移的开放，再次考虑资本市场和货币市场金融工具交易的开放，最后考虑金融衍生工具以及其他金融工具的交易、其他机构投资者交易的开放。

在直接投资的开放中，首先考虑外商直接投资的开放，其次考虑对外直接投资的开放。在信贷业务的开放中，首先考虑贸易信贷的开放，其次考虑对金融机构信贷和对企业信贷的开放。资本市场和货币市场金融工具交易的开放中，首先考虑债务工具的开放，其次考虑股权工具的开放。在金融衍生工具的开放中，首先考虑利率类的金融衍生工具的开放，其次考虑外汇类的和股权类的金融衍生工具的开放。另外，考虑到我国目前存在中元汇率升值压力，在资本与金融项目的开放中，首先考虑开放资本流出的项目，其次考虑开放资本流入的项目。

当然，这仅仅是基本次序。在实际的资本与金融项目的开放中，各类项目不存在截然的先后之别，它们是相互交错的。另外，这些项目的开放也不是完全开放，而是不同程度的开放。例如，股票市场和股票类的金融衍生工具的开放在相当长的时间里仍然应该采用 QFII 的方式进行。

另外，资本与金融项目的开放不仅存在开放项目的问题，还存在着开放方式的问题。从发展趋势来看，应该从对资本与金融交易具体项目逐项行政审批过渡到对交易者的资质管理和对交易风险的防范。例如，在信贷开放中，应该确定可以办理国际信贷业务的金融机构的资质，同时按照监管法规对这些金融机构从事国际信贷的信用风险和汇率风险等进行评估和监管。

2013 年 8 月 22 日，我国政府决定设立上海自由贸易区。上海自由贸易区的功能之一，是进行人民币自由兑换的试验。因此，上海自由贸易区的建立，将促进人民币在资本和金融项目下的开放。

在推进中元资本与金融项目可兑换过程中，还需要关注有关的两个方面的改革：一是继续推进利率的市场化；二是防范国际资本的投机性冲击。

实现中元在资本与金融项目下可兑换的过程实际上是国际金融市场化的过程。市场化的国内金融可以与管制的国际金融共存，但市场化的国际金融不可能与管制的国内金融共存。因此，在我国金融市场结构趋向合理，金融市场规模不断扩大的基础上，还要逐步实现中元利率的市场化。

实际上，我国从 1996 年已经正式启动利率市场化的进程，利率市场化已经发展到相当的程度。

在本币存贷款利率方面，虽然存贷款基准利率是中央银行决定的，但是金融机构已经有很大的决定利率自主权。经过 1998—2004 年多次放宽对利率浮动幅度的限制，目前各种金融机构的存款利率可在不超过各档次存款基准利率的范围内向下浮动，但是存款利率不能向上浮动。不含城乡信用社的金融机构的贷款利率原则上不再设定向上浮动的限制，贷款利率下限仍为基准利率的 0.9 倍。城乡信用社贷款利率最高上浮系数为贷款基准利率的 2.3 倍，贷款利率下浮幅度不变。

在债务工具利率方面，中央银行对债务工具价格不再设置任何限制，企业债券、金融债券、商业票据以及各种货币市场工具已经全部实现市场定价，这就意味着对债务工具的利率已经市场化。

在境内外币存贷款利率方面，中央银行 2000 年 9 月取消了外币贷款利率和 300 万美元以上的大额外币存款利率的限制，在 2003 年 7 月取消了对英镑、瑞士法郎和加拿大元的外币小额存款利率的限制，在 2003 年 11 月对美元、日元、港币、欧元小额存款利率实行上限管理，商业银行可根据国际金融市场利率变化，在不超过上限的前提下自主确定利率。

在贴现率方面，中央银行在 1998 年改革了贴现利率生成机制，贴现利率和转贴现利率在中央银行再贴现利率的基础上加点生成，在不超过同期贷款利率浮动幅度的前提下由商业银行自行决定。

利率的市场化意味着利率由金融市场上资金的供给和需求决定，金融机构具有利率的自主定价权；中央银行不再直接决定利率，而是通过货币政策调节利率。2010 年 12 月 17 日，中国人民银行行长周小川发表了题为《关于推进利率市场化改革的若干思考》的文章，提到利率市场化的前提是有一个竞争的金融市场，金融机构在金融市场上有财务的"硬约束"。① 周小川的看法无疑是正确的。显然，如果国有金融机构处于"赚了是自己的，亏了是国家的"这样一种状态，如果金融市场存在无序的恶性竞争，利率是难以市场化的。

考虑到如何在国有银行内建立现代企业制度的改革难以有一个明确的标准，因此需要完善的是对国有银行高级管理人员的考核和问责制度以及权利和责任相适应的薪酬制度，还需要完善对商业银行宏观审慎的金融监管体系。在基本具备这样前提的基础上，逐渐从目前由中央银行确定基准利率和浮动幅度的利率管理方式过渡到中央银行不决定基准利率而决定利率的上限和下限的利率管理方式，最终再过渡到利率市场化。

另外需要关注的是防范国际资本的投机性冲击。我国还是一个发展中国家，市场经济体制还不够健全，金融体系还不够完善，驾驭跨国资本流动的能力还不够强。考虑到在中元实现在资本与金融项目下可兑换的过程中可能会遇到各种突发事件和投机风潮，因而需要建立各种预警体系和应对方案，在必要的时候以制度的方式对金融市场进行干预。

20 世纪 90 年代以来，不少发展中国家（如泰国等）在推进金融市场开放和本币在资本与金融项目下可兑换的过程中都遭遇到国际资本的投机性冲击，对本国金融和经济带来巨大的不利影响。我国政府在推进金融开放的过程中必须高度警惕这种投机性冲击。我国政府拥有世界第一的外汇储备和世界第五的黄金储备，这也为我国政府对付各种突发事件和投机风潮提供了重要的资金上的保证。

二、建立比较完善的中元汇率形成机制

1. 中元汇率形成机制的改革

建立比较完善的中元汇率形成机制，不仅是中元实现在资本与金融项目下可兑换的必要条件，而且也是使中元得到国际社会认可的重要前提。

一种货币的汇率是这种货币在外汇市场上的供给与需求决定的。一种货币汇率的形成机制，包括在外汇市场上这种货币的供给机制、需求机制、定

---

① 周小川：《关于推进利率市场化改革的若干思考》，http://www.pbc.gov.cn。

价方式。也就是说，按照一个国家的汇兑和汇率制度，它的货币的汇率是如何形成的。

在 2005 年以前，我国长期实行的中元汇率制度是以市场供求为基础的、参考美元进行调节的、有管理的浮动汇率制度。中国人民银行在每个工作日按照前一个工作日我国外汇市场中元成交汇率的加权平均数，决定本工作日中元对若干种外汇的基准汇率，本工作日中元对若干种外汇的汇率可以以该基准汇率为基础在 0.15% 的幅度内波动。

当时，在中元汇率形成的过程中，中元需求机制和供给机制都存在问题。从中元的需求机制来说，当时我国实行强制结汇制，企业得到的外汇经过批准只能保留 30%，其余必须在规定的工作日里卖给外汇银行，这就造成在外汇市场上外汇的供给或中元的需求十分充分。另外，从外汇需求或中元供给机制来说，居民用中元购买外汇以及企业在非贸易项目下用中元购买外汇受到很大的限制，这就造成在外汇市场上外汇的需求或中元的供给受到限制。中元需求充分而供给受到限制是中元汇率升值压力的制度原因。这就是说，中元需求机制和供给机制都在一定程度上被扭曲，在外汇市场上表现出来的中元的需求和供给不是真实的需求和供给。

我国这种汇兑制度是我国外汇短缺时代的产物，也是发展中国家常用的汇兑制度。显然，在外汇不足的情况下，我国政府只能将宝贵的外汇掌握在自己手中。但是，随着我国经济的发展，我国国际收支已经多年顺差，中元汇率已经存在升值压力，这种汇兑制度显然已经不适应我国的现实。当时，美国政府不断地要求中元汇率升值，我国许多经济学者也主张中元汇率升值。这些学者最大的欠缺之处就是只看到国际收支顺差的表面现象，而没有看到国际收支顺差的制度原因。他们没有认识到自己陷入一种自相矛盾的境地：他们实际上是在主张一方面人为地用制度造成中元汇率升值压力，另一方面又按照这种不真实的压力去推动中元汇率升值，结果伤害了我国的出口企业和我国的宏观经济。

2004 年 12 月，笔者曾参加国务院一个关于中元汇率问题的咨询会议，并在会上提出了下述改革中元汇率形成机制的建议：

第一，应该对强制结汇制进行改革。无论是国内企业还是外资企业，都可以在外汇指定银行开立现汇账户。经常项目下的外汇收入，既可以存入现汇账户，也可以结汇；经常项目下的外汇支出，既可以从现汇支付，也可以凭有效单据向外汇指定银行购买外汇。这样既可以缓和中元汇率升值压力，也可以改革不合理的外汇供给或中元需求机制。

第二，应该继续放宽人们购买外汇的限制。在中元存在升值压力的情况下，应该基本放宽人们在经常项目下购买外汇的限制，以及适度放宽人们在某些资本项目下购买外汇的限制。这样既可以缓和中元汇率升值压力，也可以改革不合理的外汇需求或中元供给机制。

第三，应该放宽对中元汇率波动幅度的限制。在前两项改革完成以后，选择适当的时机放宽对中元汇率波动幅度的限制，譬如在公布汇率上下总幅度 0.5%—0.8% 内波动。这样，既不会削弱中元汇率的调节作用，又能防止中元汇率出现频繁的大幅度的波动。

从 2005 年开始，我国政府不断地推进中元汇率制度的改革，这些改革的措施是正确的。

在改革外汇的供给或中元需求机制方面，我国政府在逐渐取消强制结汇制。例如，国家外汇管理局 2005 年 2 月 4 日发布的《关于调整经常项目外汇账户限额管理办法的通知》、2005 年 8 月 2 日发布的《关于放宽境内机构保留经常项目外汇收入有关问题的通知》、2006 年 4 月 13 日发布的《关于调整经常项目外汇管理政策的通知》等，都是朝着自由结汇制的方向发展。在 2010 年 3 月召开的全国人民代表大会上，国家外汇管理局称已经取消了强制结汇制。

在改革外汇需求或中元供给机制方面，我国政府在不断地放宽对购汇的限制。例如，国家外汇管理局 2005 年 5 月 22 日发布的《关于扩大境外投资外汇管理改革试点有关问题的通知》、2005 年 8 月 3 日发布的《关于调整境内居民个人经常项目下因私购汇限额及简化相关手续的通知》、2005 年 8 月 25 日发布的《关于下放部分资本项目外汇业务审批权限有关问题的通知》、2006 年 4 月 13 日发布的《关于调整经常项目外汇管理政策的通知》、2006 年 8 月 30 日发布的《关于基金管理公司境外证券投资外汇管理有关问题的通知》等，都在放宽对人们购买外汇的限制。

在改革人民币汇率形成方式方面，2005 年 7 月 21 日，中国人民银行发布《完善人民币汇率形成机制改革的公告》，开始实行以市场供求为基础，参考一篮子货币进行调节、有管理的浮动汇率制度。中国人民银行每个营业日公布当日银行之间外汇市场有关货币对中元的收盘价，作为下一个营业日这些货币对中元汇率的中间价格。从 2006 年 1 月 4 日开始，中元汇率中间价进一步改为由中国外汇交易中心确定。

在建立更有弹性的汇率制度方面，2005 年 9 月 23 日，中国人民银行发布《关于进一步改善银行间外汇市场交易汇价和外汇指定银行挂牌汇价管理的通知》，决定将非美元货币对中元交易价格的浮动幅度从原来的上下 0.15% 扩大到上下 0.3%。2006 年 1 月 3 日，中国人民银行发布《关于进一步完善银行间即期外汇市场的公告》，决定将中元对美元交易价格的浮动幅度也扩大到上下 0.3% 的幅度内浮动。2007 年 5 月 18 日，中国人民银行决定，中元对美元交易价格浮动幅度扩大到上下 0.5%。2012 年 4 月 16 日，中国人民银行决定，中元对美元交易价格浮动幅度继续扩大到上下 1%。

显然，随着中元逐渐实现在资本与金融项目下可兑换，中元的供给机制将更加完善。如果不考虑投机性资金以经常项目或者资本与金融项目的名义流进或流出我国这个因素，我国外汇市场上中元的供给和需求将更加真实。

2. 未来中元汇率制度的选择

但是，目前我国所采用的汇率制度还不是一种国际货币所采用的汇率制度，完善中元汇率形成机制的下一个步骤是改革中元汇率的定价方式。

虽然目前我国的汇率制度不是硬钉住汇率制度，但参考一篮子货币定价仍然属于软钉住汇率制度。发展中国家经济与金融实力不强，它们往往选择各种钉住汇率制度。据国际货币基金统计，在 2008 年，实行各种形式钉住汇率的国家和地区多达 89 个。我国是一个发展中国家，在现阶段选择类似于钉住的汇率制度是正常和正确的。

但是，不论是什么形式的钉住汇率制度，都是参考某种货币或某组货币定价，而没有本国独立的货币汇率。这样的一种货币是难以成为国际货币的，也难以成为超主权国际货币的成分货币。在 2008 年，采用浮动汇率安排和自由浮动汇率安排的国家已经达到 77 个，而这些国家并不是发达国家。尽管我国是发展中国家，但我国在经济上已经是一个举足轻重的国家。因此，应该继续推进中元汇率形成机制的改革，应该选择国际货币基金组织分类中的第八种汇率安排——单独浮动汇率安排。

3. 实行单独浮动汇率制度的方法

我国的出口对就业和国内生产总值的贡献很大，这意味着中元汇率的变化对我国经济具有重要的影响。因此，我国政府一直采用谨慎的汇率制度是正确的。但在实际上，我国已经具备了实行浮动汇率制度的基础。

首先，我国已经建立了制度比较完善和规模不断扩大的外汇市场。1994年4月，我国建立了我国银行之间的外汇市场——中国外汇交易中心。该中心提供外汇集中交易系统，组织外汇交易品种上市买卖，办理外汇交易的清算交割，提供外汇市场的信息服务。

中国外汇交易中心实行会员制度，会员包括外汇指定银行、具有交易资格的非银行金融机构和非金融企业。到2013年12月，会员发展为406家商业银行、政策性银行、农村信用合作联社、企业财务公司以及其他金融机构。

中国外汇交易中心采用集中竞价与双边询价两种交易模式。集中竞价交易是指会员通过现场或远程交易终端自主报价，交易系统按"价格优先、时间优先"的原则撮合成交。询价交易是指会员选择有授信关系的做市商，双边协商交易的币种、金额、价格、期限等要素，达成交易后双方自行清算。会员也可以同时向不多于五个有授信关系的非做市商会员进行询价交易。

2006年1月，中国外汇交易中心引入做市商制度，以提高外汇市场的效率。所谓做市商是指经国家外汇管理局核准，在进行人民币与外币交易时承担向市场会员持续提供买入价和卖出价义务的会员。2008年10月，中国外汇交易中心规范和鼓励货币经纪公司开展外汇经纪业务，以进一步提高外汇市场的效率。

到2013年12月，中国外汇交易中心已经开办了中元对十种外币（美元、欧元、日元、港币、英镑、加元、澳大利亚元、马来西亚林吉特、俄罗斯卢布、泰铢）的即期交易，中元对七种外币（美元、欧元、日元、港币、英镑、加元、澳大利亚元）的远期交易、外汇互换交易（掉期交易）和货币互换交易（货币掉期交易），以及九组外币对外币（欧元/美元、澳元/美元、英镑/美元、美元/日元、美元/加拿大元、美元/瑞士法郎、美元/港元、欧元/日元、美元/新加坡元）的即期交易、远期交易和外汇互换交易。

由于中元还没有实现在资本与金融项目下可兑换，我国外汇交易量在世界外汇交易量中所占的比例不大，但是我国外汇交易量的增长速度却很高。

据国际清算银行的统计资料，截至 2013 年 4 月，中元已经成为全球外汇市场第九大交易货币，中元在各种外汇交易中的交易量如表 8-2 所示。可以预料，随着我国开放资本与金融项目，我国外汇交易量在世界上的比重将不断提高。

表 8-2　在外汇市场上中元各种交易情况　　　　　　　　单位：亿美元

交易种类	即期交易	远期交易	外汇互换	货币互换	外汇期权	总交易量
交易量	340	280	400	10	170	1 200

资料来源：BIS，*Triennial Central Bank Survey*，September 2013，http://www.bis.org。

其次，中元汇率的形成已经逐渐市场化，汇率制度的运行已经逐渐成熟。2005 年以前，中元汇率的形成方式是中国人民银行根据前一个工作日银行之间外汇市场的成交汇率用成交量进行加权平均计算确定的。虽然中元的形成实际上已经由外汇市场决定，但在制度上仍然是由中央银行确定的。2005 年以后，中元汇率的形成方式进行了调整。中国外汇交易中心根据中国人民银行授权，在每个工作日上午 9 时 15 分发布中元对美元等主要外汇币种汇率中间价。

中元兑换美元汇率中间价的形成方式为：外汇交易中心于每日银行之间外汇市场开盘前向外汇市场做市商询价，并将全部做市商报价作为中元兑换美元汇率中间价的计算样本，去掉最高和最低报价后，将剩余做市商报价加权平均，得到当日中元兑换美元汇率中间价，权重由外汇交易中心根据报价方在银行间外汇市场的交易量及报价情况等指标综合确定。

中元兑换欧元、英镑和港币汇率中间价由交易中心分别根据当日中元兑换美元汇率中间价与上午 9 时国际外汇市场欧元、英镑和港币兑换美元汇率套算确定。

中元兑换马来西亚林吉特、俄罗斯卢布等货币汇率中间价的形成方式与中元兑换美元汇率中间价的形成方式相似，外汇交易中心于每日银行之间外汇市场开盘前向银行之间外汇市场相应币种的做市商询价，对做市商报价计算平均数，得到当日人民币对马来西亚林吉特、俄罗斯卢布汇率中间价。

在这样的基础上，在汇率制度上需要进一步改革的是实现从参考一篮子货币进行调节的汇率制度向单独浮动汇率制度转变，也就是向前面第一章提到的关于国际货币基金组织九种汇率制度分类中的第八种汇率制度转变。实际上，我国实行的参考一篮子货币进行调节的汇率制度并不是严格的钉住一篮子货币的汇率制度，货币篮子的加权平均值只是我国货币当局通过调节外汇市场的供给或需求来调整中元汇率的参考目标值，这与单独浮动汇率制度只有一步之遥。

我国货币当局可以通过下述措施实现向单独浮动汇率制度转变：

第一，明确取消一篮子货币加权平均值的参考目标，我国货币当局对外汇市场调节不是使中元汇率接近于一篮子货币的加权平均值，而是致力于缓和中元汇率的过度波动。实行单独浮动汇率制度并不意味着不能设立任何目标值，但这个目标值不是由某种外汇或某组外汇确定的目标值，而是可以容许的中元汇率的最大波动幅度，或者是由我国对外经济情况决定的目标值。

第二，实行单独浮动汇率制度并不排斥货币当局通过各种直接或间接的手段对外汇市场进行干预。国际上通行的直接干预手段是货币当局通过在外汇市场买卖外汇来影响外汇的供求，通行的间接干预手段是货币当局通过利率的变化、外汇管制的调整、对外汇交易商进行道义上的劝告等方法去影响外汇市场。我国货币当局仍然可以采用这些直接和间接的干预手段来保持中元汇率的相对稳定。

第三，目前，我国外汇市场对中元兑换美元汇率日波动幅度的限制为 $\pm 1\%$，这样的波动幅度的限制已经比较宽松了。在实行单独浮动汇率制度初期，应该保留这样的波动幅度限制。到我国货币当局已经具备比较强的外汇市场调节能力的时候，再考虑取消这样的限制。

在现阶段，在推进向单独浮动汇率制度转变的过程中，令人担忧的问题是中元汇率是否可能大幅度升值的问题。实际上，目前导致中元汇率升值压力的原因主要是"热钱"流入我国。对于"热钱"的流入，我国外汇管理当局还需要继续采取各种措施堵截。

另外，我国货币当局拥有巨额的外汇储备，这意味着我国货币当局对外汇市场具有强大的调节能力。因此，推进向单独浮动汇率制度转变没有很大的金融风险。

本章小结

　　本章分析表明，推动中元国际化既可以促进新的国际货币制度的建立，又可以使我国在新的国际货币制度中占据一定的地位。然而，要推动中元的国际化，除了要推动在国际贸易、国际金融和直接投资中使用中元以外，还要逐渐实现中元在资本和金融项目下可自由兑换，以及实行单独浮动的汇率制度。当越来越多的国际贸易活动、国际金融活动和直接投资活动采用中元的时候，就会有越来越多的国家将中元作为储备货币，中元就会走向国际化。

附　录　疑问与解释

关于超主权国际货币构建的问题是一个十分复杂的问题。为了使读者避免不必要的误解，本专著特地设立"疑问与解释"部分，以问答的方式简洁地解释本专著提出的超主权国际货币的构建方案。

疑问 1："世元"是否是从特别提款权发展而来的？"世元"与特别提款权存在什么联系和区别？

解释：笔者在思考"世元"构建方案的时候，曾考察过特别提款权的优点和缺点。从这个角度来看，"世元"是从特别提款权发展而来的。但是，"世元"在本质上不同于特别提款权。从这个角度来看，"世元"不是从特别提款权发展而来的。

"世元"与特别提款权的联系是它参考了特别提款权的定值方法。但是，特别提款权的定值方法只是一种统计方法，它不是特别提款权所特有的。只要计算一组货币资产的价值，都会采用类似的加权平均的计算方法，欧洲货币单位也是采用了这样的计算方法。

但是，"世元"与特别提款权存在本质上的重大区别：第一，"世元"是有100％的货币资产作为保证的国际货币，而特别提款权是没有任何资产作为保证的账面资产；第二，"世元"是各成员方用一定的货币资产有偿地向世界中央银行兑换而来的，而特别提款权是国际货币基金组织无偿分配给成员方使用的；第三，"世元"是可以在世界范围内的各种商品市场和金融市场广泛使用的国际货币，甚至是可以在部分国家和地区内流通的国际货币，而特别提款权仅仅是国际货币基金组织与成员方之间以及成员方中央银行之间使用的账面资产；第四，"世元"的形式包括存款货币、纸币和硬币，具有货币的各种形式，而特别提款权只是一种转账资产；第五，"世元"供给可以根据国际经济活动的需要增加和减少，特别提款权只能经过成员方同意后增加分配的数额，而且在数量上只能增不能减。（参看本专著第四章第二节）

疑问 2："世元"以五种货币资产为保证，它的购买力在五种成分货币贬值的情况下将会下降。另外，各种成分货币对"世元"只能保持相对稳定而不能保持绝对稳定，各种非成分货币对"世元"也只能保持相对稳定而不能保持绝对稳定，这样"世元"也并不完美。

解释：要回答这个问题，首先需要讨论这样一个前提：研究国际货币制度的改革，是要寻找一种"最好"的国际货币制度，还是要寻找一种"更好"的国际货币制度。显然，在现实的世界里，寻找一种"最好"的国际货币制度只是停留在书面上的不切实际的幻想。本专著所构建的国际货币制度不是"最好"的国际货币制度，但却是比牙买加体系"更好"的国际货币制度，是一种现实可行的国际货币制度。

布雷顿森林体系和牙买加体系的弊端，主要是主权货币充当国际货币所带来的弊端（参看本专著第一章和第二章）。构建超主权国际货币的意义，就在于改变人类社会的国际经济活动受制于某个国家的货币，从而受制于某个国家的经济情况和经济政策的现状。

"世元"以五种货币资产定值并以五种货币资产作为保证。因此，从长期来看，"世元"的相对价值比任何一种成分货币的相对价值都要稳定，以"世元"为核心建立的汇率体系比以任何一种成分货币为核心建立的汇率体系都要稳定。布雷顿森林体系解体以后，各国政府和学者一直在苦苦寻求着一种价值稳定的非主权国际货币，人们怀念起了黄金，人们创立了特别提款权，如此等等，而"世元"正是这样一种国际货币。当然，"世元"不是"最好"的国际货币，但它是"更好"的国际货币。

疑问 3：美国、欧盟、中国、日本、英国为什么愿意让本经济体货币成为

"世元"的成分货币？如果说"世元"与五种成分货币的兑换是无条件的，这五个经济体为什么要承担兑换的义务？如果说"世元"与五种成分货币的兑换是有条件的，"世元"还能自如运行吗？

解释：要回答这个问题，首先要讨论另一个问题：一个国家为什么愿意让本国货币成为可自由兑换货币。国际经济理论和实践已经证明，一个国家的货币成为可自由兑换货币具有许多利益，如该国可以得到可观的国际铸币税收益，该国可以获得用本币自如弥补国际收支逆差的特权，等等。但是，一个国家的货币成为可自由兑换货币也要付出代价，如该国货币政策的有效性受到本国货币跨境流动的影响，在外汇市场上有可能发生本国货币的投机风潮，等等。当一个国家的经济发展水平达到一定程度时，实现本国货币自由兑换的利益将大于代价，正因为这样才有越来越多的国家努力使本经济体货币成为可自由兑换货币。

但是，美国、欧盟、日本、英国四个经济体的货币都已经是可自由兑换货币，它们为什么愿意让本经济体货币成为"世元"的成分货币呢？"世元"的构建实际上是以制度的形式固化了发行成分货币的经济体的利益和责任。由于"世元"产生以后将逐渐地取代别的可自由兑换的货币，发行成分货币的经济体获得的利益越来越大。又由于"世元"产生以后长期与现行国际储备货币并存，发行成分货币的经济体只需要保持原来的货币可兑换制度不变。这些经济体可以得到更大的利益而又没有付出更大的代价，它们没有理由不愿意让本经济体货币成为"世元"的成分货币。（参看本专著第四章第二节第一部分）

当然，在四个经济体中，美国的情况比较特殊。美国是现行国际货币制度最大的受益者，如果按照正常的方式建立"世元"，对美国的短期利益将产生一定的不利影响，但对美国的长期利益则产生有利影响。因此，在决定"世元"成分货币权重的时候，还需要考虑美国的短期利益。（参看本专著第五章第一节）

另外，按照本专著提出的国际货币制度的改革方案，在"世元"产生以后，将出现两个阶段：第一个阶段是"世元"与现行国际储备货币并存，这个阶段将很长；第二个阶段是"世元"成为独一无二的国际货币，这个阶段在理论上存在但在实践中并不必然到来。

在"世元"产生以后的第一个阶段里，作为发行"世元"成分货币的经济体只需要保持原来本经济体货币自由兑换的制度不变，不需要承担"世元"与本经济体货币自由兑换的额外义务。以美国为例，目前各国政府、机构、厂商、个人大量持有美元。在"世元"产生以后，如果人们需要更多的"世元"，他们就用美元兑换"世元"；如果人们不需要那么多的"世元"，他们就用"世元"兑换美元。这就是说，是市场与世界中央银行进行着美元与"世元"的兑换，而不是美国政府与世界中央银行进行着美元与"世元"的兑换，美国政府没有因此而承担更多的美元与"世元"兑换的义务。

正由于"世元"与成分货币的兑换是世界中央银行与市场之间的兑换，而不是世界中央银行与五个经济体中央银行之间的兑换，不会发生在"世元"贬值的情况下五个经济体不得不持有越来越多贬值的"世元"的现象。

在"世元"的第二个发展阶段里，如果"世元"仍然以五种货币资产作为保证，那么世界中央银行发行和回收"世元"的机制将发生变化。"世元"发行的过程表现为发行"世元"成分货币的经济体按照比例用本经济体货币向世界中央银行兑换"世元"，然后将"世元"投放到国际市场；"世元"的回收过程表现为"世元"持有者用"世元"向世界中央银行按照比例兑换回成分货币。

从这个阶段"世元"发行和回收机制可以看到，"世元"的发行意味着五个经济体额外获得了一般的国际购买力，"世元"的回收意味着原"世元"持有者获得了对五个经济体商品和资产的一般的购买力。即使这个阶段"世元"与成分货币的兑换是世界中央银行与五个经济体中央银行之间的兑换，即使五个经济体承担本经济体货币与"世元"自由兑换的义务，也不会发生在"世元"贬值的情况下五个经济体不得不持有越来越多贬值的"世元"的现象。（参看本专著第四章第二节第三部分）

疑问 4：如果发行"世元"成分货币的经济体承担本经济体货币与"世元"之间自由兑换的义务，"世元"的扩张和收缩将对这些经济体货币政策造成不利影响。这样，这些经济体在什么程度上容忍"世元"扩张和收缩对本经济体货币政策的影响？也就是说这些经济体在什么程度上让渡本经济体货币政策的独立性？

解释：在一个国家的货币成为可自由兑换货币以后，该国货币政策的有效性将受到一定程度的不利影响，这是一种货币实现可自由兑换必须付出的代价。例如，某国发生了经济衰退，该国货币当局将增加货币供给以降低利率，但该国利率的下降将导致资本外流，从而影响了该国货币政策的有效性；相反，某国发生了通货膨胀，该国货币当局将收缩货币供给以提高利率，但该国利率的上升将导致资本流入，从而也影响了该国货币政策的有效性。

在"世元"与现行国际储备货币并存的发展阶段，"世元"供给增加的过程表现为人们用已经在国际货币流通领域存在的五种成分货币兑换"世元"，"世元"供给减少的过程表现为人们用"世元"兑换已经在国际货币流通领域存在的五种成分货币，"世元"的扩张或收缩不会对五个经济体的货币政策造成额外的不利影响。

以"世元"供给增加为例。假定某厂商提取美元存款，通过本国中央银行向世界中央银行兑换为"世元"，并将该"世元"存入商业银行，这样将产生"世元"的原始存款，并派生出数倍的"世元"。当世界中央银行将发行"世元"得到的美元存入美国的商业银行时，美国商业银行发生同样数量的美元存款减少和美元存款增加，美元数量没有变化。因此，"世元"的发行没有对美国货币当局的货币政策产生额外的不利影响。

在"世元"成为独一无二的国际货币的第二个发展阶段，如果"世元"仍然以五种货币资产作为保证，世界中央银行增加"世元"供给意味着五个经济体的中央银行用本经济体货币购买"世元"并投放市场，世界中央银行将会把得到的五种货币存放在五个经济体内，这样将导致五个经济体的货币供给增加。世界中央银行减少"世元"供给则意味着它用五种货币存款兑回"世元"，也就是意味着只是五个经济体内相应货币存款的所有者发生了变化，对五个经济体的货币供给没有产生影响。

但是，世界中央银行增加"世元"供给的数量要事先与五个经济体进行磋商并且是有规则地进行调整，发行"世元"成分货币的经济体没有失去货币政策的独立性，它们可以通过调整本国货币政策力度的方法来抵消"世元"扩张对本经济体货币政策的不利影响。例如，某经济体发生了通货膨胀，该经济体货币当局准备收缩货币，但是"世元"扩张反而导致该经济体货币供给增加，那么该经济体的货币当局可以增加收缩货币的力度以抵消"世元"扩张的不利影响。（参看本专著第四章第三节第三部分）

疑问 5：国际社会为什么接受"世元"？

解释："世元"以五种货币资产作为保证并且随时可以兑换这五种货币资产。另外，"世元"以五种货币资产定值并且能够保持相对价值的相对稳定。这样，对于世界各个国家的政府、机构、厂商和个人来说，是愿意接受只有一个国家政府的信用作为保证的货币，还是愿意接受有五个经济体政府的信用作为保证的货币？是愿意接受将会直接受到一个国家经济和政策影响的货币，还是愿意接受不会只受一个国家经济和政策影响的货币？是愿意让它们的官方储备资产价值长期趋向贬值，还是愿意让它们的官方储备资产保持稳定？是愿意承担较大的汇率风险，还是愿意承担较小的汇率风险？是愿意让国际大宗商品由于标价货币的变化而波动不安，还是愿意让国际大宗商品由于标价货币的相对稳定而保持相对稳定？显然，人们的选择将是后者。也就是说，国际社会愿意接受"世元"。

疑问 6：如果发行"世元"成分货币的五个经济体没有汇率稳定的制约，将会出现货币汇率贬值的道德风险。例如，其中某个经济体可能会推动本经济体货币汇率贬值，这样不仅可以推动该经济体的出口，而且可以获得更多的国际铸币税收益。

解释：是的，对发行"世元"成分货币的五个经济体必须有汇率稳定的制约，本专著从初稿到终稿都保持了关于汇率约束机制的设计。按照本专著提出的"世元"构建方案，"世元"成分货币的权重每五年根据相关经济体国内生产总值、国际收支、国际储备和汇率变化进行调整。（参看第四章第二节第二部分）如果某个经济体货币的汇率趋向贬值，它在"世元"中的权重将按照事先制定的计算公式向下调整，该经济体货币地位将下降。这样，既保持了"世元"价值的稳定，又防止相关经济体产生道德风险。

疑问 7：按照"世元"的构建方案，虽然非成分货币对"世元"的汇率可以保持相对稳定，但如果一种成分货币汇率发生大幅度贬值，对发行其他成分货币的经济体是否会产生严重的不利影响？另外，按照"世元"供给增加和减少的机制，如果美元汇率大幅度贬值，世界中央银行没有发生汇率风险，这是否将汇率风险转嫁给其他四个经济体？

　　解释：按照本专著提出的"世元"构建方案，由于"世元"的价值采用加权平均的方法计算，"世元"的相对价值保持稳定。在"世元"产生以后，"世元"所包含的五种成分货币的数量在五年内是稳定的，但并不意味着五种成分货币之间的比率是固定的。因此，成分货币对"世元"汇率的变化与非成分货币对"世元"汇率的变化是相似的，不会出现对非成分货币有利而对成分货币不利的情况。模拟计量分析表明，欧元、日元、英镑三种成分货币对"世元"的汇率比它们对美元的汇率更稳定。（参看本专著第六章第二节）

　　另外，按照"世元"供给增加和减少的机制，商业银行可以用既定比例的五种成分货币通过本国中央银行向世界中央银行兑取"世元"，也可以用"世元"通过本国中央银行向世界中央银行兑回相同比例的五种成分货币，这样世界中央银行没有发生汇率风险，但该商业银行发生了汇率风险。假定其中一种成分货币汇率如美元大幅度贬值，美元的权重又最大，该商业银行兑回的美元的相对价值将下降。但是应该指出，美元汇率的贬值往往意味着其他成分货币汇率升值，该商业银行兑回的别的成分货币的相对价值将上升。从这个例子仍然可以看到"世元"的优越性，如果该商业银行使用的是美元而不是"世元"，它的损失将更大。

　　从汇率风险的角度看，由于发行成分货币的经济体也是用相似的方法兑取"世元"和兑回"世元"，发行成分货币的经济体与发行非成分货币的经济体的汇率风险是相似，不会出现发行成分货币经济体的汇率风险大于发行非成分货币经济体的汇率风险的情况。另外，所有经济体的汇率风险都不是世界中央银行转嫁的。世界中央银行可以用一定的制度安排来避免汇率风险，而各个经济体没有更好的制度安排来避免汇率风险。但是，正如本专著所证明的那样，在采用"世元"以后，各个经济体的汇率风险将减少。

　　疑问 8："世元"以包括美元在内的五种货币资产定值，是否存在下面两个问题：一是"世元"价值仍然受到美元价值的影响；二是由"世元"供给和需求决定的价值与由"世元"定值方法决定的价值发生偏离？

　　解释：是的，"世元"的价值仍然不能摆脱美元的影响。但是，"世元"按照五种成分货币资产定值，它受美元的影响将减少，它的价值在一般情况下将比五种成分货币的价值都要稳定。（参看本专著第四章第二节第三部分以及

第四章第三节第一部分)同时，模拟计量分析也证明了这一点。(参看本专著第六章第一节)因此，"世元"优于现行的任何一种充当国际储备货币的主权货币。

另外，"世元"由五种货币资产决定的价值与由它的供给和需求决定的价值将发生偏离。但是，在套汇机制的影响下，由"世元"供给和需求决定的价值将趋向于由五种货币资产决定的价值。例如，如果"世元"由五种货币资产决定的价值高于由它的供给和需求决定的价值，人们将买进"世元"，卖出五种货币资产，"世元"需求将会增加，由"世元"供给和需求决定的价值将趋向于由五种货币资产决定的价值；反之，情况亦相反。(参看本专著第四章第三节第一部分)

疑问9："世元"的构建给国际社会带来利益，同时也给国际社会带来了成本。如果构建"世元"的成本很大，"世元"的构建仍然是不可行的。

解释：是的，任何改革都必须要注意利益和成本。如果改革的利益小于成本，改革是不成功的。在本专著的研究中从始至终都关注以最小的代价和最平稳的方式建立新的国际货币制度。因此，在本专著所设计的国际货币制度改革方案中，"世界中央银行的构建与现行的国际货币基金组织相衔接，超主权国际货币'世元'的构建与现行的国际储备货币相衔接，新的汇率制度与现行的汇率制度相衔接，'世元'交易市场与现行的外汇交易市场相衔接，'世元'借贷市场与现行的外汇借贷市场相衔接。在旧的国际货币制度向新的国际货币制度的转变中，各个主要国家的利益没有发生重大调整，但是世界各国的整体利益却得到提升。"(参看本专著第四章最后一个自然段)

本专著提出的国际货币制度改革方案不仅从理论上而且从实践上都可以证明改革的利益大于成本。从理论上看，由于本专著在研究过程中注意到上面所说的"衔接"，国际货币制度改革增加的成本并不大，但却构建了价值稳定的超主权国际货币以及相对稳定的汇率体系。从实践上看，由于"世元"的产生过程与特别提款权以及欧洲货币单位的产生过程相似，如果改革的利益小于成本，就不会有1969年的特别提款权，也不会有1979年的欧洲货币单位了。

疑问10：特别提款权没有解决资产保证的问题，"世元"解决了资产保证的问题。但是，特别提款权没有能够解决发行问题，"世元"能够解决发行问题吗？

解释：按照本专著提出的"世元"构建方案，"世元"已经很好地解决发行的问题。"世元"分两种方式发行：一种是初始发行，由世界中央银行根据成员方缴纳的某个比例的份额发行（参看本专著第四章第二节第四部分）；另一种是日常发行，通过由各国中央银行用五种成分货币向世界中央银行兑取"世元"这样的方式发行（参看本专著第四章第二节第四部分）。

另外，本专著提出的"世元"构建方案还解决了"世元"数量调节机制问题。当各国机构、厂商和居民需要增加"世元"的时候，可以通过本国中央银行通过"日常发行"的途径增加"世元"的数量。当各国机构、厂商和居民需要减少"世元"的时候，可以通过本国中央银行通过"日常发行"的途径减少"世元"的数量。这就是说，"世元"可以通过"世元"的发行和回收机制来增加和减少。（参看本专著第四章第二节第四部分）

由此可见，在"世元"与现行国际储备货币并存的阶段里，决定"世元"供给量的不是世界中央银行，而是市场。如果国际经济活动需要增加或减少"世元"，世界中央银行就可以通过"日常发行"的途径投放或回收"世元"。

疑问11：虽然模拟计量分析在一定程度上可以说明"世元"的稳定性，但这种稳定性是以简单逻辑推理就可以预先知道的，汇率稳定的人民币加入了货币篮子就有可能起到这种稳定的作用，这样模拟分析就变成为模拟分析而模拟分析了。

解释：确实，"世元"相对价值的相对稳定性按照逻辑推理是可以预先知道的，但不是因为在货币篮子中加进了汇率稳定的中元，而是因为采用了对多种货币相对价值进行加权平均的计算方法。显然，即使在决定"世元"价值的货币篮子中不包括中元，"世元"的相对价值在一般情况下同样比篮子中的任何一种货币的相对价值都要稳定。正因为如此，国际货币基金组织用这样的计算方法推出特别提款权；也正因为这样，欧洲国家也用这样的计算方法推出了欧洲货币单位。

即使事先可以判断"世元"相对价值可以保持相对稳定性，用模拟计量的分析方法去观察"世元"相对价值的实际表现仍然是必要的。这种分析方法可以具体显示"世元"价值相对稳定的程度、"世元"价值在实际变化中将会出现什么现象，还可以以此为基础进一步分析"世元"的绩效。

疑问 12："世元"由世界中央银行发行，似乎实现了国际货币超脱任何一个国家利益的目的，但实际上由于构建"世元"的成分货币仍然是主权货币，各主权货币当局可以自行决定本国货币的供给，这样各种主权货币都会影响到"世元"的价值，使"世元"受制于任何一个国家的利益。

解释：是的，"世元"的成分货币仍然是主权货币，各主权货币当局可以决定本国货币的供给，从而都会影响到"世元"的价值。但是，在这里需要辨认一下，这究竟是"世元"的缺点还是"世元"的优点？

应该指出，所谓利弊是相对而言的，未来的超主权货币的利弊是相对于现在的主权货币而言的。现在作为主权货币的美元是主要的国际储备货币，美国货币当局的货币政策可以直接影响到这种国际储备货币的价值。因此，国际社会必须寄希望于美国货币当局出于维护世界利益的考虑保持美元相对价值的稳定，而这只能是幻想。但是，在未来的超主权货币中，美元只是"世元"的一种成分货币，那么美国货币当局的货币行为对"世元"的影响将比现在对美元的影响小得多，这样就可以保持超主权货币价值的稳定。显然，"世元"优于美元。

另外，在"世元"的成分货币中，一种货币汇率的贬值往往是另一种货币汇率的升值，它们的汇率的变化是相互抵消的，因而能够保持"世元"相对价值的稳定。只有发行五种成分货币的货币当局同时采取一致的货币行动，"世元"的价值波动情况才与现在单一主权货币价值的波动情况相似，而这种情况在现实世界中几乎是不可能的。显然，"世元"优于任何一种主权货币。

疑问 13："世元"的构建将会在一定程度上影响到美国的利益。没有美国政府的支持，从世界中央银行的组建到"世元"的构建都是海市蜃楼。这样，"世元"有实现的可能吗？

解释：美元是最主要的国际储备货币，美国是现行国际货币制度最大的受益者。因此，任何国际货币制度改革方案都可能在不同程度影响美国的利益，各国政府和学者是否应该停止对国际货币制度改革的研究呢？"世元"的构建确实会在一定程度上影响到美国的利益，但"世元"的实现仍然是有可能的。

第一，在本专著的"世元"设计方案中，为了能够实现国际货币制度的改革，已经充分考虑到美国在现行国际货币制度中的利益。"世元"以实际的货币资产为保证，而美元是五种成分货币中占据权重最大的货币资产，这样实际上是以制度的方式确定了美元在"世元"中的地位。另外，即使"世元"能够创立，"世元"也长期与美元等其他国际储备货币共存，美元的现状在很长的一段时间里不会变化。因此，美国的短期利益没有受到很大的影响。

第二，美国的利益分为短期利益和长期利益，即使"世元"的构建对美国的短期利益形成一定的影响，但对美国的长期利益并没有形成不利影响。目前，美国享受着高额的国际铸币税收益，任何对美国国际铸币税收益造成影响的国际货币制度改革方案似乎都构成了对美国利益的不利影响。实际上，当美国经济相对衰落的时候，美国的国际铸币税收益将演变为各国对美国的债权，从而有可能对美国经济形成巨大的冲击。（参看本专著第二章第一节第一部分）因此，以制度的形式维护美元的地位，符合美国的长期利益。

第三，世界不是美国一个国家的世界。不必说本专著提出的国际货币制度改革方案符合美国的长期利益，即使是完全颠覆美元地位的国际货币制度改革的设想，只要符合世界绝大多数国家的利益，只要符合国际经济活动发展的必然要求，各国政府和学者也应该展开研究，并为之不懈努力，而且这种设想或迟或早是会实现的。

疑问 14："世元"中成分货币的权重按照相关国家国内生产总值、国际收支和国际储备这三个因素计算是否合适？货币国际化程度越低的国家越有可能需要更多的国际储备资产，因而以本国货币被其他国家作为国际储备资产的指标来取代本国拥有的国际储备资产的指标作为权重似乎更加合理。

解释：第一，本专著在研究过程中一再强调，"世元"权重的指标选择问题是一个利益分配的问题。也就是说，它不单纯是一个经济问题，同时也是政治问题，因而需要通过各个主要国家的磋商来决定（参看本专著第七章第二节第一部分），本专著只是提出一个基本方案。既然权重的选择问题是一个利益问题，笔者作为中国学者当然就要考虑中国的利益，因而选择了对中国有利的指标，如国内生产总值、国际储备的数量等。

第二，即使要考虑中国的利益，但也必须从客观的经济现实出发。本专著在第四章第二节第三部分已经对以国内生产总值、国际收支和国际储备三个因素作为决定权重的因素的理由做了说明，在这里就不再赘述了。人们对第二个因素没有什么异议，可能对第一个和第三个因素存在异议，下面主要对第一个和第三个因素加以进一步说明。

首先来考察国内生产总值的因素。在同样是工业化社会的条件下，国内生产总值能够体现一个国家的经济实力，相对国内生产总值体现一个国家的经济地位。在"世元"推出以后，持有"世元"的政府、机构、厂商或居民最终将形成对发行成分货币经济体的商品和资产的追索权。因此，不考虑发行成分货币经济体的内部经济状况是不合适的。在决定成员方向国际货币基金组织缴纳份额的时候要考虑国内生产总值的因素，为什么在构建超主权国际货币的时候就不能考虑国内生产总值的因素呢？

其次来考察国际储备的因素。确实，货币国际化程度高的国家可能需要的国际储备资产少。但也应该指出，国际储备多的国家可能国际竞争力强。例如，如果以官方外汇储备中各种货币所占的比例来表示不同货币的国际化程度，在欧元建立以前，德国马克的国际化程度比任何一个欧洲国家货币都高，但德国的外汇储备比任何一个欧洲国家都多。又如，20 世纪 90 年代以来，日元的国际化程度除德国以外比任何一个欧洲国家的货币都高，但日本的外汇储备除德国以外比任何一个欧洲国家都多。当然，也可以以本国货币被外国作为储备资产的数量来计算权重，但这样一来，就完全没有考虑像中国这样的新兴市场经济体系的利益了。

考虑到关于计算权重的第三个因素的具体情况，本专著将国内生产总值、国际收支和国际储备三个因素的权重从初稿的 1/3、1/3 和 1/3 调整为终稿的 0.4、0.4 和 0.2。

疑问 15："世元"是实际流通的国际货币吗？

解释：是的，"世元"是实际流通的国际货币。"世元"与现行的国际储备货币相似，具有存款货币、纸币和硬币的形式，它可以在商品市场上流通，在外汇市场上兑换，在货币市场上借贷。（参看本专著第四章第二节和第三节）

疑问 16：按照"世元"的构建方案，"世元"的成分货币将包括中元。但是目前中元还不是可自由兑换货币，这是否意味着国际货币制度的改革起码在短期内是不可实施的？

解释：从理论上和实践上说，"世元"的构建方案是可以马上实施的。但由于目前中元还不是可自由兑换货币，如果"世元"的构建方案马上实施，成分货币将难以包括中元。然而，从现实的情况考虑，国际货币制度的重大改革显然需要经过一段时间的论证和磋商才能取得共识，才能进入实施阶段，而中元正在迅速走向国际化。到"世元"进入实施阶段的时候，中元肯定成为可自由兑换货币了。中国是一个举足轻重的经济大国，在"世元"的货币篮子中理应包括中元。另外，还应该指出，社会科学不是一门纯粹的学科，在国际经济的研究中是体现国家利益的。笔者是中国学者，在国际货币改革的研究中理应考虑中国的国家利益。

主要参考文献

1. Boughton，James M. ，*American in the Shadows：Harry Dexter White and the Design of the International Monetary Fund*，IMF Working Papers 06/6，International Monetary Fund，2006.

2. Boughton，James M. ，*Why White，not Keynes Inventing the Postwar International Monetary System*，IMF Working Papers 02/52，International Monetary Fund，2002.

3. Clark，P. ，and Polak J. ，*International Liquidity and the Role of the SDR in the International System*，IMF Staff Papers，Vol. 51，April 2002.

4. Clark，P. ，and Polak J. ，*International Liquidity and the Role of the SDR in the International System*，IMF Staff Papers，Vol. 51，April 2004.

5. Cooper，Richard N. ，A Monetary System for the *Future. Foreign Affairs*，1984（63）.

6. Cooper，Richard N. ，The Future of the Dollar，*Policy Brief*，Peterson Institute for International Economics. Washington，DC，September，2009.

7. Dooley，Michael P. ，*Bretton Woods Ⅱ still Defines the International Monetary System*，NBER Working Paper No. 14731，National Bureau of Economic Research，Cambridge，MA. February，2009.

8. Dooley，Michael P. ，David Folkerts-Landau and Peter Garber，*An*

Essay on the Revived Bretton Woods System, NBER Working Paper No. 9971, September, National Bureau of Economic Research, Cambridge, MA, 2003.

9. Eichengreen, Barry, *The Gold Standard in Theory and History*, Editor's Introduction, Methuen, Inc. 1985.

10. Iwamoto, T., *Keynes Plan for an International Clearing Union Reconsidered*, Kyoto University, 1997.

11. Keynes, John M., The Keynes Plan, 1942-1943, Re-produced in J. Keith Horsefield (ed.), *The International Monetary Fund* 1945-1965: *Twenty Years of International Monetary Cooperation*, Vol. Ⅲ: Documents. International Monetary Fund, Washington, DC, 1969.

12. Kregel, Jan, *Some Simple Observations on the Reform of the International Monetary System*, The Levy Economics Institute of Bard College, 2009/8, 2009.

13. L de Vegh, The International Clearing Union, *American Economic Review*, September 1943.

14. Lago, Isabelle Mateosy, Rupa Duttagupta, and Rishi Goyal, *The Debate on the International Monetary System*, IMF Staff Position Note, SPN/09/26, November 2009.

15. Morrell, James, *The Future of the Dollar and the World Reserve System*, Butterworths, 1981.

16. Mundell, Robert A., Capital Mobility and Stabilization Policy under Fixed and Flexible Exchange Rates, *Canadian Journal of Economics*, 1963 (29).

17. Mundell, Robert A., *The International Monetary System and the Case for a World Currency*, Leon Koźmińński Academy of Entrepreneurship and Management (WSPiZ) and TIGER, Distinguished Lectures Series n. 12, 2003.

18. Ocampo, José Antonio, *Reforming the Global Reserve System*,

2009，http://www. obela. org.

19. Ocampo，José Antonio，*Special Drawing Rights and the Reform of the Global Reserve System*，for the Intergovernmental Group of Twenty-Four，2009，http://www. g24. org/jao0909. pdf.

20. Ocampo，José Antonio，The Instability and Inequities of the Global Reserve System，*International Journal of Political Economy*，36（4），Winter，2007.

21. Ossola，R. ，*Report of the Study Group on the Creation of Reserve Assets*，Group of Ten，May 31，1965.

22. Solomon，Robert，*The International Monetary System* 1945-1976：*An Insider's View*. Harper & Row，New York，1977.

23. Triffin，Robert，*Gold and the Dollar Crisis* (Revised Edition)，Yale University Press，New Haven，1961.

24. Triffin，Robert，*Our International Monetary System：Yesterday，Today and Tomorrow*，Random House，New York，1968.

25. Triffin，Robert，The International Monetary System of the Year 2000，in Jakdish N. Bhagwati (ed). *Economics and World Order，from the* 1970's *to the* 1990's，London，Macmillan，1972.

26. Triffin，Robert，The International Role and Fate of the Dollar，*Foreign Affairs*，Vol. 57，No. 2，Winter，1978.

27. Triffin，Robert，*The World Money Maze*，Yale University Press，New Haven，1966.

28. United Nations，*Report of the Commission of Experts of the President of the United Nations General Assembly on Reforms of the International Monetary and Financial System*，2009，http://www. policyinnovations. org.

29. Vanek，Jaroslav，The Keynes-Triffin Plan：A Critical Appraisal，*The Review of Economics and Statistics*，Vol. 43，No. 3，Aug. 1961.

30. White，Harry D. ，The White plan，1942-1943，Re-produced in J. Keith Horsefield (ed.). *The International Monetary Fund* 1945-1965：

Twenty Years of International Monetary Cooperation, Vol. Ⅲ: Documents. International Monetary Fund, Washington DC, 1969.

31. Williamson, John, Revamping the International Monetary System, in Edwin M. Truman (ed.), *Reforming the IMF for the 21st Century*, Special Report 19, Peter G. Peterson Institute for International Economics, Washington DC, 2006.

32. Williamson, John, *The Failure of World Monetary Reform*, 1971-1974, New York University Press, New York, 1977.

索　引

图书在版编目(CIP)数据

超主权国际货币的构建：国际货币制度的改革／李翀著.
—北京：北京师范大学出版社，2014.4
（国家哲学社会科学成果文库）
ISBN 978-7-303-11508-2

Ⅰ．①超…　Ⅱ．①李…　Ⅲ．①国际货币制度－研究
Ⅳ．① F821.1

中国版本图书馆 CIP 数据核字(2014)第 012806 号

营销中心电话	010-58802798 58806546
北师大出版社高等教育分社网	http://gaojiao.bnup.com
电子信箱	gaojiao@bnupg.com

CHAOZHUQUAN GUOJI HUOBI DE GOUJIAN
出版发行：北京师范大学出版社 www.bnup.com
北京新街口外大街 19 号
邮政编码：100875

| 印　　刷：北京京师印务有限公司 |
| 装　　订：北京盛通印刷股份有限公司 |
| 经　　销：全国新华书店 |
| 开　　本：170 mm × 240 mm |
| 插　　页：3 |
| 印　　张：17.75 |
| 字　　数：255 千字 |
| 版　　次：2014 年 4 月第 1 版 |
| 印　　次：2014 年 4 月第 1 次印刷 |
| 定　　价：65.00 元 |

策划编辑：马洪立	责任编辑：姚　兵
美术编辑：王齐云	装帧设计：肖　辉　王齐云
责任校对：李　菡	责任印制：孙文凯